大成律师功辩

李 涛　张喜东　李燕青　王良珍　编

DACHENG

LÜSHIGONGBIAN

中国民主法制出版社

图书在版编目（CIP）数据

大成律师功辩/李涛等编.—北京：中国民主法

制出版社，2019.11

ISBN 978-7-5162-2114-3

Ⅰ.①大… Ⅱ.①李… Ⅲ.①案例—中国 Ⅳ.

①D920.5

中国版本图书馆 CIP 数据核字（2019）第 253933 号

图书出品人：刘海涛

出 版 统 筹：乔先彪

责 任 编 辑：陈 曦 许泽荣

书名/大成律师功辩

DACHENGLÜSHIGONGBIAN

作者/李 涛 张喜东 李燕青 王良珍 编

出版·发行/中国民主法制出版社

地址/北京市丰台区右安门外玉林里 7 号（100069）

电话/（010）63055259（总编室） 63057714（发行部）

传真/（010）63056975 63056983

http：// www.npcpub.com

E-mail：mzfz@npcpub.com

经销/新华书店

开本/16 开 787 毫米×1092 毫米

印张/18 **字数/**280 千字

版本/2020 年 4 月第 1 版 2020 年 4 月第 1 次印刷

印刷/北京天宇万达印刷有限公司

书号/ISBN 978-7-5162-2114-3

定价/78.00 元

编 委 会

"法律的生命不在于逻辑，而在于经验"

彭雪峰

　　近日，大成北京争议解决专业组给我送来样书——《大成律师功辩》，要我为书作序。我通读书中案例后，看到所选案例，全部来自大成律师事务所总部争议解决专业组高级合伙人近十年的胜诉或和解案例。这其中，既有各级法院诉讼案件，也有国际仲裁案件；既有法庭上的兵戎相见，也有谈判桌上的刀光剑影，是大成律师事务所北京总部争议解决领域专业能力的集中展示。

　　争议解决经验研究，或个案、判例研究，是法学研究的重要方法。中国台湾著名的民商法学家王泽鉴先生曾写过一篇文章：《法学的训练在于写作和案例研究》。王先生写道，"写判例有一个很重要的功能，就是说当我是一个年轻的学者的时候，或者学生的时候，或者博士班的时候，我是在透过判例学习法律，当我在做一个学者的时候，我说写一个判例是在参与法律的进步，当你年老的时候比较资深的时候，希望能够指导法律发展的方向"。王先生谈的是对法学研究者的希望，对我们律师也依然有着重要的借鉴意义：通过案例的研习和写作，我们能够在丰富的法律实践中领悟立法及执法的要义；能通过对经验现象的分析更为准确地发现立法中的问题并影响裁判者及整个社会，进而促进立法的发展。这正如霍姆斯所言，"法律的生命不在于逻辑，而在于经验"，在经验世界中，千姿百态的社会生活并不能总与法律条文一一对应，司法实践追求的则是法律条文及条文背后的法理与生活情理的和谐统一。

　　从这些案例中，能感受到大成人的专业理念与法治信仰。每个案例，都是大成律师事务所诉讼律师在自己职业生涯中南征北战引以为傲的成果，我们鼓励每位大成律师事务所律师将这种对专业的探讨和实战的经验都传承下来，它存在的意义，不仅是法律专业领域的探讨，也不仅是个人经验的总结；它更重要的价值，在于将一名法律从业者在法理、法律层面的领悟同诉讼谈判实战关联，在尊重规则的同时寻求技术及技巧、法理与情理的最大限度地融合以说服裁判者乃至对手，力求在每一个案件中维护客户的权益并实现公平正义。

多年来，大成律师事务所不断探索专业化建设，并在全国范围内实施了"一主三辅"的改革。目前，大成律师事务所专业化建设已发展了19个专业组及15个行业组，致力于为各行各业提供专业化法律服务，其中，以诉讼、仲裁为代表的争议解决领域是大成律师事务所具有最为专业特色的领域之一。本书的出版，是大成律师事务所争议解决专业组的重要成果，也为大成律师事务所"本土智慧"的传承提供了范例。希望书中对专业孜孜以求的精神能够传承给更多的大成人，使之成为大成律师事务所可持续发展、永葆生机、永具竞争力的重要保证。

是为序。

目　　录

民事案件

第一部分　人格权纠纷

第二部分　合同、无因管理、不当得利纠纷

第三部分　知识产权与竞争纠纷

第四部分　与公司、证券、保险、票据等有关的民事纠纷

第五部分　侵权责任纠纷

第六部分　适用特殊程序案件案由

行政案件

谈判案件

民事案件

第一部分

人格权纠纷

北京某大学与周衡富名誉权纠纷案^①

● 案件基本信息 ●

案例类型：民事诉讼

判决时间：2014 年 8 月 20 日（一审）

2014 年 12 月 23 日（二审）

审理法院：北京市海淀区人民法院

北京市第一中级人民法院

代理律师：阴颖晖，北京大成律师事务所律师

关键词：侵权责任；名誉权；诉讼主体资格；公民言论自由的边界

● 案例正文 ●

□ 当事人信息

上诉人（原审被告）：周衡富

被上诉人（原审原告）：北京某大学

---

① 本书对部分案例当事人基本信息隐名化处理。

□ 裁判要旨

法人享有名誉权，禁止用侮辱、诽谤等方式损害法人的名誉。法人的名誉权受到侵害的，有权要求停止侵害，消除影响，恢复名誉，赔礼道歉。学校在特定情况下可以就其教师群体名誉被侵害的事实以学校名义提起诉讼。

网络用户利用网络实施了侵害他人名誉权的行为，导致他人的社会评价明显降低，且其行为已超出了行使言论自由的权利边界的，构成对他人名誉权的侵害，应承担相应民事侵权责任。

□ 案情摘要

周衡富曾系北京某大学教授，现为某财经大学经管院长，是新浪微博加 V 实名认证为"周衡富"的微博博主。

2012 年 8 月 21 日 9 时 19 分，周衡富在其新浪实名微博上发表了如下内容："北京某大学院长在桃花源北京某大学医疗室吃饭时只要看到漂亮服务员就必然下手把她们奸淫。北京某大学教授系主任也不例外。所以，桃花源生意火爆。除了周衡富，北京某大学淫棍太多。"

2012 年 8 月 21 日 21 时 22 分，周衡富在其新浪实名微博上又发表了如下内容："这种院长主任教授通过总在桃花源直隶大膳鲂吃喝跟漂亮女服务员发展淫荡关系。至于在外面歌厅舞厅娱乐桑拿会所吃喝嫖娼的院长主任教授就更多了。此等事情在中国高校很普遍。国外很多来中国讲课访问的人员也把饭后去歌厅舞厅娱乐桑拿洗脚按摩当作必需节目。"

截至 2012 年 8 月 24 日下午，周衡富于 2012 年 8 月 21 日 9 时 19 分发布的微博内容已被转发 71464 次，评论 19020 条，其中部分网络用户相信周衡富的微博言论，例如，某网络用户跟帖评论称，"肯定存在，无风不起浪，老周不是不明白造谣的后果"；某网络用户跟帖评论称，"北京某大学好淫乱"。

截至 2012 年 8 月 24 日下午，周衡富在 2012 年 8 月 21 日 21 时 22 分发布的微博内容已被转发 23565 次，评论 4294 次，其中部分网络用户相信周衡富的微博言论，例如，某网络用户跟帖评论称："我支持您，我知道高校这种事很多很多，多得那些教授都习以为常，都没有羞耻心了。"某网友跟帖评论称："北京某大学的校长要负主要责任。"

2012 年 8 月 24 日，腾讯网的评论频道"今日话题"栏目制作了《"北京某大学淫棍门"谁来证清白》的专题栏目，该专题的导语写道"但爆料不像纯粹捕风捉影，有几十条微博，涉及权、钱、色等大量信息。并且周衡富是实名爆料，相当于拿自己名誉担保。而且北京某大学有负面'前科'，不能对周衡富这种涉及公共利益的爆料一笑置之……"。在该专题的投票区，"新闻立场"栏目组织对"你相信周衡富的爆料吗？相信，不相信"的话题进行网友投票，截至投票发起当日，相信票为15112票，不相信票为276票。

2012年8月23日，北京某大学新闻中心针对周衡富在前述微博中所涉及的内容表示北京某大学成立专门工作组负责处理此事，北京某大学已责成北京某大学纪委监察室调查核实，并希望周衡富对调查核实工作给予支持配合，提供相关证据。

2012年8月30日，北京某大学在其官方网站上发布声明称：2012年8月29日，北京某大学纪委监察室专门调查组接到了周衡富首次打来的电话，并在随后收到了周衡富的电子邮件，邮箱与北京某大学纪委监察室8月24日给周衡富发邮件时使用的电子邮箱完全一致，但周衡富在电话及电子邮件中，均没有举出任何有助于该专门调查组进一步开展工作的具体证据；该校以最大耐心再次敦促周衡富，立即前来专门调查组，就其8月21日微博中所涉及内容，提供具体有效的证据；鉴于该事件性质和后果的严重性，以及给北京某大学声誉造成的严重损害，不能无限期等待下去，随时准备采取进一步行动。

2012年8月30日，周衡富在北京某大学发布前述声明后在接受报纸记者采访时表示："我承认北京某大学教授奸淫服务员这个话题确实能吸引眼球，这是我说话的策略，我说话向来是喜欢夸大，这是我的一贯风格。……我知道很多线索，但希望有个可以信任的中间人参加，可以是中纪委，我暂时不打算把桃花源的证据交给北京某大学。……我笼统地写北京某大学院长、教授在桃花源淫乱是太夸大了，但是确实存在少数院长、教授淫乱的事实，我在这一点上并没有说假话，我一向是说真话的。"

2012年8月31日，北京某大学以周衡富于当月21日发表的前述两篇微博侵害其名誉权为由起诉，要求周衡富立即在其微博中删除侵权文字并以公开、书面形式向某大学赔礼道歉，恢复名誉，消除影响。周衡富辩称北京某大学不是名誉权的适格原告，其爆料内容不构成对北京某大学名誉权的侵害。至法庭辩论终结时，前述两篇涉诉微博仍保留在其个人微博内，周衡富始终未就其爆料内容提供相应证据佐证。

□ 争议焦点

1. 北京某大学是否是本案适格的原告？包括北京某大学是否享有名誉权问题以及北京某大学是否与本案有直接利害关系问题。

2. 周衡富在其新浪实名微博上的涉诉言论是否构成名誉侵权，如构成名誉侵权，应如何承担侵权责任？

□ 裁判观点

北京市海淀区人民法院经审理查明认为：

一、关于北京某大学是否是本案适格的原告

根据《中华人民共和国民事诉讼法》（以下简称《民事诉讼法》）第一百一十九条第（一）项规定："原告是与本案有直接利害关系的公民、法人和其他组织。"因此，成为适格原告必须同时具备以下两个条件：1.起诉主体与本案具有直接的利害关系；2.起诉主体属于公民、法人和其他组织的民事主体范畴。

首先，针对第一个条件而言，本院认为，判断原告与本案有无利害关系的标准是原告在诉争法律关系中是否享有权益。本案诉争法律关系是名誉权侵权责任法律关系，故该法律关系的权利人（原告）在起诉时应当是享有名誉权且名誉权涉嫌遭受侵害的主体。由于大学与其教师群体的名誉互为表里，而教师职业是教书育人的师范职业，正所谓"学高为师，身正为范"，是为"师范"。社会要求教师不但应具有较高的知识水平，还应具有高尚的师德品行，故社会对某大学教师群体师德品行的正当评价亦构成该大学良好名誉的重要组成部分，二者名誉利益直接相关。本案中，北京某大学是以包括院长、系主任及教授群体在内的教师群体为主体的事业单位法人，对北京某大学院长、系主任及教授群体师德的正当社会评价同样构成北京某大学名誉利益的重要组成部分，故对北京某大学院长、系主任及教授群体名誉利益的侵害，同样构成对北京某大学名誉利益的侵害。周衡富在 2012 年 8 月 21 日 9 时 19 分发布的涉诉微博中使用"北京某大学院长""北京某大学教授系主任"的称谓，在 2012 年 8 月 21 日 21 时 22 分发布的涉诉微博中使用"这种院长主任教授"的称谓，直接指向北京某大学的院长、系主任及教授，但是并未明指或暗指北京某大学院长、系主任及教授中的某一特定主体，故为泛指北京某大学的院长、系主任及教授这一特定群体。因周衡富在涉诉微博言论中涉及该群体与北京桃花源餐饮有限公司女服务员存在不正当关系的情况，涉嫌影响社会对北京某大学院长、系主任及教授群体师德的正当评价，必然也会直接影响社会对北京某大学名誉的正当评价，故北京某大学在本案中享有名誉利益，与本案具有直接利害关系。被告周衡富辩称涉诉微博言论的直接对象及内容与北京某大学没有直接利害关系的意见，本院不予采信。

其次，针对第二个条件而言，本院认为，北京某大学系事业单位法人，具有法人主体资格，属于我国《民事诉讼法》规定有资格提起民事诉讼的公民、法人和其他组织范畴，故北京某大学具有提起民事诉讼的主体资格。至于北京某大学在本案中是否是享有名誉权的民事主体，根据《中华人民共和国民法通则》（以下简称《民法通则》）第二条规定："中华人民共和国民法调整平等主体的公民之间、法人之间、公民和法人之间的财产关系和人身关系。"第一百零一条规定："公民、法人享有名誉权，公民的人格尊严受法律保护，禁止用侮辱、诽谤等方式损害公民、法人的名誉。"可见，判断法律主体是否是享有民事权益的民事主体应有以下两个判断标准：1. 法律关系的主体是否是公民之间、法人之间、公民和法人之间的平等主体；2. 法律关系所涉及的客体是否属于财产关系或人身关系。即判断标准应当是北京某大学与周衡富之间在法律关系中的地位及诉争法律关系的性质，而非北京某大学与北京某大学内部教师群体之间的法律地位及内部管理关系。针对第一个判断标准，鉴于北京某大学起诉周衡富依据的法律关系属于侵权责任法律关系，此法律关系是作为法人的北京某大学与作为公民的周衡富之间发生的侵权责任法律关系，在该法律关系中，北京某大学与周衡富之间不存在管理与被管理的关系，二者是平等的法律关系主体；针对第二个判断标准，鉴于北京某大学向周衡富主张的标的系名誉权的侵权责任保护，而名誉权法律关系是人格权法律关系的性质，其属于人身权法律关系的范畴。有鉴于此，因北京某大学与周衡富系平等主体且其诉讼标的属于人身关系范畴，故北京某大学在本案中是享有名誉权的民事主体。被告周衡富辩称北京某大学在本案中不是民法上的民事主体，不应享有名誉权的意见，本院不予采信。

综上所述，北京某大学在本案名誉权侵权责任法律关系中系事业单位法人主体，与本案名誉权侵权之诉具有直接利害关系，可以受害人的身份主张名誉侵权责任，故其应当是本案适格的原告。被告周衡富辩称北京某大学不是本案适格原告的意见，本院不予采信。

二、关于周衡富在新浪实名微博上的涉诉言论是否构成名誉侵权，如构成名誉侵权，应如何承担侵权责任

根据《最高人民法院关于审理名誉权案件若干问题的解答》第七条规定，以书面或口头形式侮辱或者诽谤他人，损害他人名誉的，应认定为侵害他人名誉

权。在判断周衡富的涉诉微博言论是否构成侵权时，需要着重考虑以下因素：（一）周衡富的涉诉微博言论是否构成对北京某大学进行诽谤或侮辱的加害行为；（二）周衡富发表的微博言论是否存在主观过错；（三）周衡富的微博言论是否对北京某大学造成了社会评价降低；（四）周衡富的微博言论是否构成公民合法行使批评监督权的免责事由。对此，本院分别分析如下：

（一）周衡富的涉诉微博言论是否构成对北京某大学进行诽谤或侮辱的加害行为

首先，周衡富的涉诉微博言论是否属于对北京某大学进行诽谤的行为。诽谤行为是向第三人传播不利于特定人或特定人群名誉的虚假事实或者以他人传播的虚假事实为依据进行不利于特定人或特定人群名誉的不当评论而足以致使该特定人或特定人群社会评价降低的民事侵权行为。传播的内容可以是"事实陈述"或"意见表达"，传播的方式可以是口头或书面形式。本案中，被告周衡富分别于2012年8月21日9时19分和2012年8月21日21时22分在其实名认证的新浪微博中向该微博平台可及的传播范围以书面形式公开发表了2篇涉及北京某大学院长、系主任及教授与北京桃花源餐饮有限公司女服务员之间存在不正当关系及相应评论的博文，但是周衡富未向法庭提交该2篇博文所披露的不正当关系存在的事实依据，其行为符合诽谤行为的构成要件，故周衡富在涉诉微博言论中虚假陈述构成对北京某大学进行诽谤的行为。周衡富辩称其所述北京某大学院长、副院长、教授群体存在不正当关系并非虚假陈述而有事实依据，就此向本院提交了《北京某大学教授指控高中生情人敲诈30万续：已被解除教职》等前述5篇文章予以佐证。本院认为，本案审理的焦点事实系北京某大学院长、系主任及教授是否有与北京桃花源餐饮有限公司女服务员发生不正当关系的情况，周衡富提交的证据并未直接证明周衡富涉诉微博发表的这一事实陈述具有事实依据或直接线索，故本院对周衡富的这一辩称意见不予采信。

就周衡富在2012年8月30日3时53分发表的微博及接受《新京报》记者采访时修正自己的言论一节，被告周衡富辩称其承认了自己言论存在夸大之处，将其言论指向修正为仅指代其了解到的少数院长、副院长、教授，该行为表明其已就言论作出调整，减少侵权的可能性，并通过媒体阐述批评言论的目的，并就夸大言辞作出了解释，故结合其前后言论判断涉诉微博言论并不具有诽谤性。本院认为，结合前述诽谤的构成要件，虽然周衡富将自己的微博言论指代的群体进行了限缩，但仍未明确该少数院长、副院长、教授群体的具体指向，亦未提供相应证据或线索证明其所陈述的不正当关系的事实依据，反而辩解自己之前进行的事实陈述只是个人的说话风格问题，并没有希望消除之前事实陈述给北京某大学带来的不利社会影响，而且进一步使用"其了解到"这样的言辞，强调其修正之后的言论可信度，更加容易误导公众。因此，周衡富其后的修正言论并未消除其之前的涉诉微博言论的影响，故本院对周衡富的该辩称意见不予采信。

其次，周衡富的涉诉微博言论是否属于对北京某大学进行侮辱的行为。侮辱行为是指采用暴力或言语等方式欺辱特定人或特定人群，足以贬损该特定人或特定人群人格或尊严的民事侵权行为。本案中，被告周衡富分别于 2012 年 8 月 21 日 9 时 19 分和 2012 年 8 月 21 日 21 时 22 分在其实名认证的新浪微博中公开发表的 2 篇涉诉微博，其中使用了"淫棍""淫荡"等羞辱性文字，该文字属于以言语方式贬损北京某大学的尊严，其行为符合侮辱行为的构成要件，故周衡富在涉诉微博言论中使用羞辱性语言构成对北京某大学进行侮辱的行为。

（二）周衡富发表涉诉微博言论是否存在主观过错

本院认为，判断加害人是否具有主观过错，应当以一个"诚信谨慎之人"在相同情况下须尽到的注意义务为主要标准并结合加害人的身份地位、发布内容、认知能力、事后表现等自身因素进行综合判断。

首先，不侵害他人合法权益及对不当言论造成的侵害积极减损是一个"诚信谨慎之人"对发表微博言论的一般注意义务。微博作为一种新兴的"自媒体"，属于社交媒体的范畴，其特点在于网络用户以个人的视角和碎片化的语言，即时表达对人、对事的所见所闻、所感所想，根据自行设置让特定或不特定的第三人即时查阅、获悉自己的经历与言论并得以在虚拟网络上迅速传播或扩散。个人微博是个人社交的重要方式，相比正式场合的言论，微博上的言论随意性更强，主观色彩更加浓厚。但是，自由既是一种权利，也是一种责任，自由的界限就是不得侵犯他人的合法权利。网络是现实社会的投影和延伸，因此，在微博中自由发表言论也不例外。"诚信谨慎之人"在公开发表微博言论时，应做到以下 4 个层次的一般注意义务：1. "事实陈述"时，所述事实应当基本或大致属实；2. "意见表达"时，评论内容应当大致客观公正；3. 陈述或评论时，不得使用侮辱性言辞攻击他人；4. 当微博言论涉嫌侵害他人合法权益，所致不利影响迅速扩散时，应当积极配合查证并消除不利影响；否则，可以认定发表微博言论的网络用户未尽到一般注意义务，其主观方面具有过错。本案中，周衡富在未有相应依据的情况下，在个人微博上向不特定的第三人传播北京某大学院长、系主任及教授与北

京桃花源餐饮有限公司女服务员存在不正当关系的陈述并作出"除了周衡富，北京某大学淫棍太多"的评论，违反了"事实陈述"时应保证所述事实基本或大致属实及"意见表达"时应尽到评论内容大致客观公正的一般注意义务；周衡富在微博言论中使用"淫棍""淫荡"等侮辱性言辞攻击北京某大学，违反了不得使用侮辱性言辞攻击他人的一般注意义务；周衡富在涉诉微博言论迅速传播之后，未积极协助北京某大学相关部门查证其发表的事实陈述或向法庭提交相应证据证明其事实陈述基本属实，也未及时删除不实陈述的微博言论，且至法庭辩论终结前仍未删除，其未尽到事后积极配合及减损的一般注意义务，故周衡富未尽到网络用户的前述一般注意义务，其主观上存在明显过错。

其次，具有特殊身份地位之人发表公开言论时应当尽到更高的注意义务。周衡富曾经是北京某大学的教授，具有内部人的特殊身份，而且还是微博上被新浪加"V"实名认证、拥有十几万粉丝的知名经济学家、国家首批长江教授及首批千人计划人才，故周衡富在发表涉诉微博言论时应当注意自身的特殊身份。正是由于周衡富曾经系北京某大学教授的身份，与北京某大学及北京某大学院长、系主任及教授群体之间存在特定的利害关系，使其言论容易产生"内部人爆料"的效应，使公众更加容易相信"内部人爆料"的真实性，从而更加容易误导公众。因此，周衡富在发表自己曾经所在单位特定人员群体的负面事实陈述及意见表达时，更应尽到相应的谨慎和注意义务。加之，周衡富在现实社会中具有较高的社会地位，投射在微博领域亦是重要的层级，面对多达十几万的粉丝，其微博言论自然拥有更大的社会影响力，理应承担高于普通网络用户的注意义务。但是，周衡富在涉诉微博上的言论显然未尽到更高的谨慎和注意义务，故本院认定周衡富发表涉诉微博言论存在主观过错，进而对周衡富辩称其并无主观过错的意见不予采信。

（三）周衡富的涉诉微博言论是否造成北京某大学社会评价的降低

本案中，周衡富在自己实名认证的微博平台上对所有粉丝及公众发布涉诉微博内容，特定的或不特定的公众人群都能直接或间接地知悉其具有诽谤及侮辱意义的内容，从网络用户的微博留言上看，网络用户是理解周衡富涉诉微博言论的基本意义的，即周衡富在爆料北京某大学院长、系主任及教授与北京桃花源餐饮有限公司女服务员存在不正当关系的情况。同时，网络用户也是理解周衡富的传播行为是指向代表北京某大学的院长、系主任、教授及北京某大学的；针对周衡富在新浪微博中发布北京某大学院长、系主任及教授与北京桃花源餐饮有限公司女服务员存在不正当关系这一事实陈述而言，本院已在前文中论证了其具有的诽谤及侮辱意义，因此，周衡富的诽谤及侮辱言论足以让第三人降低或者可能降低对北京某大学在此事上的一般社会评价。事实上，从2012年8月24日腾讯网的评论频道"今日话题"栏目制作的《"北京某大学淫棍门"谁来证清白》的专题网络用户投票结果中可以看出，关于"你相信周衡富的爆料吗？"这一话题，投票表示相信的为15112票，投票表示不相信的为276票，这表明绝大多数网络用户是相信"周衡富的爆料"的，已经对北京某大学的一般社会评价产生了现实地、严重地降低影响，故本院认定周衡富涉诉微博言论已经对北京某大学产生了社会评价明显降低的损害后果，对周衡富辩称其涉诉微博言论并未给北京某大学的社会评价造成明显降低的意见不予采信。

（四）周衡富的涉诉微博言论是否构成公民行使对公共事业的批评监督权免责事由

公民有批评、监督、申诉、控告、检举等权利，但应当以不得捏造或者歪曲事实为前提。言论可以分为事实陈述和意见表达，其中，言论表达的核心意思可以分为批评、建议、申诉、控告、检举等。本案中，周衡富的涉诉微博言论同时包括了事实陈述和意见表达两部分。就其发布的事实陈述部分而言，实质上是一种对北京某大学及北京某大学院长、系主任及教授存在所谓非道德行为的检举揭发，那么，其检举揭发的行为也应当以不得捏造或歪曲事实为前提，但是，周衡富涉诉微博言论的所谓"批评监督"所依据的事实陈述并未证实，其行为构成捏造事实，故其发表涉诉微博言论的行为当然不能构成公民行使合法批评监督权利的免责事由，故本院对周衡富辩称其发表的涉诉微博言论属于公民行使批评监督的权利应当免责的意见不予采信。

综上所述，周衡富未尽到对微博言论负有的注意义务，利用新浪微博平台发表针对北京某大学及北京某大学院长、系主任及教授群体的诽谤、侮辱言论，使公众对北京某大学产生一定误解，造成北京某大学就此事上的社会评价明显降低，该言论不构成公民合法行使批评监督权利的免责事由，其行为已构成侵犯名誉权，故周衡富应就此承担停止侵权、删除侵权言论，消除影响，恢复名誉，赔礼道歉的侵权责任。对于消除影响，恢复名誉，赔礼道歉的范围和持续时间，由本院根据侵权言论造成不良影响的范围予以判定。

北京市第一中级人民法院经审理查明认为：

一、北京某大学主体是否适格（包括北京某大学是否享有名誉权问题以及北京某大学是否与本案有直接利害关系问题）

（一）关于北京某大学是否享有名誉权问题

《民法通则》第五十条第二款规定："具备法人条件的事业单位、社会团体，依法不需要办理法人登记的，从成立之日起，具有法人资格；依法需要办理法人登记的，经核准登记，取得法人资格。"第一百零一条规定："公民、法人享有名誉权，公民的人格尊严受法律保护，禁止用侮辱、诽谤等方式损害公民、法人的名誉。"《中华人民共和国教育法》（2009 修正）（以下简称《教育法》（2009 修正））第三十一条第一款、第二款规定："学校及其他教育机构具备法人条件的，自批准设立或者登记注册之日起取得法人资格。学校及其他教育机构在民事活动中依法享有民事权利，承担民事责任。"名誉权属于一种民事权利，而北京某大学系事业单位法人，具有法人主体资格。从上述条文规定来看，法律本身并未否定事业单位法人的名誉权。故周衡富认为名誉权通常只能由自然人或企业法人享有，属于法律上的认识错误，本院不予采纳。

诚然，在实践中，为了保障公民通过发表言论等方式参与政治活动、社会管理的公共权利，确实需要对机关法人或经法律授权履行公共管理职能的事业单位、社会团体法人的名誉权予以限制或克减，但此种判断并不当然推定上述法人就不具有名誉权。在具体的个案中，关键在于审查双方争议是否是由民事活动所引发。依据《民法通则》第二条的规定："中华人民共和国民法调整平等主体的公民之间、法人之间、公民和法人之间的财产关系和人身关系。"在认定争议双方是否属于民事法律关系主体进而认定权利人是否享有相应民事权利时应遵循以下两个条件：一是双方是否属于平等民事主体；二是双方法律关系是否属于财产或人身关系。本案中，关于第一个条件。首先，北京某大学虽是事业单位法人，举办单位为教育部，经费来源为财政补助，事业、附属单位上缴，捐赠收入，但其并非教育行政主管部门，其所负担的基本及最高职能为教书育人，虽事关公共利益及公共事务，但并不因此享有对社会的公共管理职能；其次，周衡富所描述的事实及评价的内容针对的是北京某大学教师生活作风问题以及北京某大学的人员管理能力及整体形象问题，并非针对北京某大学对不特定公众履行某项公共管理职能或执行某项公共政策；最后，周衡富在发布上述微博内容时，并非北京某大学的教师，二者间并不存在行政上的管理与被管理的关系。综上所述，周衡富与北京某大学在本案中应属平等民事主体关系。关于第二个条件。北京某大学在本案中主张权利的事实依据为名誉权受侵害，法律依据为《民法通则》《中华人民共和国侵权责任法》（以下简称《侵权责任法》）等民事法律规范。由于名誉权系一种人格权，属于人身权法律关系的范畴，应受民事法律规范调整。因此，在本案中北京某大学享有名誉权，并且其名誉权不应受到限制或克减。

综上所述，北京某大学在本案中系以平等民事主体主张权利，双方纠纷系因民事活动而产生，故北京某大学的名誉权应予以充分保护。周衡富主张北京某大学系行使公权力的事业单位法人，因而不享有名誉权的上诉理由，缺乏事实及法律依据，本院不予采纳。

（二）北京某大学是否与本案有直接利害关系问题

法人名誉权是法人对其在社会活动中所获得的社会评价所享有保有、不被侵犯的权利。具体而言，法人的名誉包括对其产品、服务、人员、管理、信誉等多方面的综合社会评价。"学者效也""校者教也"，从"学校"二字的字面含义以及学校负担的社会功能来看，学校本身就是以"师生"为主体而形成的教授和学习知识、传递和塑造价值的场所。因此，学校与师生之间形成了不可分割的利益共同体，对于教师或学生尤其是对不特定教师或学生的评价必然会影响到学校本身的声誉。本案中，周衡富辩称其发布微博内容指向"少数院长副院长教授"，并非指向北京某大学。但其在发布涉诉微博中用语模糊、指向不明，且始终未向法院予以明确说明或提交证据证明其发布微博内容具体指向哪些或哪位"院长主任教授"。鉴于其微博内容涉及对北京某大学管理能力、教师整体素养作风的评价，从一般人角度来看，微博内容足以指向到北京某大学。因此，周衡富关于微博内容并非针对北京某大学的上诉理由，不能成立。

综上所述，北京某大学作为一个民事法人主体，享有名誉权，且周衡富所发布的微博内容直接指向了北京某大学，依据《民事诉讼法》第一百一十九条第（一）项，"原告是与本案有直接利害关系的公民、法人和其他组织"的规定，北京某大学与本案存在直接利害关系。因此，北京某大学是本案的适格原告，有权对周衡富提起诉讼。

二、周衡富发布的微博内容是否构成名誉权侵权

《最高人民法院关于审理名誉权案件若干问题的解答》第七条规定："是否构成侵害名誉权的责任，应当根据受害人确有名誉被损害的事实、行为人行为违法、违法行为与损害后果之间有因果关系、行为人主观上有过错来认定。"因此，

名誉权侵权的构成要件有以下四个：违法行为、损害后果、主观过错、行为与后果间的因果关系。结合周衡富的上诉理由，本院就周衡富是否实施了违法行为、周衡富是否具有主观过错、周衡富行为是否导致北京某大学名誉权受损，以及周衡富言论是否属于行使监督批评权因而应予免责四个问题分别进行论述。

（一）关于周衡富是否对北京某大学实施了违法行为问题

《民法通则》第一百零一条规定："公民、法人享有名誉权，公民的人格尊严受法律保护，禁止用侮辱、诽谤等方式损害公民、法人的名誉。"《最高人民法院关于贯彻执行〈中华人民共和国民法通则〉若干问题的意见（试行）》第一百四十条第二款规定："以书面、口头等形式诋毁、诽谤法人名誉，给法人造成损害的，应当认定为侵害法人名誉权的行为。"因此，对公民或法人名誉权的侵害主要包括诽谤和侮辱两种形式。

诽谤是指故意捏造虚假事实或引用虚假事实并进行不当评论因而导致他人社会评价降低的行为。《最高人民法院关于审理名誉权案件若干问题的解答》第八条规定："因撰写、发表批评文章引起的名誉权纠纷，人民法院应根据不同情况处理：文章反映的问题基本真实，没有侮辱他人人格的内容的，不应认定为侵害他人名誉权。……文章的基本内容失实，使他人名誉受到损害的，应认定为侵害他人名誉权。"上述规定明确了撰写、发表文章应当建立在内容真实或基本真实的基础上。微博作为一种新兴的自媒体，人人都可能成为新闻的接收者，也可以成为新闻的制造者。故而，在微博上撰写、发表文章时也应遵行真实性这一基本原则。具体而言，在认定发布的言论是否真实时可遵循两个标准：一是言论是否有基本事实依据；二是言论来源是否可靠，在无法核实言论来源真伪时，是否做到客观转述、公正评论。本案中，周衡富在其微博中爆料北京某大学院长、教授及系主任与北京桃花源餐饮有限公司服务员之间存在不正当关系，但其在庭审过程中始终未向法院提交任何直接证据证明其言论的真实性，缺乏基本事实依据，因而不符合真实性第一个标准。庭审过程中，周衡富向原审法院提交了《北京某大学教授指控高中生情人敲诈30万续：已被解除教职》等5篇文章，向本院提交了《北京某大学女留学生：余某某常一夜情，被劝保持沉默》等2篇新闻报道，以此来证明其发表言论的来源真实。对此，本院认为，周衡富在引用其他报道或进行诉讼时应当做到基本客观真实、就事论事，不得过度引申及演绎。上述报道虽揭露了北京某大学部分教师存在生活作风问题，但与周衡富发布涉诉微博所指向内容没有关联性。因此，周衡富的微博言论显然已超出其出具证据所载事实的范围，因而不符合真实性的第二个标准。

侮辱是指以暴力或语言的方式公然贬损他人人格，破坏他人名誉的行为。本案中，周衡富在发布涉诉微博内容中，使用了诸如"淫棍""淫荡"等词语，属于以言语方式贬损北京某大学名誉的行为，符合侮辱行为的构成要件。

综上所述，周衡富在发布涉诉微博内容时，缺乏基本事实依据，使用侮辱性词语，对北京某大学构成诽谤与侮辱，实施了名誉侵权的加害行为。

（二）关于周衡富是否具有主观过错问题

依据《民法通则》第一百零六条第二款、《侵权责任法》第六条第一款以及《最高人民法院关于审理名誉权案件若干问题的解答》第七条的规定，主观过错是认定名誉权侵权的必要构成要件。本案中，在判断周衡富是否具有主观过错时，应依据其是否尽到了一个"诚信谨慎之人"的合理注意义务，即是不特定多数人在同等情况下应达到的一般注意义务进行判断。有关于此，可从以下两个方面进行分析：

首先，主观过错作为行为人被法律责难的一种心理状态，应主要依据行为人的外在表现进行推定。在认定周衡富在本案中是否具有主观过错时，可从其言论是否属实、评论是否客观公正、言论发表场所、言论持续时间以及其在权利人提出异议的情况下是否及时采取删除或更正说明措施，减少损害的进一步扩大等方面进行分析。本案中，周衡富就其发布的微博内容，始终未向法院提交证据予以证实，缺乏基本的事实依据，且微博用语包含侮辱性词汇。其微博发布后，引起了网友的大量转发及评论，且相关媒体对此进行了报道，故周衡富在发布微博后应该已知道其言论所带来的损害后果。但周衡富在 2012 年 8 月 21 日发布首条微博内容后，又分别发布了另外十数条与此相关的微博，直至 8 月 30 日，持续了较长时间。在北京某大学向其提出异议后，其并未积极向北京某大学提供线索或配合进行调查，也未及时采取删除或更正说明的方式以防止损害的进一步扩大。此外，周衡富在其所发布的微博中，声称"除了周衡富，北京某大学淫棍太多"，存在借贬低他人，抬高自己的嫌疑。在 2012 年 8 月 30 日 3 时 53 分发布微博中又自认其说话"往往夸大"，是其"一贯风格"。综合上述事实，能够认定周衡富对于其发布言论及言论带来的损害后果具有主观过错。

其次，具有特殊身份的人在特定环境下发表言论理应负有更高注意义务。本案中，周衡富曾系北京某大学教授，具有内部人身份，其言论足以形成"内部人爆料"效应，更易使公众产生信赖。周衡富还是一位知名经济学家，具有较高的社会

地位，且在网络世界中拥有十几万的粉丝，其言论容易得到更多人的关注与响应。加之周衡富发布言论的场所又系开放的网络环境，具有快速复制、传播、发散的特点，易对他人的权利造成更大的损害。上述主体与环境的客观因素决定周衡富在发表其言论时理应负有更高的注意义务，以免对他人的合法权利构成侵害。

综上所述，周衡富在发布微博言论时，并未尽到其应尽的注意义务，存在主观过错。本院对于周衡富上诉称其无主观恶意，发布微博内容系出于对当前高等教育和学术风气的担忧，希望通过网络监督与批评的方式，帮助北京某大学加强管理，形成好的师风学风，改善北京某大学的社会评价，提高北京某大学的声誉这一说法不予采信。

（三）关于北京某大学是否存在名誉权受损害的后果问题

"名不徒生，而誉不自长"。法人的名誉本身蕴含了法人及其组织成员长期经营及努力的成果，是法人最为重要的无形资产。法律对于名誉权保护的目的在于使权利主体不因他人非法行为而导致其社会评价的降低。因此，在衡量名誉权是否受损时，应主要考量权利人的社会评价在侵权行为发生后是否降低。北京某大学作为一所学校，肩负着对学生传授知识及塑造人格的双重任务。因此，维持自身良好的形象与名誉对学校、教师、学生而言均具有重要意义。本案中，周衡富在发布相关微博的数天内，微博粉丝数量由 117395 人迅速增至 189595 人，其发布的两条涉诉微博几天内被转发及评论达数万次。在 2012 年 8 月 24 日腾讯网的评论频道"今日话题"栏目制作的《"北京某大学淫棍门"谁来证清白》的专题网络用户投票结果中，关于"你相信周衡富的爆料吗？"这一话题，投票表示相信的为 15112 票，投票表示不相信的为 276 票。上述数据均来自于周衡富个人微博以及与双方无利害关系的第三方，足以表明绝大多数网络用户相信周衡富所发布的微博内容为真实的。社会评价是名誉权的核心，上述事实足以表明周衡富所发布的内容导致北京某大学的社会评价明显降低。

周衡富上诉称广大网友的评论系基于其自身社会经验与认识而作出，与其没有关系。对此，本院认为，任何群体结论的得出均是多数个体经过内心确认的结果，但是，这离不开外部环境诱因。本案中，广大网友所相信的事实确指周衡富所发布的北京某大学"教授院长主任"与北京桃花源餐饮有限公司女服务员之间存在不正当关系的事实，并非广大网友依据自身经验与认知所得出的其他事实。因此，周衡富所发布的事实系"因"，广大网友的结论是"果"，二者之间并不存在互相佐证或因果倒置的问题。故对周衡富上诉称其行为未造成北京某大学损害后果的上诉理由，本院不予采纳。

（四）周衡富发布涉案微博是否属于言论自由，进而能够成为免责事由问题

公民的言论自由以及对公共事务的监督批评权属于一项公法权利，应得到宪法保护。然而，他人的人格尊严、名誉权也受宪法保护。《民法通则》《侵权责任法》以及相关司法解释虽系对私权利的具体保护，属下位法，但其在法律原则与法律逻辑上并不与宪法精神相冲突。在民事主体享有的具体权利上，并不存在上位法优先于下位法予以保护的情况。从《中华人民共和国宪法》（以下简称《宪法》）的规定来看，《宪法》对言论自由、监督批评权作出保护的同时也作出了限制，公民的言论自由、批评、建议、申诉、控告、检举的权利的最低要求应以不存在诽谤、侮辱、捏造或歪曲事实为前提，应止于对他人合法权利的侵犯。

具体到本案而言，本院认为，随着网络技术的发展以及诸如"微博""微信"等自媒体的兴起，公民有了更多渠道对外表达自己的意见，也有了更大可能放大自己的声音，因而公民的表达权及言论自由得到了技术性的提升。然而，由于网络具有开放性及便捷性的天然技术特性，网络侵权可能造成的后果往往更加严重。因此，依据权责统一原则以及法益衡平理论，公民在网络上行使批评监督权时理应负担更高的注意义务。

公民的言论自由并非是无边界的，其与他人的权利处于一种动态的平衡中，相互制约而又相互促进。网络是现实生活的映射与延伸，并非言论的法外之地，因而仍须遵循基本法律制度及生活规则。如前文所述，周衡富在发布微博内容时，缺乏基本的事实依据，存在诽谤与侮辱的情形，构成对北京某大学权利的侵害，因此其行为已超出了言论自由与批评监督权的范围，其上述理由不应成为侵权的免责事由。

综上所述，周衡富存在主观过错，实施了对北京某大学的加害行为，导致北京某大学的社会评价明显降低，且其行为已超出了行使言论自由的权利边界，构成了对北京某大学名誉权的侵害，据此应承担相应侵权责任。原审法院根据相关情节所作出的责任认定有事实及法律依据，判决周衡富所承担的侵权责任合理适当，本院对此予以维持。

□ 裁判结果

北京市海淀区人民法院依照《民法通则》第一百零一条、第一百二十条，

《最高人民法院关于审理名誉权案件若干问题的解答》第七条、第八条、第十条、第十一条，《侵权责任法》第十五条、第三十六条第一款之规定，判令：1. 自判决生效之日起，被告周衡富停止侵权，并删除公开发表的2篇涉诉微博；2. 自判决生效之日起10日内，被告周衡富在其实名认证新浪微博首页公开发表致歉声明，向原告北京某大学赔礼道歉，消除影响，恢复名誉，持续时间为连续7天（声明内容须经北京市海淀区人民法院核准，如被告周衡富拒不履行该义务，北京市海淀区人民法院将在全国公开发行的媒体上公布本判决的主要内容，费用由被告周衡富负担）；3. 案件受理费150元，由被告周衡富负担。

北京市第一中级人民法院依据《民事诉讼法》第一百七十条第一款第（一）项之规定，判决驳回周衡富的上诉请求，维持原判。

□ 律师解读

当今，微博等社交网络平台迅速发展，影响力与日俱增，越来越多的互联网用户通过微博关注社会热点事件和焦点新闻。然而，微博等社交网络平台在给人们带来便利的同时，也给个体的名誉权保护带来了挑战和冲击。近年来，涉网络名誉侵权现象不断发生，其中折射的法律问题值得思考。

一、关于北京某大学是否享有名誉权、是否具有原告主体资格问题

本案诉争法律关系是名誉权侵权责任法律关系，故该法律关系的权利人（原告）在起诉时应当是享有名誉权且名誉权涉嫌遭受侵害的主体。从《民法通则》及《民法总则》的规定来看，法律本身并未否定事业单位法人的名誉权。北京某大学系事业单位法人，具有法人主体资格，依法享有名誉权。周衡富认为名誉权通常只能由自然人或企业法人享有，属于法律上的认识错误。

本案中，判断北京某大学是否具有原告主体资格的难点，在于其与本案中周衡富在网络上指称"北京某大学院长、主任、教授与桃花源餐饮有限公司女服务员存在不正当关系"的加害行为之间是否存在直接利害关系。表面来看，周衡富的言论均指向"北京某大学院长、主任、教授"而非北京某大学，北京某大学似乎不符合民事诉讼法规定的原告主体资格条件。但实际上，由于大学与其教师群体的名誉互为表里，社会对某大学教师群体的良好评价构成该大学良好名誉的重要组成部分，二者一荣俱荣，一辱俱辱，名誉利益直接相关。周衡富在涉诉微博言论涉嫌影响社会对北京某大学院长、系主任及教授群体师德的正当评价，必然

也会直接影响社会对北京某大学名誉的正当评价，故北京某大学在本案中享有名誉利益，与本案具有直接利害关系，依法是本案适格原告。

二、针对公民在网络上发表公开言论时的言论自由边界问题

众所周知，微博为人们提供了充分表达思想意识的平台。公民利用微博等社交网络平台表达个人意思是言论自由的基本体现，如果超出了必要的界线伤及他人，就会出现名誉权与言论自由的权利冲突问题。

《最高人民法院关于审理名誉权案件若干问题的解答》规定了发表言论的一般注意义务：1. 以书面或口头形式侮辱或者诽谤他人，损害他人名誉的，应认定为侵害他人名誉权；2. 因撰写、发表批评文章引起的名誉权纠纷，人民法院应根据不同情况处理：文章反映的问题基本真实，没有侮辱他人人格的内容的，不应认定为侵害他人名誉权。文章的基本内容失实，使他人名誉受到损害的，应认定为侵害他人名誉权。

由此可知，公开发表言论无论是以书面形式还是口头形式，法定的一般注意义务就是不得侮辱或者诽谤他人。同时，以书面形式发表批评性言论，法定的一般注意义务是言论内容上不得有侮辱性言辞，基本内容不得失实。

本案中，周衡富在发布微博内容时，缺乏基本事实依据，存在诽谤与侮辱的情形，其行为已经超出了言论自由与批评监督权的范围，并不能成为侵权免责的事由。因此，人民法院依法认定周衡富发表涉诉微博言论存在主观过错，应当承担侵害北京某大学名誉权的侵权责任。

代理心得

本案是一起司法公开大背景卜国内外社会关注度高、影响力大的涉网络民事案件。2015 年年初，本案入选《人民法院报》公布的 2014 年度人民法院"十大民事案件"，本案舆论引导工作还获得最高人民法院组织的 2014 年全国法院新闻宣传和网络宣传优秀成果评选活动的"全国法院网络宣传优秀策划"奖。

本案一审、二审均判决周衡富承担侵犯北京某大学名誉权的侵权责任。因周衡富未主动履行生效判决确定的义务，北京某大学向海淀法院申请强制执行，海淀法院于 2016 年 2 月 23 日在《人民法院报》上发布公告，将判决的主要内容公之于众。至此，此案依法执行完毕。这起曾经轰动一时的"北京某大学淫棍门事

件"因法院的执行而画下句号。它的审理及执行为我们提供了些许启示：

第一，本案确立了学校在特定情况下可以就其教师群体名誉被侵害的事实以学校名义提起诉讼的裁判规则。

本案中，周衡富的微博言论并未特定指向某一个或几个特定人，而是泛指北京某大学院长、主任及教授群体，这使得北京某大学的教师无法直接以个人名义起诉。如果此时不允许北京某大学以学校名义起诉，那么北京某大学及其教师所遭受的损害将无从救济。

本案确立了学校在特定情况下可以就其教师群体名誉被侵害的事实以学校名义提起诉讼的裁判规则，有效地维护了北京某大学及其教师群体的合法权益。当然，这一裁判规则的推广适用应当谨慎对待，至少应当满足以下条件：1. 言论指向的对象为不特定群体；2. 权利主张主体（起诉主体）与言论指向对象之间存在互为表里的关系；3. 言论指向对象的行为性质直接影响权利主张主体（起诉主体）社会评价，且言论指向对象的名誉是权利主张主体（起诉主体）名誉的主要组成部分。

第二，本案划定了公民通过互联网公开发表言论的权利自由边界，明确了公民在网络上发表公开言论时应尽到的一般注意义务（言论自由的边界），使人们在享受互联网技术便利的同时，减少互联网的负面效应，在信息化时代具有积极的司法价值和现实意义。

第三，本案的强制执行维护了法院判决的强制力和权威性。赔礼道歉作为侵权责任的承担方式，其强制力较弱，需要由义务人自觉履行。本案执行法院在周衡富未主动履行生效判决所确定义务的情况下，采取公布裁判文书主要内容的方式替代赔礼道歉，体现了人民法院在尊重被执行人和维护法院判决权威之间的恰当平衡。

高级合伙人介绍

阴颖晖律师： 北京大成律师事务所高级合伙人，1995 年开始执业，历任大成全球公共政策及监管专业组中国区牵头人，北京大成律师事务所政府、公共政策与国资运营监管专业组负责人，大成律师事务所监督委员会委员，北京大成律师事务所业务二部（争议解决）副主任，北京市朝阳区第三届律师代表大会代表等。阴颖晖律师的专业领域主要定位于重大民商事争议解决（金融、房地产、合同、知识产权、反垄断及反不正当竞争），刑事辩护，政府、公共政策与国资运营监管，不动产与建设工程，知识产权等，已办理各类案件近 2000 件，为委托人实现诸多重大合法权益；无罪辩护成功多件，获得社会各界好评。具有扎实的法律理论功底，丰富的实践经验，视角独特、洞察深刻、思维敏捷、口才善辩、德法并重。

联系电话： 010－58137022；**电子邮箱：** yinghui. yin@dentons. cn

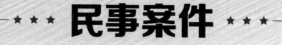

民事案件

第二部分

合同、无因管理、不当得利纠纷

棕色国贸有限公司与中源公司
买卖合同纠纷案

• 案件基本信息 •

案例类型：民事诉讼

判决时间：2016 年 6 月 30 日

审理法院：最高人民法院

案件负责人：程韶蓬，北京大成律师事务所律师

代理律师：谭正华、刘涛、刘瑞奇，北京大成律师事务所律师

关键词：买卖合同纠纷；融资性贸易

• 案例正文 •

□ 当事人信息

上诉人（原审被告）：中源公司

被上诉人（原审原告）：棕色国贸有限公司（以下简称棕色国贸）

原审第三人：上海仓管有限公司（以下简称上海仓管）、棕色物流（天津）有限公司（以下简称棕色物流）、河北银行股份有限公司青岛分行（以下简称河北银行）

□ 案情摘要

棕色物流系棕色国贸子公司，棕色物流与中源公司存在货代合作关系，基于长期合作，双方自 2014 年 1 月起开始开展铬锰矿石的贸易合作。棕色物流与中源公司签订一系列《货物采购合同》（就部分合同，还签署补充协议），约定棕色物流向中源公司采购"拜克轮"加纳锰矿 42216 吨、"太阳天使轮"澳大利亚铬矿 35000 吨、"简洁轮"加纳锰矿 35100 吨、"哈顿轮"加纳锰矿 38000 吨、"克里轮"加纳锰矿 43000 吨、"新荣耀轮"加纳锰矿 43000 吨、"玛利亚轮"土耳其铬矿 54000 吨、"凯斯特轮"加纳锰矿 35000 吨、"安娜轮"加纳锰矿 35800 吨、"维米轮"澳大利亚铬矿 17300 吨，10 船货物货值总计 38112.00 万元人民币（其中，"维米轮"货物不在本案诉请范围）。同时，《货物采购合同》还约定，如因中源公司原因未能及时向棕色物流提供通关、提货相关手续单据，致使棕色物流提货不能的，或因货物所有权不明确所引起的纠纷以至于给棕色物流带来损失的，中源公司应当予以全部承担，赔偿全部损失。

上述合同签订后，棕色物流依约支付款项给中源公司，中源公司委托第三人上海仓管（货代方）向棕色物流开具仓单。同时，因为棕色物流已将货物销售给棕色国贸，所以经各方协商确认并经中源公司指示后，上海仓管于 2014 年 4 月 22 日至 6 月 6 日就涉案货物直接开具了货权人为棕色国贸的编号为 CCS140402907（对应"拜克轮"）、CCS140402765（对应"太阳天使轮"）、CCS140402767（对应"简洁轮"）、CCS140402766（对应"哈顿轮"）、CCS140402814（对应"克里轮"）、CCS140402802（对应"新荣耀轮"）、CCS140402804（对应"玛利亚轮"）、CCS140402805（对应"玛利亚轮"）、CCS140402806（对应"玛利亚轮"）、CCS140603566（对应"安娜轮"）、CCS140402803（对应"凯斯特轮"）的仓单，并将该等仓单原件提交给棕色国贸。但是，棕色国贸取得仓单后，发现上述仓单对应的 9 船货物尚未办理清关手续，仍为海关保税监管货物，且中源公司并未向上海仓管提供全套通关手续文件，也尚未缴纳关税、仓储费等税费。

至此，涉案港口货物的提货权已经转移至棕色国贸，中源公司应当依据买卖合同约定，负责涉案货物清关、缴纳税费及相关费用，提供通关手续后，向棕色国贸履行交付 9 船货物（其中，加纳锰矿 276920.793 吨、澳大利亚铬矿 35802 吨、土耳其铬矿 54101.556 吨）的义务。

棕色国贸虽多次沟通催促，但中源公司因面临经营困境，迟迟未办理涉案货物的清关手续、缴纳税费及相关费用，并向棕色国贸履行交付货物的义务，其行为严重违反了《货物采购合同》的约定。同时，第三人上海仓管基于《货物采购合同》和中源公司的指示向棕色国贸开具仓单，应当配合中源公司办理通关手续并配合交付涉案货物。故而，棕色国贸将中源公司诉至法院，诉请中源公司办理案件项下货物的清关手续、缴纳税费及相关费用，履行涉案货物的交付义务（同时诉请第三人上海仓管协助中源公司完成清关及交货义务），中源公司承担相应的违约责任及案件的律师费、诉讼费。

本系列案件在审理过程中，第三人河北银行因与棕色物流的金融借款合同纠纷案（以下简称保理案），申请加入本案审理。后一审法院追加棕色物流、河北银行为本案第三人。同时，在案件审理过程中，河北银行基于保理案，向山东省高级人民法院错误地申请对本案大部分涉案货物采取保全措施，这也导致本案后续在执行过程中发生了两地法院的执行冲突，以致出现原告棕色国贸虽最终持胜诉判决，但却久久不能就本案的涉案货物获得执行的被动局面。

□ 争议焦点

1. 本案《货物采购合同》的性质、效力及中源公司是否应向棕色国贸履行交货义务。

2. 本案《合同权利转让协议》的效力及棕色国贸是否系本案的适格原告。

3. 中源公司是否违约及承担违约责任。

□ 裁判观点

一、关于本案《货物采购合同》的效力及性质，以及中源公司是否应向棕色国贸履行交货义务

法院认为，《货物采购合同》是当事人真实意思表示，并不违反相关法律规定，合同依法应认定有效。《货物采购合同》从合同名称到合同条款以及合同履行，均符合买卖合同的构成要件，双方的交易具备买卖合同的基本特征，故该合同性质应当认定为买卖合同。

案涉交易方式是当事人的自愿选择，并不违反法律、行政法规的强制性规

定，在棕色物流全部履行《货物采购合同》项下货款的给付义务后，中源公司首先有义务按照《货物采购合同》的约定向棕色物流交付案涉货物，其次棕色物流将该交付货物请求权转让给棕色国贸后，棕色国贸向中源公司诉讼主张交付案涉货物，有充分的事实和法律依据，应予支持。

二、关于本案《合同权利转让协议》的效力及棕色国贸是否系本案的适格原告

法院认为，本案《合同权利转让协议》属于合同权利义务的概括性转移。结合本案事实，能够印证该协议并不违背上海仓管、中源公司的真实意思，对两公司的利益也不构成损害，故《合同权利转让协议》系当事人真实意思表示，并不违反法律、行政法规的强制性规定，依法认定有效。

根据之后协商通关的相关事实，以及棕色两公司给中源公司《通知》的内容，本案《合同权利转让协议》的效力及于中源公司，棕色国贸有权要求中源公司履行清关及交货的义务。

因此，棕色国贸基于《铬锰矿石购销合同》、《合同权利转让协议》及《通知》取得《货物采购合同》项下权利，提起本案诉讼要求中源公司交付案涉货物，原告主体适格。

三、关于中源公司是否违约及承担违约责任

《货物采购合同》约定，对因中源公司原因未能及时向棕色物流提供通关、提货相关手续单据，致使棕色物流提货不能的，或因货物所有权不明确所引起的纠纷以至于给棕色物流带来损失的，中源公司应当全部承担，赔偿棕色物流全部损失。截至棕色国贸提起本案诉讼时中源公司仍未清关交货，构成违约，故应按照合同约定承担相应的违约责任。

四、关于最高人民法院在协调本案执行冲突时的重申观点

需要特别说明的是，本案与河北银行保理案在执行时发生冲突，最高人民法院在相关协调意见中再次重申：

1. 山东省高级人民法院在河北银行保理案下作出的财产保全裁定，是对棕色物流银行存款或者其他财产采取的保全措施，该保全裁定及"暂停对棕色物流款物支付"的协执通知已向中源公司送达，应当认定为符合法律所规定的对到期债权保全的形式要件。但是，棕色国贸在山东省高级人民法院保全到期债权之前已经取得了以棕色国贸公司为货权人的仓单，棕色国贸取得仓单后，案涉货物的提货权已转移至棕色国贸，中源公司无权再改变，棕色物流亦无权再向中源公司主张提货权，因此，不能对案涉货物的提货权再作为棕色物流的到期债权予以冻结，山东省高级人民法院采取的到期

债权保全措施不能发生阻止货物向棕色国贸实际交付的法律效果。

2. 棕色国贸与棕色物流签订的《合同权利转让协议》虽然是在山东省高级人民法院采取到期债权保全措施之后，但该协议只是在棕色国贸取得仓单项下提货权之后，进一步强化棕色国贸依据仓单请求卖方实际交付货物、履行办理与交付货物相关的通关手续等附随义务的法律地位，并非新创设棕色国贸请求实际交付货物的权利。因此，本案不能认定为棕色物流与棕色国贸恶意串通逃避债务。

□ 裁判结果

1. 被告中源公司办理本案《货物采购合同》项下货物清关手续，缴纳税费及相关费用，向原告棕色国贸交付涉案加纳锰矿 276920.793 吨、澳大利亚铬矿 35802 吨、土耳其铬矿 54101.556 吨；

2. 第三人上海仓管协助完成上列清关及交货义务；

3. 被告中源公司向原告棕色国贸支付违约金合计 1905.6 万元人民币；

4. 被告中源公司承担案件的诉讼费及保全费。

□ 律师解读

一、诉讼策略的确定

本案相关交易涉及主体众多，剔除相关度较小的主体并将同类型主体合并后的法律关系仍然非常复杂（见图 1），诉讼策略的确定对于案件能否达到棕色国贸的目的、能否实质上为棕色国贸挽回损失至关重要。

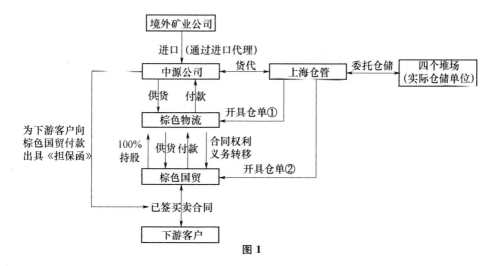

图 1

本案涉及主体很多，拆分后的法律关系似乎并不复杂，主要是买卖合同关系以及相关的仓储安排。但本案的背景是：棕色物流在与中源公司的买卖合同项下，已经支付了全部价款；棕色国贸在与棕色物流的买卖合同项下，也已经支付了全部价款，且棕色物流当时经营已经陷入困境，如果直接按照合同关系由棕色物流向中源公司提出主张，要求中源公司向棕色物流履行交货义务，则即使胜诉，棕色物流所取得的货物也将被棕色物流众多债权人查封冻结，棕色国贸只能基于合同无法履行而享有对棕色物流的债权。

基于这一背景，棕色国贸从案件结果角度出发，提出必须要以棕色国贸为主体，直接对货物提出主张的要求。

从棕色国贸的角度，又可以有若干诉讼思路：

1. 直接基于买卖合同关系起诉棕色物流

因为棕色物流系棕色国贸全资子公司，提出此项诉讼不合理，且棕色物流和堆场之间并无合同关系，该诉讼即使胜诉，执行难度也非常大，仍然会回归到棕色物流起诉中源公司的逻辑下。

2. 基于《仓单》起诉上海仓管

就本案案涉货物，上海仓管出具过两套仓单，第一套仓单是在中源公司转让货物给棕色物流后，出具给棕色物流的；第二套仓单是在棕色物流转让货物给棕色国贸后，出具给棕色国贸的。

基于《仓单》起诉的问题在于：案涉货物处于保税仓储状态，尚未缴付关税，相关主体均不能越过关税管理直接提取货物。同时，根据棕色物流与中源公司的合同约定，清关以及缴付费用的义务人为中源公司。此外，上海仓管注册资本只有100万元人民币，经营状况欠佳，即使棕色国贸胜诉，上海仓管也根本没有能力解决问题。

3. 基于与下游客户的合同起诉下游客户要求付款，同时要求中源公司履行保证责任

本案案涉货物处于保税状态，而且不在棕色国贸的实际控制下，棕色国贸如果垫付关税、堆存费后，无法提取/控制货物，那么，将存在国有资产流失的重大风险。此种情形下，棕色国贸实际也无法向下游客户交货。

上述方案均被否决后，基于棕色物流已经全面履行棕色物流与中源公司签署的买卖合同项下义务；棕色国贸也已经全面履行与棕色物流买卖合同项下全部义务，且上海仓管已经向棕色国贸开具仓单（根据各方关系和交易习惯，可推定上

海仓管系接受中源公司委托开具仓单）的事实，由棕色物流将其在与中源公司签署的买卖合同项下的合同权利（要求中源公司清关并交货的权利，不附随任何义务）转让给棕色国贸，棕色国贸直接向中源公司提出主张，要求中源公司和上海仓管向棕色国贸交货。

这一诉讼方案总体得到了法院的认可。审理过程中，基于上海仓管在本案中的地位，经法院释明后，棕色国贸同意将上海仓管变更为本案第三人。

二、关于融资性贸易的认定

融资性贸易并非准确的法律术语，结合相关判决，所谓融资性贸易，应当指"名为买卖、实为借贷"的交易安排。货物交易形成所谓的"闭环交易"并不必然导致交易被认定为"名为买卖、实为借贷"。

大宗商品交易中（本案所涉为进口铬矿、锰矿），以卖出为目的（区别于以自用为目的）的买入行为是很常见的，买入卖出之间加价也符合商业常理，而且货物物理存储和合同主体之间的分离也很常见，单证交易而非实物交易是符合此类交易的商业惯例的。

本案被告中源公司在案件进程中，并未认真考虑大宗商品交易的实际情况，仅以闭环贸易、加价和没有实物交易为由主张"名为买卖、实为借贷"，简单地将上下游合同的付款时点之间的时间段认定为借款期限；将上下游合同之间的差价解释为利息，甚至没能说明所主张的借款的利率水平，最终其主张未能得到法院支持。

代理心得

一、诉讼是筚路蓝缕、披荆斩棘的过程

本案涉及主体众多，法律关系复杂，本案接受委托之初，团队以委托人的最大利益出发，反复论证，确定了诉讼方案。

案件审理过程中，案涉货物处于保税监管下，每天产生堆存费达几十万元，当事人作为一家国有企业，在案件结果不明朗的情况下，随时面临被海关拍卖以抵充关税的可能，从委托人棕色国贸的角度，也不可能在案件不明朗的情况下，垫付巨额资金办理清关。同时，保税仓储单位也面临很大的压力，频繁向法院以及棕色国贸、棕色物流施压。在这个博弈过程中，中源公司不愿意清关，但又担

心因此导致不利的判决结果，于是中源公司提存了1亿元人民币在公证处，要求棕色物流（中源公司买卖合同的相对方）提取该笔款项去办理清关，且在公证文件明确如果7日内不提取，即意味着中源公司已经完成清关义务。

中源公司认为棕色物流不敢轻易提取款项，因为如果棕色物流仍然和中源公司存在履行合同的行为，那么，棕色国贸的起诉基础是存在问题的。公证处又不会向棕色国贸释放提存款，所以中源公司试图借此规避其责任。看到公证处发给棕色物流的通知后，团队成员迅速和法院联系，请求法官从有利于案件解决的角度，迅速查封该笔款项，并用于办理清关。本案由于案涉保税货物，也给法官审理造成了很大困扰，所以法官迅速配合棕色国贸的保全申请，查封了1亿元人民币提存款，并在查封后，协调各方在搁置争议的基础上，一致同意清关，这成为了本案重要的转折点。

案件进入执行后，又面临和山东省高级人民法院另一执行案件标的冲突的情形，经最高人民法院执行局出具协调意见后也未能解决，最终最高人民法院执行局又以执行监督案件的方式，出具了处理意见，才最终推动了执行工作的落实。

本案和其他很多诉讼案件都不太一样的地方在于，委托人对于整个环节的了解是很有限的，中源公司和下游公司的关系、中源公司和上海仓管的关系、中源公司和堆场的关系、上海仓管和堆场的关系都不明朗，只能根据交易习惯以及对方的陈述、对方提供的零星资料去推测，所以案件进展到每一个节点，都要反复论证各种可能性以及后果，并在此基础上作出应对。

二、植根于案件事实，法律才会成为上膛的武器

在承办本案的过程中，团队成员深刻体会到，只有植根于案件事实，在此基础上讨论法律问题，法律才会真正成为代理律师的武器。否则，空洞地谈论法律问题无异于在战场上挥舞没有子弹的手枪，起不到任何作用。

本案承办之初，案情和委托人的诉求令团队一度有些无所适从，经过反复查看案件资料，团队建立了对这个案件事实的最基本的判断：就本案所涉系列交易，虽然涉及几十份合同和几十份仓单，但在接受委托时，事实情况是棕色国贸支付了全额货款（棕色物流向中源公司支付了全额货款，但同时从棕色国贸收取了全额货款），中源公司收取了全额货款，货物还存在（这很重要，意味着交易并非虚构，且有执行对象）。这些事实使得团队建立了信心，棕色国贸作为国有资产经营主体，应当主张自身权益。

本案承办过程中，每次谈话和开庭之前，团队都会结合案件事实以及诉讼进

展情况，将所有可能涉及的事项拆分成专题，逐项进行立论并对被告、第三人（本案涉及多个第三人，包括上海仓管、棕色物流以及认为与本案存在利害关系的河北银行青岛分行）可能的应对进行假设，形成回复意见并完善己方立论。

这些专题包括河北银行青岛分行是否能作为本案第三人参加诉讼、上海仓管是否为适格被告、棕色物流是否应当作为本案第三人参加诉讼、本案是否会被认定为融资性贸易、本案所涉境内买卖合同标的物为保税货物是否影响合同效力、合同权利转让协议的效力是否及于中源公司、上海仓管仓单的效力和作用，等等。

面对复杂的系列案件，必须始终根植案件事实进行论证和准备，确保既对案件有宏观的认识，又能将案件所涉及的每一个重要的事项、节点都进行深入剖析，这样才能最大程度地维护当事人权益。

三、诉讼过程中，要摒弃"快思考"

丹尼尔·卡尼曼在《思考，快与慢》中将我们的思维系统区分为负责本能、直觉和下意识的"快思考"和不容易出错但懒惰的"慢思考"。在工作中，哪怕是律师这样的严谨职业，也无法避免"快思考"，但我们必须学会在工作中摒弃"快思考"。

本案进展过程中，我们对此深有体会。棕色国贸起诉后，河北银行青岛分行以利益相关案外人的身份，要求作为第三人参加本案审理。我们的第一反应都是不同意。

面对这个问题法官的逻辑是：（1）棕色国贸反对河北银行青岛分行参与案件审理，无非觉得河北银行青岛分行肯定会提出不利于棕色国贸的主张。（2）本案相关主体都参与了案件，包括棕色物流、上海仓管，加上河北银行青岛分行也无不可。（3）河北银行青岛分行是案外人，法院判决结果不应当因为某个案外人是否参加诉讼而有变化，判决结果应当是公开、透明、经得起检验的。（4）如果河北银行青岛分行不参与本案，那么，本案不排除会因为主体缺失问题而在二审过程中被发回重审。

事实证明，后来在执行过程中，河北银行青岛分行通过另案执行事宜给本案执行施加了很大影响，拖延本案执行达 2 年之久。现在几乎可以确定，如果当时河北银行青岛分行在一审中未作为第三人参加案件审理，本案二审被发回重审的可能性会非常大。

这个细节给大家很大的触动。从事律师工作时间长了，难免建立一些固有认知，并基于此进行很多"快思考"，这些"快思考"有时甚至是难以避免的，因

为人都有惰性，但在决定之前，再审视一下那些来自下意识判断作出的决定，能够让我们避免很多失误。工作节奏可能很快，但对律师而言，思考要慢。

高级合伙人介绍

程韶蓬律师：北京大成律师事务所高级合伙人，中华人民共和国北京海关特邀监督员，中国政法大学特聘教授。程韶蓬律师擅长诉讼及仲裁业务；公司、投资并购、房地产与建设工程等领域常年法律顾问、专项法律服务等。程韶蓬律师还担任农业农村部基建工程中心常年法律顾问、中华人民共和国北京海关常年法律顾问、中国人民健康保险股份有限公司常年法律顾问、北京瑞德埃克森医疗投资有限公司常年法律顾问。

联系电话：13701231387；电子邮箱：shaopeng. cheng@dentons. cn

中国银行股份有限公司某分行、中国电子进出口某地有限公司、荣成市东丹口船业有限公司、东丹口集团有限公司见索即付独立保函追偿权纠纷

● 案件基本信息 ●

案例类型： 民事诉讼

判决时间： 2016 年 3 月 17 日

审理法院： 山东省高级人民法院

案件负责人： 李红，北京大成律师事务所律师

代理律师： 王明军、程真，北京大成律师事务所律师

关键词： 独立保函

● 案例正文 ●

□ 当事人信息

原告： 中国银行股份有限公司某分行（以下简称中国银行某分行）

被告： 中国电子进出口某地有限公司（以下简称中电某公司）

被告： 荣成市东丹口船业有限公司（以下简称东丹口船业公司）

被告： 东丹口集团有限公司

□ 裁判要旨

银行因客观情况发生变化，被动履行法院判决而支付保函项下款项，并非有意违反其他法院作出的诉讼保全裁定。银行支付保函项下款项的行为并没有过错，保全申请人仍可以申请保全或者申请执行对方当事人的其他财产。

□ 案情摘要

一、造船合同

2006年6月3日，中电某公司与东丹口船业公司作为卖方，与买方荷兰西特福船运公司（以下简称西特福公司）签订2份船体编号分别为XXK06-038和XXK06-039的造船合同（以下分别简称38号船和39号船）。造船合同约定，38号船的交船日为2008年9月30日前，39号船的交船日为2009年1月31日前。若卖方未在交船日起210日内交付，西特福公司有权取消合同，卖方必须退还买方已支付的预付款。

二、独立保函

为履行两份造船合同，经东丹口船业公司和东丹口集团有限公司提供担保，中电某公司申请中国银行某分行向西特福公司出具2份预付款保函。保函条文均载明："如在本船交付前贵方已按合同约定向卖方支付本船项下预付款，而卖方却未根据合同约定向贵方返还全部或部分预付款，我行在此不可撤销地保证退还你们在交船前支付的合同项下的预付款，总额不超过1639.2万美元加上利息。如因不被允许的交船延迟，贵方取消合同，我行将向贵方支付利息的适用利率为6个月的LIBOR滚动利率加年利率2%。本保函有效期至卖方向贵方交船之日，或本保函项下所有款项退还给贵方，或最终仲裁裁决已经由卖方或我行执行之日止，或38号船2009年5月31日、39号船2009年9月30日，上述情况取其先者。到期后，本保函自动失效。然而，在上述提及的保函到期日前，无论卖方或是贵方通知我行其二者间诉讼或仲裁程序已经开始，则本保函有效期将自动延长至仲裁裁决或法院判决下达后45天。本保函项下我行的任何付款应不作任何抵消或反索赔，且不因任何税收、关税或费用而作任何扣减或扣留，除非法律要求我行进行上述的扣减或扣留。如果发生后一种情况，我行将作许可范围的最低扣减或扣留，并将向贵方支付这些被扣留或扣减的额外款项，以保证贵方收到的款项与扣减或扣留前一致。我行指定中国银行伦敦分行作为我行履行上述法律义务的代理人。"2009年3月20日，中国银行某分行根据中电某公司的申请，将2份保函到期日分别修改为2010年12月31日和2011年3月31日。

三、造船合同项下的伦敦仲裁

2009年7月13日，西特福公司终止38号船的造船合同。2009年11月9日，中电某公司与东丹口船业公司向伦敦仲裁庭申请仲裁，要求裁决西特福公司弃船行为无效。2013年4月15日，伦敦仲裁庭裁决：西特福公司于2009年7月13日弃船合法有效，中电某公司与东丹口船业公司应向买方退还预付款12294000美元及相应利息。

2010年11月11日，西特福公司就39号船项下争议向伦敦仲裁庭申请仲裁，要求确认其有权弃船。2012年2月9日，伦敦仲裁庭裁决：西特福公司有权自2009年8月29日起弃船；如西特福公司弃船，中电某公司和东丹口船业公司应向买方退还预付款16392000美元及相应利息。

四、国内法院的保函止付

2011年至2013年，东丹口船业公司和中电某公司以船东西特福公司与发动机供应商公司合谋欺诈为由向青岛海事法院提起4起诉讼，青岛海事法院根据东丹口船业公司和中电某公司的申请，向中国银行某分行送达4份民事裁定书和协助执行通知书，禁止中国银行某分行及中国银行国内及海外分支机构向西特福公司支付保函款项。中国银行某分行提出异议，青岛海事法院通知异议不成立。

2014年4月2日，山东省高级人民法院作出终审判决，判令发动机供应商公司为东丹口船业公司提供符合双方约定的主发动机并赔偿损失，西特福公司承担连带责任。

五、保函索赔和拒付

伦敦仲裁庭作出裁决后，保函受益人西特福公司分别于2012年3月13日和2013年5月27日向中国银行某分行索赔2份保函项下款项。受青岛海事法院止付裁定制约，中国银行某分行未予支付。

六、境外被诉与付款

2012年3月和2013年5月，西特福公司将中国银行总行起诉至英国高等法院，要求支付2份保函项下的款项。经合并审理，英国高等法院于2015年4月17日作出判决，要求中国银行总行付款。中国银行总行于2015年5月15日通过伦敦分行支付2份保函项下的本金、利息和相关费用共计42031810.51美元。为应

对该案诉讼，中国银行支付律师费人民币 20254413.72 元，赔付对方律师费 820829.5 英镑。

七、境内追索

2015 年 12 月 10 日，中国银行某分行将中电某公司及其担保人东丹口船业公司、东丹口集团有限公司起诉至山东省高级人民法院，要求中电某公司偿还保函垫款并赔偿境外应诉损失，要求东丹口船业公司、东丹口集团公司承担担保责任。

中电某公司未提交答辩意见。东丹口船业公司和东丹口集团有限公司答辩称：（一）中国银行某分行不是本案主张权利的适格主体。中国银行伦敦分行垫付了本案所涉保函的相关款项，即便存在所谓的追偿权，也应该由中国银行伦敦分行来行使相关权利，中国银行某分行非适格主体，没有进行追偿的相关权利。（二）中国银行某分行向中电某公司追偿保函止付款项没有事实和法律依据。中国银行及其相关分支机构违反我国法院生效裁定，擅自向保函受益人支付款项，应自行承担不利法律后果。在东丹口船业公司起诉保函受益人西特福船运有限公司侵权纠纷一案中，青岛海事法院先后作出 4 份民事裁定书和协助执行通知书，要求中国银行及其海内外所有分支机构不得支付本案所涉 2 份保函项下所有款项，上述裁定书至今尚具有法律效力。山东高院的最终判决也认定了保函受益人的欺诈行为，并判决其承担赔偿责任。中国银行及其分支机构公然违反上述裁定书的要求进行付款，由此造成的一切损失，其应自行承担。在涉案仲裁裁决被我国法院承认之前，中国银行某分行不应对受益人西特福船运公司进行偿付。根据保函约定，如船舶买卖双方发生纠纷，只有最终仲裁裁决和法院判令确定东丹口船业公司具有偿还义务时，担保人才能按照裁决和判令确定的数额向受益人偿付保函款项。在保函受益人申请承认、执行仲裁裁决过程中，我方提出了不予承认的申请，针对上述申请的相关法律程序正在进行过程中，特申请本案中止审理，等有权法院对仲裁裁决的最终审理结果出具后，恢复审理。中国银行某分行以英国法院的相关判决作为依据，主张被迫履行保函义务的观点，不应予以支持。英国法院的判决没有在我国予以承认，对任何当事方都不具有约束力，不应是本案审理考量的因素，更不能成为审理定案的依据。（三）中国银行某分行向答辩人主张相关损失没有合同或法律依据。中国银行总行在英国产生的诉讼费用及损失，属于中外生效裁决冲突使然，是其与第三方产生纠纷所致，被告不存在任何违约和过错，即便造成损失也属于其商业风险范畴，当然应自行承担，不应向答辩人主张。

□ 争议焦点

1. 中国银行某分行是否为适格的原告。
2. 本案是否应当中止审理。
3. 中电某公司是否应向中国银行某分行偿还保函垫款。
4. 中电某公司是否应向中国银行某分行赔偿境外应诉损失。

□ 裁判观点

一、关于中国银行某分行是否为适格原告问题

法院认为，中国银行某分行与中电某公司之间签订了《授信额度协议》，中电某公司向中国银行某分行提交开立保函申请，中国银行某分行接受该申请并出具保函，支付了保函项下的款项，据此中国银行某分行有权提起本案诉讼。涉案的《授信额度协议》约定："若乙方（即中国银行某分行）因业务需要须委托中国银行其他分支机构履行本协议项下的权利及义务，甲方表示认可。乙方授权的中国银行其他分支机构有权行使本协议项下全部权利，有权向法院提起诉讼或将本协议项下纠纷提交仲裁机构裁决。"中国银行总行虽通知中国银行伦敦分行代中国银行某分行向西特福公司支付了2份保函项下的本金、利息、罚息并赔偿了西特福公司的相关损失，但中国银行某分行并没有将本案债权包括起诉权转让给中国银行伦敦分行，也没有授权中国银行伦敦分行提起诉讼。故东丹口集团公司和东丹口船业公司关于中国银行某分行不是适格原告的观点不能成立，本院不予支持。

二、关于本案应否中止审理问题

法院认为，首先，青岛海事法院作出止付裁定后，中国银行某分行未主动支付保函项下款项。因中国银行某分行未支付保函项下的款项，西特福公司将中国银行总行起诉至英国法院，英国法院判决中国银行总行向西特福公司支付本案保函项下款项，中国银行总行通过伦敦分行付清该款，等同于中国银行某分行履行保函义务。中国法院是否承认和执行伦敦仲裁庭作出的2份裁决，不影响中国银行某分行依据英国法院作出的判决和伦敦分行支付保函款项的事实和向保函申请人和担保人追索垫款的权利。东丹口船业公司和东丹口集团公司以其申请中国法院不予承认和执行伦敦仲裁庭的2份裁决为由，主张本案应中止审理的理由不能

成立，依法不予支持。

三、关于中电某公司是否应向中国银行某分行偿还保函垫款问题

法院认为，中电某公司为履行 XXK06－038 号、XXK06－039 号造船合同，申请中国银行某分行向买方西特福公司出具预付款保函，中国银行某分行根据其申请向保函受益人西特福公司出具了 2 份保函，保函金额均为 1639.2 万美元及利息。根据保函条款，如买方按照合同约定解除造船合同，而卖方未按合同约定退还预付款，中国银行某分行承担向保函受益人退还预付款以及利息的责任。造船合同履行期间，西特福公司宣告弃船，买卖双方分别向伦敦仲裁庭申请仲裁。伦敦仲裁庭裁决西特福公司有权弃船，中电某公司和东丹口船业公司应向买方退还预付款及利息。上述案件仲裁期间，中电某公司和东丹口船业公司虽以西特福公司与发动机供应商公司在所造船舶中使用二手发动机构成合谋欺诈为由，向青岛海事法院提起侵权赔偿诉讼，并作为诉讼保全措施申请法院禁止中国银行某分行及中国银行国内外分支机构支付保函款项，青岛海事法院亦作出相关裁定。青岛海事法院作出止付裁定后，中国银行某分行未主动支付保函款项。因中国银行某分行拒绝支付，西特福公司将中国银行总行诉至英国法院，英国法院判决中国银行总行支付保函项下的款项，该判决无须在中国得到承认和执行。中国银行总行如果不履行判决，不仅严重损害其金融信誉，西特福公司仍可以在英国法院申请执行中国银行总行的境外资产，因此，中国银行总行被迫通过伦敦分行履行了判决。中国银行总行通过伦敦分行付款，等同于中国银行某分行支付保函项下的款项。上述事实可见，中国银行某分行支付保函项下的款项，并非有意违反青岛海事法院作出的诉讼保全裁定，而是客观情况发生变化后，被动履行英国法院判决所致。对此，中国银行某分行支付保函款项的行为并没有过错，保全申请人仍可以申请保全或者申请执行对方当事人的其他财产，东丹口船业公司和东丹口集团公司以青岛海事法院曾经作出诉讼保全裁定，禁止中国银行国内外分支机构支付保函项下款项为由，主张中国银行及其相关分支机构违反我国法院生效裁定，擅自向保函受益人支付款项，应自行承担不利法律后果的观点，法院不予支持。

中国银行某分行与中电某公司所签《授信额度协议》附件 3《用于开立保函/备用信用证业务》第 5 条约定，"甲方（中电某公司）同意在保函有效期内，如发生保函项下索赔，经乙方（中国银行某分行）审核受益人索赔文件符合保函约定的，乙方有权直接从甲方支付的备付金中扣取相应款项对外履行付款义务。如因甲方备付金不足致使乙方对外垫付索赔款项，索赔款项一经支付，即构成甲方对乙方在协议和本附件下的债务，垫款利率按照乙方逾期贷款利率核算"。授信协议签订后，中国银行某分行根据中电某公司的申请向西特福公司出具金额均为1639.2 万美元加利息的保函，根据英国高等法院判决及命令，垫付 2 份保函项下的本金、利息、罚息共计 41580981.01 美元，后中国银行某分行于 2015 年 5 月 18 日扣收中电某公司保证金 162 万元人民币售汇 260638.72 美元，最终垫款金额为41320342.29 美元，中电某公司对此负有偿还义务。

四、关于中电某公司是否应当赔偿中国银行某分行境外应诉损失问题

法院认为，中国银行某分行根据中电某公司的申请和东丹口船业公司提供的担保，向西特福公司出具预付款保函，该 2 份保函均为见索即付保函，保函受益人一经索赔，中国银行某分行即应承担付款义务。伦敦仲裁庭对于中电某公司、东丹口船业公司与西特福公司之间的造船合同争议作出裁决和西特福公司向中国银行某分行提出索赔请求后，依照保函条款，中国银行某分行应当付款。后因中电某公司与东丹口船业公司分别将西特福公司与发动机供应商公司起诉至青岛海事法院，并申请法院禁止中国银行某分行及中国银行国内外分支机构向西特福公司支付保函项下款项，青岛海事法院亦作出相关裁定。基于此，中国银行某分行不能履行保函义务。青岛海事法院作出止付裁定后，西特福公司将中国银行总行诉至英国法院，要求支付保函项下的款项。中国银行某分行委托律师应诉西特福公司在英国法院提起的诉讼而支付律师费 20254413.72 元，在案件审结后赔付西特福公司律师费 820829.5 英镑并垫付税金人民币 503641.11 元。中国银行某分行支出上述款项，均系中电某公司和东丹口船业公司申请青岛海事法院出具保函止付裁定，引发保函受益人在英国法院起诉所致，因此，中电某公司和东丹口船业公司应当赔偿中国银行某分行的上述损失。东丹口船业公司和东丹口集团公司称该损失是中国银行某分行经营业务中应自行承担的风险成本的主张不能成立，法院不予支持。

□ 裁判结果

一、被告中电某公司于本判决生效之日起 10 日内向原告中国银行某分行偿还保函垫款 41320342.29 美元及利息（利息以 41580981.01 美元为基数，自 2015 年5 月 15 日计至 5 月 17 日；以 41320342.29 美元为基数，自 2015 年 5 月 18 日计至支付之日，均按年利率 7.2% 计算）；

二、被告中电某公司和东丹口船业公司赔偿原告中国银行某分行经济损失

820829.50 英镑及人民币 20758054.83 元；

三、被告东丹口集团公司、东丹口船业公司对中电某公司的上述付款义务承担连带清偿责任。

□ 律师解读

中国银行某分行根据中电某公司的申请，向受益人西特福公司出具的 2 份金额分别为 1639.2 万美元的保函为见索即付预付款独立保函。所谓独立保函，是指银行或非银行金融机构作为开立人，以书面形式向受益人出具的，同意在受益人请求付款并提交符合保函要求的单据时，向其支付特定款项或在保函最高金额内付款的承诺。与《中华人民共和国担保法》（以下简称《担保法》）之中保证不同的是，独立保函虽依托基础合同而成立，但一经成立便与基础合同相脱离，独立保函与主合同不存在主从关系。保函开立人不能依据基础合同，抗辩保函受益人的索赔请求。保函受益人只要在保函有效期内提出索赔请求并提交保函条款约定的单据，保函开立人必须承担付款义务。

中国银行某分行根据中电某公司的申请，向保函受益人西特福公司出具的保函表明：在保函有效期限内，受益人西特福公司向中国银行某分行提出索赔请求并提交保函条款约定的单据，中国银行某分行应当履行保函义务。

东丹口船业公司、中电某公司虽在与西特福公司、发动机供应商公司侵权纠纷中，申请法院禁止中国银行某分行及中国银行国内及海外分支机构向西特福公司支付保函款项，但国内法院的诉讼保全，无法阻止保函受益人根据保函条款向英国法院提起诉讼，中国银行必须履行英国法院判决，否则不仅严重损害其金融信誉，且西特福公司可以申请执行中国银行境外资产。基于此，中国银行被迫履行英国法院判决，通过伦敦分行支付了保函款项。

本案诉讼中，东丹口船业公司、东丹口集团有限公司虽然以中国银行违反国内法院的生效禁令，对外付款不受法律保护为由提出抗辩，但山东省高级人民法院查明本案事实后，依法支持了中国银行某分行的诉讼请求。东丹口船业公司、东丹口集团有限公司虽提起上诉，但未在指定期间缴纳上诉费，本案按撤回上诉处理。

代理心得

本案审理期间，最高人民法院尚未制定和颁布《最高人民法院关于审理独立保函纠纷案件若干问题的规定》，国内法律和司法解释无见索即付独立保函的任何规定。

除缺乏法律依据外，本案还存在中外裁判结果冲突的客观情况。青岛海事法院作出保函止付裁定，禁止中国银行某分行及中国银行国内外分支机构支付保函项下款项。英国法院作出生效判决，判令中国银行总行支付保函项下款项。

综上所述，我们撇开青岛海事法院作出的保函止付裁定是否正确的争议，围绕独立保函的特殊性及其国际惯例，论述中国银行某分行支付保函款项是其应尽的合同义务；围绕英国法院已作出判决，论述中国银行总行必须对外付款，否则既损害其国际信誉，保函受益人也可以申请执行中国银行的境外资产，中国银行不得不履行英国法院的判决；围绕青岛海事法院基于诉讼保全程序作出保函止付裁定，论述中国银行某分行被动履行保函义务后，青岛海事法院冻结的保函款项已不存在，中电某公司和东丹口船业公司仍可以申请查封或执行西特福公司其他财产，不影响其民事权利；围绕中国银行对外付款的事实，论述中电某公司的保函申请和相应合同，中电某公司应当偿还垫款。

本案如不考虑英国法院判决结果和中国银行被动履行英国判决的客观情况，仅仅考虑青岛海事法院作出的保函止付裁定，将会得出中国银行违法付款的错误结论，无法支持中国银行某分行诉讼请求，由此导致中国银行支付保函款后无处追索，而中电某公司和东丹口船业公司却无偿受益的不公平结果。山东省高级人民法院综合考虑本案实际情况之后，依法支持了中国银行某分行的诉讼请求，实现了各方权利义务的平衡。

高级合伙人介绍

李红律师： 北京大成律师事务所高级合伙人、法学博士、山东省银行业协会法律事务工作委员会专家顾问、山东政法学院兼职教授、硕士生导师、美国国际比较法研究会会员。李红律师擅长金融、公司等诉讼以及非诉法律事务，尤其

擅长于金融法律事务、投资并购、资产处置、公司治理等业务领域。李红律师长期为众多金融机构及世界 500 强公司提供法律服务，作为项目负责人所办理的中节能集团、海尔集团、海信集团、中国农业银行、中国银行等央企及世界 500 强企业的数十起重大投资并购、债务重组、资产处置等项目，在山东省乃至全国具有较大影响力。李红律师还在最高人民法院和山东省高级人民法院成功处理数百起公司、金融、证券、股东权益、票据、投融资等相关诉讼，在化解企业债务危机、资产处置、解决纷繁复杂的法律事务纠纷方面积累了许多成功案例和丰富经验。

联系电话： 010 - 58137799；**电子邮箱：** *hong. li@dentons. cn*

北京鸿业房地产开发有限责任公司、北京鼎泰（集团）股份有限公司和鲁山投资有限公司合资、合作开发房地产合同纠纷仲裁案件

● 案件基本信息 ●

案例类型：仲裁

裁决时间：2013 年 7 月 4 日

仲裁庭名称：中国国际经济贸易仲裁委员会

代理律师：李涛、毕建伟，北京大成律师事务所律师

关键词：合资合同；股权转让；增资扩股；融资义务；根本违约

● 案例正文 ●

□ 当事人信息

第一申请人：北京鸿业房地产开发有限责任公司（以下简称鸿业公司）

第二申请人：北京鼎泰（集团）股份有限公司（以下简称鼎泰集团）

被申请人：鲁山投资有限公司（以下简称鲁山公司）

□ 裁决要旨

合资一方违反合资合同的根本性合同目的，并对合资企业的经营及发展造成阻碍时，仲裁庭基于案涉合资合同的约定和三方实际履行情况，裁决终止合资合同。

另外，合资合同的违约方以合资公司为主体提出的关于经营管理问题的抗辩，仲裁庭认为合资公司与合作一方之间的争议不属于仲裁庭审查的范围，故不予支持。

□ 案情摘要

1998年10月21日，鸿业公司与北京承发房地产经营开发公司签署《合作协议书》，合作设立北京方汇房地产开发有限责任公司（以下简称方汇公司），共同组建经纬西区建设项目部（经纬西区建设项目，以下简称经纬项目），实施开发建设全过程。

2005年10月21日，鲁山公司作为甲方，鸿业公司作为乙方，鼎泰集团作为丙方，王源个人作为丁方签署了《北京方汇房地产开发有限责任公司股权转让及增资扩股协议书》。该协议书约定：各方通过签订本协议，使甲方认购方汇公司的部分增资，持有方汇公司增资扩股后50%的股份；乙方认购方汇公司的部分增资，持有方汇公司增资扩股后48%的股份；丙方受让丁方所持有的方汇公司的增资扩股前的股份，并认购方汇公司的部分增资，持有方汇公司增资扩股后2%的股份。如甲方未按约定全面、足额、按期完成融资义务，则甲方应立即向乙方支付1亿元人民币的违约金，乙方收到该笔违约金后，该融资义务由甲乙双方各承担50%。

2005年10月21日，鲁山公司作为甲方，鸿业公司作为乙方，鼎泰集团作为丙方签署《中外合资经营北京方汇房地产开发有限责任公司的合资合同》（以下简称合资合同或本案合同）。合资合同约定：经纬危改小区工程计划总投资额为6.7亿元人民币；合营公司的注册资本由原1296万元人民币增加到2.24亿元人民币。其中，投资总额与注册资本的差额中，0.68亿元人民币由乙方以股东借款的方式投入到合营公司的账户（已完成）；0.68亿元人民币由甲方以股东借款的方式于领取营业执照之日起20个工作日内投入合营公司的账户，剩余的3.1亿元人民币由甲方以合营公司的名义向境内外银行负责融资，正常的融资成本实报实销。甲方应在领取营业执照后的8个月内将3.1亿元人民币的融资款融入合营公司的账户，所融款项的偿还期限应满足项目开发所需的正常期限，利率为同等期限的银行标准利率。

2007年3月9日，鲁山公司作为甲方，鸿业公司作为乙方，合营公司作为丙方，三方签署了《关于违约金及向方汇公司提供融资的协议书》，约定鲁山公司同意承担违约责任，于2007年3月9日向鸿业公司支付1亿元人民币的违约金。

2007年5月10日，方汇公司召开董事会并形成董事会决议。同意合营公司申报经纬危改小区扩大用地土地一级开发项目核准，该一级开发项目投资额3.84亿元人民币；同意将公司的投资总额由6.7亿元人民币增加到10.54亿元人民币；同意将公司的注册资本由2.24亿元人民币增加到5.27亿元人民币；同意修改公司章程、合资合同等。

2007年5月10日同日，鲁山公司作为甲方，鸿业公司作为乙方，鼎泰集团作为丙方，三方签署《北京方汇房地产开发有限责任公司增资协议书》《中外合资经营北京方汇房地产开发有限责任公司章程修正案》《中外合资经营北京方汇房地产开发有限责任公司合资合同修改协议》。

2008年至2012年，鸿业公司和鼎泰集团多次就融资问题和鲁山公司进行沟通，均无果。由于双方在融资和合营公司的经营管理方面产生的争议不能解决，鸿业公司和鼎泰集团向中国国际经济贸易仲裁委员会提出了仲裁申请。

一、申请人鸿业公司和鼎泰集团在其仲裁申请中的主要意见

由于经纬项目投资总额巨大，为筹措所需资金，申请人与被申请人签署了合资合同，其中被申请人必须承诺并保证其具有充分的融资能力及资金实力，能够提供合营公司完成经纬项目所需的资金。由于被申请人初期未能履行融资义务，致使经纬项目的投资金额不断增加，进而被申请人又对合营公司的增资议案予以拒绝。

申请人已履行了合资合同及其修改协议约定的义务，包括：按约定完成了注资及增资义务；办理合营公司合资过程中的各项行政审批手续，协助合营公司办理合资后项目开发的各类报批工作；协助合营公司取得了"经纬东区危改项目扩大用地一级开发项目"；完成了争议双方约定的中方的全部融资义务2.635亿元人民币；协助合营公司取得了《经纬危改项目交通影响评价评审的批复》，完成了环境影响报告和报审工作等。

被申请人拒不履行融资义务，其行为已构成根本违约：被申请人无故拖延合营公司注册资金的缴纳，且未按合资合同约定支付股东借款、履行融资义务，直至 2007 年 3 月，被申请人仍未按合资合同约定完成融资义务。就此构成违约，应向第一申请人支付违约金。

申请人努力为合营公司争取到了从北京翰达有限公司以低于市场价标准购买拆迁安置用房的机会，但被申请人在 2012 年 7 月 9 日的董事会讨论中以总经理问题为借口拒绝同意，使拆迁项目陷于停滞，合营公司利益遭受重大损失；同时，被申请人拒绝申请人增加投资和融资的提议。

被申请人仍有 1.66 亿元人民币融资义务未予履行，并在申请人催促下，拒绝履行。被申请人拒绝履行融资义务，导致经纬项目因资金匮乏而始终停滞，投资成本剧增，不仅给申请人造成巨大损失，而且直接影响到金融街的整体建设规划。被申请人的行为已经构成根本违约，使申请人签订合资合同的目的无法实现，根据合资合同第四十六条第三款的约定，申请人有权要求终止合资合同及修改协议。

二、被申请人鲁山公司的主要意见

（一）被申请人履行了合资合同及修改协议约定的义务，是守约方。申请人违反合资合同和修改协议及相关法律，并且拒绝执行合营公司董事会决议，是违约方。

第一申请人对融资义务各担 50% 予以反悔；第一申请人（鸿业公司）和第二申请人（鼎泰集团）拖延办理合营公司增资报批手续，怠于履行 4000 万元人民币的增资义务；申请人及合营公司董事长王林单方控制、经营合营公司，单方控制并越级行使合营公司总经理职权。这些行为违反合资合同第四、二十、二十一、二十九、三十、四十二、四十三条的约定及《中华人民共和国中外合法经营企业法》第六条第三款、第八条，《中华人民共和国中外合资企业法实施条例》第三十五、三十六条，《中华人民共和国公司法》（以下简称《公司法》）第四、二十、三十四条的规定。

另外，第一申请人、第二申请人及董事长王林拖延办理变更被申请人委派的董事的手续，违反了合资合同第二十条的约定；第一申请人和第二申请人拖延办理被申请人的外汇增资款结汇、验资、工商变更登记手续，违反了合资合同修改协议第七条的约定。

（二）申请人的违约行为导致合营公司无法独立经营管理，资金紧张，合营公司及被申请人利益受损，项目开发拖延。导致合营公司董事不能正常履行、行使董事之权利、义务。

（三）被申请人不认同第一申请人和第二申请人的观点

申请人认为，被申请人提供融资款是合营合同签订的前提及目的。但被申请人认为，从合资合同等相关文件的内容看，申请人的说法没有事实和法律依据。各方关于融资义务的违约争议随着被申请人1亿元人民币的支付已经完结。

被申请人为履行融资义务，即使在建住房〔2006〕×××号文出台后，被申请人仍曾积极与银行及非银行金融机构联系合营公司融资事宜，但由于政策限制，银行及非银行金融机构均无法向合营公司提供融资。根据国家现行有效的房地产金融政策、法规及外汇管理法规，被申请人及第一申请人（鸿业公司）无法以合营公司名义从境内外银行取得融资款，合资合同内约定的融资条款现在不具有可履行性，而合营公司各方股东又并未以书面约定用股东借款方式替代银行融资，因此，除各股东投入合营公司的出资、增资款外，被申请人、第一申请人投入合营公司的资金均为股东借款，第一申请人、第二申请人称其已完成全部融资义务没有事实及法律依据。至于向合营公司提供股东借款并非被申请人的法定义务，被申请人未与第一申请人同步提供股东借款不应视为违约，更不应视为根本违约、持续违约。第一申请人、第二申请人称被申请人拒绝履行融资义务，构成根本违约、持续违约没有事实及法律依据。

如果合资合同终止，合营公司的项目将被政府直接收回，三方股东利益将遭受巨大损失。合营公司恢复经营管理合法化后，被申请人愿意继续向合营公司提供资金，与申请人继续合作，共同以合营公司为主体开发项目。

同时，被申请人提出6项仲裁反请求。

□ 争议焦点

1. 案涉合资合同是否符合终止的条件？

2. 鲁山公司不履行融资义务是否具有合理抗辩？进而审查鲁山公司违约行为和合同终止的法律关联性如何？

3. 鲁山公司的反请求是否构成有效抗辩及合理诉求？同时，其反请求是否属于仲裁审理的范围？

□ 裁决观点

一、本案合同的履行情况

合资合同修改协议签订并经政府部门批准后，申请人和被申请人均应按修改协议所约定的注册资金和融资内容来履行义务。

（一）注册资金部分

关于申请人注册资金部分，申请人认为自己已出资到位；被申请人对此没有提出异议。因此，仲裁庭认可，申请人已经完成了自己的出资义务。

关于被申请人注册资金部分，被申请人认为自己已出资到位，至于申请人提出的在 2012 年年初时还有 147021.54 元的港币差额的问题，完全是由于申请人掌握合营公司财务专用章、拖延办理境外外汇的结汇等原因造成的，且被申请人最终也补足了这笔差额；申请人虽然与被申请人交涉过此问题，并曾认为被申请人的上述差额构成出资瑕疵，但申请人在本案仲裁文件中并没有提出此问题。北京某会计师事务所出具的《验资报告》也认可各方均出资到位。因此，仲裁庭认定，被申请人已经完成了自己的出资义务。

（二）融资部分

关于第一申请人融资部分，申请人认为自己已履行了全部融资义务。被申请人认为，第一申请人于 2010 年 5 月 19 日汇入合营公司的 1 亿元人民币为合营公司"往来款"，而非"融资款"，因此截至仲裁开庭，申请人实际履行融资为人民币 1.635 亿元人民币，并未完成融资义务，与各自单方融资总额 2.635 亿元人民币尚差 1 亿元人民币。对于 1 亿元人民币已由第一申请人支付给合营公司，申请人和被申请人均予以认可，只是由于合营公司将这笔款记为"往来款"，被申请人不认可这笔款项为融资款。仲裁庭认为，该笔款项是否已支付给合营公司，合营公司将款项记为"融资款"还是"往来款"是一个比较次要的问题且可以通过调账来解决；另外，一旦第一申请人在负有向合营公司提供融资款的合同义务情况下，擅自为自己的利益挪用融资款，则应承担相应的法律责任，被申请人也可通过适当的途径予以主张相应权利来解决此问题，而与融资款本身的性质没有直接关系。因此，仲裁庭认定，第一申请人所应承担的向合营公司提供 2.635 亿元人民币融资款的义务已经完成。

关于被申请人融资义务部分，被申请人承认自己没有完全履行融资数额 2.635 亿元人民币，一方面，董事会决议没有这样的安排，合营公司项目开发进度暂不需要这样的资金，期限未届至；另一方面，由于申请人方面单独把持合营公司，被申请人继续提供融资会使利益进一步受到损害。申请人认为被申请人还有 16600.0247 万元人民币（以下简称 1.66 亿元人民币）融资款未提供，被申请人对此没有否认。

根据本案合同，第二申请人不负有融资义务。

二、被申请人不履行融资义务的理由是否成立

（一）融资条款是否具有履行性

一方面，虽然国家机关对于房地产融资出台了一些限制措施，但对于本案是否完全适用，无法仅仅根据这些文件本身来判断，被申请人也没有提供在实际融资过程中遇到国家机关明确限制措施而不能融资的证据；另一方面，根据本案申请人与被申请人在仲裁案件开始前的往来函件，被申请人并没有依政策限制提出不再融资的理由，而是以申请人单方控制合营公司以及合营公司总经理的经营管理权不能正常行使为由拒绝融资。因此，仲裁庭不能支持被申请人以融资条款不具有履行性而不履行其融资义务的主张。

（二）融资义务期限是否届至

合资合同修改协议第八条约定，"融资的具体安排，根据合营公司项目开发进度及资金需要按董事会决议安排"。正是基于此，被申请人认为履行融资的期限和条件是"合营公司需要"和"合营公司董事会决议"，而这两个条件均不成就，被申请人无须向合营公司提供融资。

首先，关于"合营公司需要"这一点，众所周知，本案项目作为一个闹市区旧城改造工程，即使不考虑北京市工程咨询公司向合营公司出具的《西城区经纬危改小区项目申请报告》所列的投资估算为人民币 59.8695 亿元人民币以及《经纬东区危改项目扩大用地土地一级开发项目申请报告》所列的投资估算为人民币 19.1767 亿元的具体数额，项目的巨额投入在所难免，而且随着时间的推移，成本只会提高不会降低。经纬项目从已知的 1998 年开始到申请人与被申请人签署本案合同、修改协议，且中间经过某号仲裁案，直到 2013 年，十几年过去了，时间可谓一推再推，且一再受到北京金融街建设指挥部的催促，如果说合营公司没有资金需求，这显然不符合事实。

其次，关于"合营公司董事会决议"问题，对于这一问题应分两方面对待，一方面，提供融资是被申请人的合同义务，况且本案合同和修改协议已经政府批准，被申请人同时负有相应加快开发经纬项目的社会责任，不能因为自己与申请

人之间存在某些分歧而不履行自己基本的融资义务；另一方面，如果申请人确有把持合营公司损害被申请人利益的情形存在，被申请人应该另寻适合的途径维护自己的合法权益，而非一味认为合营公司董事会没有决议而不履行融资义务，其应在合理期限内进行融资。

（三）关于合理期限问题

本案合同最初约定的融资期限是"应在领取营业执照后的 8 个月内"，修改协议没有指明具体期限，那么合理的履行融资义务的期限就应结合本案实际情况来确定。项目已因多方面原因一再推迟，在这种情况下，当申请人提出要求被申请人于 2012 年 7 月份完成融资义务时，被申请人就应积极对待自己的合同义务。虽然仲裁庭不能确定一个非常准确的合理期限，但此时显然是考虑合理期限的一个因素。因此，被申请人一直拒绝履行融资义务，致使董事会无法就继续投资开发经纬项目达成一致意见，处于僵局之中，合营公司无法正常经营，经纬危改项目长期处于没有实质进展的状态，已经受到政府部门的一再通告催促，项目本身已超过了政府批准期限，处于非法状态，这种状态显然严重背离了合资合同确立的合营公司宗旨，合营公司无法正常实现其经营目的。这样，被申请人融资义务的提供超过合理期是可以认定的，其拒绝履行融资义务的不作为行为显然也构成违约。

三、关于申请人单方控制合营公司损害被申请人利益的问题

结合分析被申请人提交的证据材料，可能存在申请人利用第一届董事会推荐人员担任总经理，紧接着委派人员担任第二届董事会董事长的机会，限制被申请人推荐人员黎军作为行使总经理权力的一些情形。但是，仲裁庭也发现有部分黎军正常履行职务的证据，因此，依被申请人所提供的证据还无法判断黎军在多大程度上丧失了总经理的权力，并且导致作为合营公司股东的被申请人受损，况且这里面本身交织着被申请人拒绝融资引起争议的因素。仲裁庭还注意到，被申请人虽然在仲裁反请求第五项提出了损害赔偿，但没有具体金额，也说明了从因果关系角度而言，无法确定合营公司经营管理机构的运作直接造成了被申请人经济利益受损。

四、申请人的仲裁请求

（一）关于终止合资合同及修改协议

由于被申请人拒绝履行向合营公司提供融资的义务，构成违约，导致董事会长期出现僵局，合营公司无法正常经营，根据本案合同第四十六条第三款"合营

一方未履行合营企业合同和章程规定的义务，致使企业无法继续经营""各方中任何一方有权依法终止合营"的规定，第一申请人和第二申请人均有权要求终止合资合同及其修改协议。同时，《中华人民共和国合同法》（以下简称《合同法》）第九十四条规定，"有下列情形之一的，当事人可以解除合同：……（二）在履行期限届满之前，当事人一方明确表示或者以自己的行为表明不履行主要债务的；……（四）当事人迟延履行债务或者有其他违约行为致使不能实现合同目的；……"，根据法律规定的这两款内容，第一申请人和第二申请人同样有权提出终止合资合同及修改协议。

同时，第二申请人并无融资义务且本案合同第四十六条第五款约定，"合营各方未履行《协议书》和本合同约定的缴纳增资款、汇入股东借款及完成融资的义务"，因此，第二申请人同样有权依法终止合营。第五款与第三款相比，前者是"合营各方"，后者是"合营一方"，有所区别，另外，第五款专门约定了"融资义务"这一可以终止合营的情形。根据这样的约定，退一步而言，假使前述第一申请人1亿元人民币的"往来款"不被仲裁庭认定为"融资款"，第一申请人无权作为守约方依据第三款终止合资合同及其修改协议，第二申请人也有权依第五款要求终止合资合同及其修改协议。当然，仲裁庭也注意到了第二申请人与第一申请人是关联企业的关系，但第二申请人作为独立法人，法律和本案合同并没有排除其享有第五款规定的权利。

综上所述，仲裁庭支持申请人关于终止合资合同以及其修改协议的主张。

（二）关于律师费

根据《中国国际经济贸易仲裁委员会仲裁规则》第五十二条"费用承担"规定："（二）仲裁庭有权根据案件的具体情况在裁决书中裁定败诉方应补偿胜诉方因办理案件而支出的合理的费用。仲裁庭裁定败诉方补偿胜诉方因办理案件而支出的费用是否合理时，应具体考虑案件的裁决结果、复杂程度、胜诉方当事人及/或代理人的实际工作量以及案件的争议金额等因素。"由于仲裁庭支持了申请人关于终止合资合同以及其修改协议的请求，故申请人的合理律师费也应由被申请人予以承担，仲裁庭认为由被申请人承担申请人律师费支出人民币80万元是合理的。

五、关于被申请人的仲裁反请求

合营公司虽然是由申请人和被申请人投资设立的，但它作为一个独立法人，又不等同于申请人和被申请人，在仲裁程序之中也有其独特的地位，仲裁庭不能

轻易涉及合营公司这一主体以及合营公司的内部事务。对此，法律和司法解释以及司法实践均有明确的要求。

仲裁庭注意到，对于合资合同的双方当事人是否可以在其仲裁请求（或反请求）事项中涉及合营公司这一主体的问题，最高人民法院的相关文件中除了被申请人提及的2005年6月16日最高人民法院〔2005〕民四他字第×号复函外，还有2010年5月27日作出的〔2010〕民四他字第×号复函，这两份复函的内容不尽相同。对此，仲裁庭认为应该参考后者，因为一方面后者作出的时间在后，有优先效力；另一方面，后者的作出是在2005年10月《公司法》修订之后，应该考虑了《公司法》的相关规定，而前者的作出时间是在2005年6月份，有可能与现行《公司法》存在冲突。

最高人民法院于2010年5月27日作出的〔2010〕民四他字第×号复函认为：裁决内容为合作一方应当将其违反合作合同约定所获利益付给合营公司，故合营公司是该项利益的权利主体，应由合营公司向合作一方进行主张，故合作另一方无权替代合营公司提起仲裁。同时，合作合同的仲裁条款的范围仅限于合作双方之间因合作合同引起或与合作合同有关的争议，故仲裁机构对合营公司与合作一方之间的纠纷无权管辖。

结合以上原则，仲裁庭对于被申请人的具体仲裁反请求作出如下分析：

（一）关于请求裁决第一申请人、第二申请人阻碍被申请人参与经营管理权的行为违反合资合同第二十条、第二十三条约定及2010年4月19日董事会决议规定

首先，合资合同第二十条是关于董事会组成以及轮换的约定，证据表明董事会已经由各方委派人员组成并且轮换，被申请人在其文件中也是这样认为的，故不存在申请人违反第二十条的事实。

其次，合资合同第二十三条是关于董事会召开的约定，证据表明至少2010年4月19日和2012年7月19日召开了董事会，且2010年4月19日的董事会是应被申请人方面委派董事的提议召开的，故也不存在申请人违反第二十三条的事实。

最后，2010年4月19日董事会决议是合营公司决策层形成的文件，不是本案合同以及章程或者修改协议，也不是股东之间达成的文件，这一点在该纪要对相关事宜如何解决时的表述"由双方股东尽快开会讨论"和"由双方股东另行开会解决"也十分清楚，因此，由仲裁庭审理和确定申请人违反董事会决议显然超出了仲裁庭的依据范围。

综上所述，仲裁庭不能支持被申请人的第一项仲裁反请求。

（二）关于请求裁决第一申请人、第二申请人履行合资合同第三十条的约定

告知被申请人及合资公司总经理合资公司公章、财务专用章、合资公司档案、文件的准确存放位置及保管状态，书面指示其委派的合资公司董事长、推荐的合资公司副总经理、财务总监配合合资公司总经理实质行使开发、建设决策权、资金使用批准权、合同签订批准权、人事任免批准权，并重新计算被申请人推荐的合资公司总经理4年任期。

首先，本项仲裁反请求是要求实际履行合资合同，而仲裁庭已决定终止合资合同，那么本项关于合资合同实际履行的反请求与仲裁庭前述关于终止合同的意见形成冲突。

其次，本项仲裁反请求涉及合营公司以及合营公司的具体人员，超出了仲裁管辖范围。

综上所述，仲裁庭无法支持被申请人第二项仲裁反请求。

（三）关于请求裁决第一申请人、第二申请人根据《公司法》第三十四条规定提交自2010年4月至今合资公司公章、财务专用章使用情况、合同签订情况的书面文件及所有相关资料交给被申请人。由于本项仲裁反请求明显涉及合营公司这一主体，超出仲裁庭管辖范围，仲裁庭不予支持。

（四）关于请求裁决第一申请人、第二申请人将西单北大街某号楼出租详细情况，包括出租合同及出租收益归属情况告知被申请人，并将相关租金人民币2000万元返还给合资公司

由于本项仲裁反请求与上述最高人民法院批复提及的情形完全一致，超出仲裁管辖范围，仲裁庭不予支持。如果合营公司的利益确实被申请人所损害，被申请人则可以另寻途径来维护合营公司的合法权利。

（五）关于裁决第一申请人、第二申请人赔偿在单方控制、操纵合资公司期间给被申请人造成的所有损失

根据前述分析的意见，且被申请人没有提出任何具体的数额，仲裁庭不予支持此项仲裁反请求。

（六）裁决第一申请人、第二申请人承担被申请人因本案支付的律师费人民币160万元及其他合理支出，并承担本案全部仲裁费

由于被申请人的仲裁反请求前5项均没有得到仲裁庭的支持，因此，被申请人的律师费应由被申请人自行承担。

六、本案仲裁费

虽然仲裁庭支持了申请人关于终止合资合同及其修改协议的请求，但是不能

完全排除被申请人的违约与申请人的不积极合作也存在一定的关系，比如，2012年3月19日北京某会计师事务所有限公司已向合营公司出具了申请人与被申请人均出资到位的验资报告，申请人在此之后仍声称被申请人没有完全出资到位。虽然申请人在第二次开庭时称，验资报告是合营公司为顺利办理相关手续而要求会计师事务所倒签时间的，但没有相关证据的支持。因此，申请人也应承担一定的仲裁费用。仲裁庭认为，本案本请求仲裁费由被申请人承担80%，由第一申请人和第二申请人承担20%比较合理；本案仲裁反请求仲裁费由被申请人全部承担。

□ 裁决结果

仲裁庭一致裁决如下：

1. 终止《中外合资经营北京方汇房地产开发有限责任公司合资合同》及签订日期为2007年5月10日的《中外合资经营北京方汇房地产开发有限责任公司合资合同修改协议》。

2. 被申请人向第一申请人和第二申请人补偿其律师费支出人民币80万元。

3. 驳回被申请人的全部仲裁反请求。

4. 本案本请求仲裁费为人民币945480元，由被申请人承担80%，即人民币756384元，由第一申请人和第二申请人承担20%，即人民币189096元。第一申请人和第二申请人已向仲裁委员会预缴了等额仲裁预付金人民币945480元，全部冲抵本案仲裁费。因此，被申请人还应向第一申请人和第二申请人支付人民币756384元以补偿申请人代其垫付的仲裁费。

本案反请求仲裁费为38413美元，全部由被申请人承担。被申请人已向仲裁委员会预缴了等额仲裁预付金38413美元，全部冲抵本案反请求仲裁费。

上述应付款项，应于本裁决作出之日起30日内一次性支付完毕。

本裁决系终局裁决，自作出之日起生效。

□ 律师解读

本案属于一个复杂程度较高的关于中外双方履行合资合同进而引发争议的仲裁案例。案涉项目标的位于北京市西城区经纬危改区内，涉及闹市区危改房的开发建设事宜，属于国家重点工程。该项目发端于1998年，历经长达15年的周折，截至 2013 年，该项目涉及利益已高达近百亿，属于长期疑难案件。并且，其涉及危改房的拆迁工作，关乎社会重大公共利益。在这样的背景下，我方代理律师针对该案的特殊性及难点设计了具有针对性的仲裁策略及具体方案，取得了全部仲裁请求均被支持的良好仲裁效果。现将本案的解析研判阐述如下。

一、充分考察申请人引进鲁山公司的实际背景及目的

案涉项目是北京旧城改造项目之一，总建筑面积约 30000 平方米，投资总额高达数亿元。方汇公司（合资公司）作为依托该项目而设立的房地产开发公司，在项目完成拆迁工作、取得项目土地使用权前，公司自身没有造血能力，难以直接获得项目融资。而基于房地产项目前期开发成本高、资金需求量大、周期长的特殊性，如果没有投资方的资金支持及随着项目进度需要及时补充投资款，合资公司将无法完成项目的后续工作，必定陷入步履维艰的境地。在此背景下，投资方是否具有充足的资金实力及融资能力是投融资双方建立合作关系的先决条件。正是由于项目资金的巨大缺口，为筹措实施该项目所需的资金，鸿业公司和鼎泰集团选择与鲁山公司进行合作，共同完成项目的开发工作。合资各方签署合资合同及修改协议，合同就鲁山公司负有的融资义务、提供融资的金额及时间作出了明确约定。

基于本案上述背景及特定需求，很明显的可以看出，足额提供项目所需资金是鲁山公司在合资合同项下的根本性合同义务，是各方实现合作、延续合作的根本前提。然而在合同的履行过程中，鲁山公司一贯地、持续地拒绝向合资公司提供融资，融资行为一拖再拖。随着中国房地产市场的不断发展，鲁山公司拒不履约的行为，导致案涉项目因资金匮乏而处于停滞，项目拆迁成本剧升，截至 2008 年年初，经初步估算，案涉项目需要的总投资已高达 71 亿元人民币。

据此，鲁山公司的违约行为已导致合资合同的目的及合资各方合作的目的均不能实现，合资公司实质上已陷入重大的经营困难。在此情况下，我方依据《合同法》第九十四条第四款规定的合同法定解除的条件，配合案涉合资合同第四十六条、第六十条关于鲁山公司违反融资义务的违约责任的约定，向仲裁庭提出申请，请求解除合资合同。

二、申请人仲裁请求的实现路径

关于本案申请人仲裁请求的实现路径，我方律师选择以第二申请人鼎泰集团为杠杆着力点，充分发挥其在终止本案合同中的撬动力，凸显鼎泰集团在本案中的重要作用。

本案中，申请人最核心的仲裁请求是请求仲裁庭裁决终止合资合同及修改协议。根据合资合同的约定，合资公司股权变更及增资后的股本结构为：鲁山公司持股50%，鸿业公司持股48%，鼎泰集团持股2%。同时，关于案涉项目的增资及融资义务主要分配于大股东鲁山公司和鸿业公司之间，因此本案关于合资合同履行的争议也主要纠葛于大股东之间，小股东鼎泰集团并未陷入案涉融资争议的漩涡。基于此，我方代理律师将合同终止的关键点聚焦于鼎泰集团，依据《合同法》第九十四条第（二）项及第（四）项的规定和合资合同第四十六条第五款的约定，充分论证了鼎泰集团解除合同的权利。

根据本案裁决书，关于终止合资合同及修改协议的仲裁意见，仲裁庭也更多的是站在鼎泰集团的视角，认为"退一步而言，假使前述鸿业公司1亿元人民币的'往来款'不被认定为'融资款'，鸿业公司无权作为守约方依据第三款终止合资合同及其修改协议，鼎泰集团也有权依第五款要求终止合资合同及其修改协议"。可见，我方关于仲裁请求实现路径的规划，充分得到了仲裁庭的采纳，仲裁庭据此最终作出支持终止合资合同及修改协议的裁决。

三、关于对被申请人鲁山公司无理抗辩的巧妙拆解

本案中，被申请人鲁山公司提出了6项仲裁反请求。其实，鲁山公司关于合资公司总经理管理权、相应文件、印鉴的使用情况及资金使用情况、财务报告等事项的反请求皆属于合营公司内部经营管理的范畴。我方代理律师认为，鲁山公司所提出的6项仲裁反请求均是针对合资公司经营管理事宜及合资公司权益事项，反请求在法律关系上、涉及权利主体上均与本请求不一致，不能产生抵销或对抗本请求的法律后果。鲁山公司的6项仲裁反请求不属于合资合同履行过程中的争议范畴，不属于仲裁审理的范围。

仲裁庭在发表仲裁意见时，也认为："合营公司虽然是由申请人和被申请人投资设立的，但它作为一个独立法人，又不等同于申请人和被申请人，在仲裁程序之中也有其独特的地位，仲裁庭不能轻易涉及合营公司这一主体以及合营公司的内部事务。对此，法律和司法解释以及司法实践均有明确的要求。"最终，仲裁庭驳回了被申请人鲁山公司的全部仲裁反请求。

四、案涉项目牵扯利益重大，代理工作须跳出案件本身，从整体出发设计代理思路

本案表面来看是关于合资合同的履行纠纷，实际上背后关涉利益重大。鲁山公司拒绝履行融资义务，导致经纬项目因资金匮乏而处于停滞状态投资成本剧

增，不仅给申请人造成巨大损失，而且直接影响到金融街的整体建设规划，也严重影响了附近居民的日常生活。本案律师在代理过程中，不断强化纠纷项目背后的现实问题，将利益层面拔高至首都区域规划建设和社会民生利益。仲裁庭在作出裁决时，必定需要考量案件背后所涉及的相关重大利益问题，进而支持我方的仲裁请求，实现我方利益主张。

代理心得

对于复杂疑难法律问题的解决，不仅需要律师具备专业的法律分析能力，同时也需要律师具备不同的思维模式，有时须跳出案件本身，高屋建瓴，从困境中不断凿出小的突破口，进而实现代理目标。具体到本案，经纬危改项目是一项历史遗留问题，涉及中外三方主体，随着时间的推移，案涉项目成本高达近百亿元，案件的复杂程度之高，不言而喻。关于本案运用到的不同思维，分享如下：

一是主体思维。本案涉及两个申请人，即鸿业公司和鼎泰集团，被申请人是鲁山公司。案涉争议主要发生在申请人鸿业公司和被申请人鲁山公司之间，鼎泰集团是具有中方身份的股东，但实质上并未牵扯进入融资违约纠纷之中。鉴于此，选择以鼎泰集团为切入点，通过股东合法利益保护和社会公共利益维护两个角度，主张解除本案合资合同及修改协议。本案充分运用了主体思维来实现申请人的仲裁请求。

二是目的思维，即找准最核心的点。本案代理工作充分考量了案涉项目的历史背景及现实状况，深挖申请人引入鲁山公司的目的。根据合资合同的约定，完成出资、提供股东借款、完成项目所需资金的融资是中外合资最主要的目的。结合本案实际，本案的核心在于鲁山公司拒不履行融资义务，致使合资项目停滞，从而导致合资公司的目的、合资协议的目的均无法实现。因此，应当在分析本案核心点之后，结合《合同法》第九十四条第四款之规定论述终止合资合同及修改协议的正当性。

三是拆解思维。鲁山公司在进行答辩及提出反请求时，试图混淆合营双方和合营公司与合营一方的法律关系，并引用 2005 年 6 月 16 日最高人民法院〔2005〕民四他字第×号复函中的观点，主张合资公司经营管理权争议属于本案审理范围。但鲁山公司的仲裁反请求不属于本案仲裁审理范围，本案所争议的法律关系

是合资合同纠纷，鸿业公司的仲裁请求系基于鲁山公司的根本违约行为要求终止合资合同及修改协议。鲁山公司所提出的 6 项仲裁反请求均是针对合资公司经营管理事宜及合资公司权益事项，反请求在法律关系上、涉及权利主体上均与本请求不一致，且不能产生抵销或对抗本请求的法律后果。经过此番拆解，法律关系明晰。最终，仲裁庭引用最高人民法院于 2010 年 5 月 27 日作出的"〔2010〕民四他字第×号"复函中的观点，支持了我方仲裁请求。

四是宏观利益思维。在本案的代理过程中，除了对案件本身涉及法律问题进行抽丝剥茧，同时我们也站在一个更高的维度，从案涉项目涉及的整体利益出发，充分论证项目停滞对金融街整体规划的影响、对居民日常生活的影响、对社会利益的影响，从而强化我方仲裁请求实现的紧迫性。仲裁庭在作出裁决时也充分考量了此方面的影响。

高级合伙人介绍

李涛律师： 北京大成律师事务所高级合伙人、大成中国区争议解决专业委员会主任，毕业于中国政法大学，获证据法学博士学位。担任中国国际经济贸易仲裁委员会仲裁员、北京市律师协会裁判执行业务研究会副主任、北京朝阳律协争议解决专业研究会副主任、北京物权法学研究会常务理事等。李涛律师拥有 17 年法官和 12 年专职律师的从业经验，尤为擅长处理民商事领域疑难问题，其承办或督导的案件曾多次被收录于《中国审判案例要览》和最高人民法院指导案例。在专职从事律师工作的 12 年中，业务领域主要定位于民商事争议解决，擅长的行业领域涉及复杂的融资性金融纠纷、商事合同类、与公司有关的纠纷（企业改制、清算、破产、尤其擅长公司股权类纠纷）、房地产与建筑工程纠纷、国际贸易、知识产权保护、婚姻继承等，其组织承办或直接代理的案件至今为止约为1600 件。

联系电话： 13601361268；**电子邮箱：** tao.li@dentons.cn

天津建发投资发展有限公司诉天津龙成投资建设有限公司合资、合作开发房地产合同纠纷一案

● 案件基本信息 ●

案例类型：民事诉讼

判决时间：待重审二审判决

审理法院：最高人民法院

代理律师：钱红骥、赵敏，北京大成律师事务所律师

关键词：合资、合作开发房地产合同纠纷

● 案例正文 ●

□ 当事人信息

原告：天津建发投资发展有限公司（以下简称建发公司）

被告：天津龙成投资建设有限公司（以下简称龙成公司）

▢ 裁判要旨

重审二审裁判要旨

龙成公司已构成根本违约，建发公司与龙成公司之间的系列协议的解除原因是龙成公司的根本违约行为导致，建发公司要求龙成公司返还土地款、在建工程款，并按照从实际投入之日起至实际返还之日止的期间和贷款利率计算利息，合理合法。

另外，双方无法合作的原因是龙成公司的根本违约行为所致，建发公司有权要求龙成公司赔偿实际运营损失。

▢ 案情摘要

2012年10月18日，建发公司与龙成公司签署了《天津某项目合作协议》（以下简称合作协议），就开发天津某地561.40亩土地4个地块事宜（以下简称天津建设项目）签订了系列合作协议。2012年12月13日，双方签订《天津某项目代理建设协议》（以下简称代建协议），就天津建设项目的代理建设事宜进行了约定。

后建发公司依约向龙成公司支付了2.15亿元土地款，且为天津建设项目开发支付了约911万元在建工程款。然而，龙成公司收到合作款后，未向建发公司交付土地，且在项目的容积率、抵押设置、土地面积等方面严重违约，合作项目无法继续进行。

2015年1月21日，建发公司委托律师向龙成公司送达了解除合同律师函，明确了由于龙成公司一再违反合作协议及相关附属协议，即1、2号地块容积率由＜1.1变更为＜0.56，3、4号地块不能开发后的2年时间内没有通过当地规划部门的审批，且在建发公司多次向龙成公司发函要求协商变更或终止履行后，龙成公司在建发公司给予合理期限内仍未履行的情况下，依法正式通知被告解除合作协议、代建协议及相关补充协议，并要求返还建发公司已支付的土地合作款并支付相应的融资利息。该律师函于2018年1月21日送达被告，龙成公司对此未予回应，没有返还上述款项，且自收到上述律师函后3个月内未向法院提起任何诉讼。

故建发公司依法向天津市高级人民法院提起诉讼（以下简称本案），诉讼请求：1. 依法确认建发公司、龙成公司之间签订的合作协议及其附属协议已经解除；2. 依法判令龙成公司返还建发公司已支付的土地款 21500 万元，并赔偿相应损失，即融资利息损失 96827082.90 元（截至 2015 年 8 月 31 日）；3. 依法判令龙成公司返还建发公司已支付的在建工程款 9114504.78 元，并赔偿相应损失，即融资利息损失 3396479.23 元（截至 2015 年 8 月 31 日）；上述金额共计 324338066.91 元；4. 依法判令本案诉讼费用由龙成公司承担。

□ 争议焦点

原审一审：

建发公司主张依法解除双方所签的合作协议及相关补充协议并要求龙成公司返款土地款、工程款并赔偿融资利息是否应得到支持。

重审一审：

1. 双方签订的框架协议、合作协议及代建协议是否应予解除。

2. 若上述协议解除，建发公司诉请的土地款及其资金成本、在建工程款及其资金成本、实际损失是否应得到支持。

重审二审：

1. 土地款 21500 万元的利息如何计算，一是如何计算利息的期间；二是如何确定利率的标准。

2. 在建工程款 9114504.78 元及其利息是否应当由龙成公司全部承担。

3. 龙成公司是否应当赔偿建发公司实际损失 19867055.03 元。

□ 裁判观点

原审一审：

首先，建发公司主张龙成公司在签订合同时有隐瞒及欺诈行为、没有向其明确告知合同附件规划条件通知书中关于应满足的指导性条件《天津市蓟县盘龙谷配套服务区体育公园控制性详细规划》具体内容（尤其是关于容积率的内容）的问题。针对此问题，本院认为，双方当事人先后就诉争项目签订了框架协议及合作协议，上述协议均明确合同附件为：1. 蓟县项目土地《国有土地使用证》复印件。2. 蓟县项目土地使用权出让金及契税发票凭证复印件。3. 蓟县项目规划意见

书复印件。规划条件通知书明确了1、2、3、4号地块开发除满足强制性条件，还须满足指导性条件，其中指导性条件要求规划设计应符合经审定的《天津市蓟县盘龙谷配套服务区体育公园控制性详细规划》和《天津市蓟县盘龙谷配套服务区体育公园土地细分导则》，满足消防、人防、市政、环保、泄洪等规划要求，并取得有关部门意见，该控制性详细规划确定容积率为0.3，上述附件为协议的组成部分，龙成公司作为合同的一方当事人，对于合同附件内容有权利、也有义务了解清楚，诉争项目系房地产开发项目，龙成公司系提供土地的合作方，建发公司是提供资金的合作方，双方同时约定在达成法定转让条件后，项目由龙成公司转移至建发公司名下，故双方当事人在签订合同时均明知项目开发除满足双方当事人的合同要求，还需要满足《天津市蓟县盘龙谷配套服务区体育公园控制性详细规划》。同时，建发公司系转让后项目开发利益的获得者，项目开发所附条件、项目地块容积率大小均与建发公司期待利益息息相关，建发公司应对上述内容尽到充分注意义务。同时，双方自2013年9月16日开始就上述报批事宜进行沟通，至2014年1月建发公司向蓟县规划局申报修建性详细规划时止，双方的往来函件证明建发公司是知晓《天津市蓟县盘龙谷配套服务区体育公园控制性详细规划》对于容积率0.3的要求，且其申报的修建性详细规划中明确规划依据就是《天津市蓟县盘龙谷配套服务区体育公园控制性详细规划》，该事实亦证明建发公司主张其不知晓该约定内容不符合本案客观事实。综上所述，建发公司现主张龙成公司故意隐瞒合同重要内容缺乏事实依据。

其次，关于建发公司主张龙成公司没有积极履行配合义务导致建发公司报批的容积率未获主管部门批准并致合同目的不能实现的问题。双方代建协议约定，建发公司负责资金的投入且按照代建协议的约定，项目地块开发建设过程中涉及的所有工作（包括但不限于项目地块达到法定转让条件的前期土地平整、勘察、营销策划、规划设计、施工合作方的确定、项目的开发建设、项目管理人员的委派等），建发公司负责办理与代建项目有关的立项、备案、报建、计划、规划、土地、施工、环保、消防、防雷、水电、园林、绿化和市政，以及施工等所需其他证件、批件和临时用地、停水、停电、中断道路交通、爆破工作等的申请审批手续，龙成公司给予积极的协调和配合。依据上述协议内容，建发公司负责办理项目的规划审批手续，龙成公司负责协助和配合，建发公司负有使项目达到规划审批合格的主要责任。同时从双方函件以及工作联系单的往来情况看，建发公司依据约定向蓟县规划局申报规划手续，在申报过程中，出现容积率不满足《天津市蓟县盘龙谷配套服务区体育公园控制性详细规划》要求时，建发公司向龙成公司反馈有关情况后，龙成公司亦履行配合及协助义务，向蓟县政府及蓟县规划局进行沟通和协调，并将沟通及协调结果及时函告建发公司。至 2015 年 1 月，建发公司发送解除合同通知函时，建发公司的规划方案虽尚未获得蓟县规划局的批准，但该问题并非龙成公司违约行为所造成，龙成公司亦不存在未依约履行配合及协助义务导致合同不能履行的情形。建发公司还主张该地块存在道路工程问题，影响其对项目的开发使用，但上述道路工程系涉诉项目必备的配套工程，在双方签订合作协议前即已通过政府部门审批，建发公司主张龙成公司故意隐瞒上述情况，缺乏依据，其主张龙成公司违约不能成立。

最后，从双方合同履行情况看，建发公司自 2012 年 3 月 14 日至 2013 年 8 月 9 日分别向龙成公司支付土地款为 21500 万元，双方合作协议履行了部分内容。同时基于代建协议，以龙成公司名义与案外人签订的相关合同，建发公司作为代理建设乙方自 2012 年 12 月 24 日至 2014 年 5 月 15 日，共计向案外人支付在建工程款 9114504.78 元，上述协议有部分内容并未履行完毕。在本院审理期间，蓟县规划局的函也证明建发公司申报的修建性详细规划，蓟县规划局经初步审核已原则同意该方案。双方协议不存在不能继续履行的情况。

原审二审：

原审二审法院认为，由于客观情况发生了当事人在订立合同时无法预见的、非不可抗力造成的不属于商业风险的重大变化，不能实现合同目的，案涉合同依法应予解除。由于本案一审判决结论是双方继续履行合同，没有对建发公司在一审中关于合同解除后已付土地转让款、在建工程款及利息的返还及损失赔偿等诉请进行审理，二审期间虽组织双方当事人进行多次调解工作，但未能达成一致。在此情况下，本案应由一审法院针对建发公司在一审诉讼中的诉讼请求进行审理。

重审一审：

一、关于框架协议、合作协议及代建协议是否应予解除的问题

建发公司的证据不能证明龙成公司在签订合同时存在隐瞒及欺诈行为，亦不能证明龙成公司不积极履行协助及配合义务。在龙成公司并不存在根本违约等事宜的情况下，建发公司不能依照《合同法》第九十四条的规定解除合同，其向龙成公司发送的《解除合同律师函》的行为不能发生解除合同的法律效力。《最高人民法院关于适用〈中华人民共和国合同法〉若干问题的解释（二）》（以下简

称《合同法解释（二）》第二十六条规定："合同成立以后客观情况发生了当事人在订立合同时无法预见的、非不可抗力造成的不属于商业风险的重大变化，继续履行合同对于一方当事人明显不公平或者不能实现合同目的，当事人请求人民法院变更或者解除合同的，人民法院应当根据公平原则，并结合案件的实际情况确定是否变更或者解除。"框架协议、合作协议及代建协议的履行过程中，住房和城乡建设部出具建城函〔2016〕×××号，根据该函要求，案涉土地已经纳入《盘山风景名胜区总体规划（2016—2030）》规划之中，双方均认可案涉土地因该函的要求不能进行商业开发，合同目的不能实现，龙成公司认可解除上述协议。故依照《合同法解释（二）》第二十六条的规定，框架协议、合作协议及代建协议应予解除。

二、关于龙成公司是否应返还土地款、支付资金成本的问题

建发公司系依照合作协议第十一条第四款违约责任的约定要求龙成公司承担资金成本。该款约定，在龙成公司存在违约事由时，应返还建发公司已支付的土地价款和建设资金，资金成本按照同期银行贷款利率和实际投入时间计算，但本案中龙成公司并不存在该款约定的违约事由，无须依照该约定承担资金成本。合作协议第十七条约定遇到国家法律法规、政策变更而影响协议履行时双方可另行协商，但并未约定此情形下解除协议后的责任承担问题。考虑本案中龙成公司确实长期持有建发公司的土地款 21500 万元，可以从该资金的持有中获取一定收益，且其同意从 2017 年 9 月 23 日起就其中 20700 万元按照中国人民银行同期存款利率支付资金成本，本院认定龙成公司应从 2017 年 9 月 23 日起，以 21500 万元为基数按照中国人民银行同期存款利率的标准向建发公司支付资金成本。

三、关于龙成公司是否应返还在建工程款、支付资金成本的问题

建发公司系依照合作协议第十一条第四款违约责任的约定，要求龙成公司承担在建工程款及其资金成本。依照该款约定，在龙成公司存在违约事由时，应返还建发公司已支付的土地价款和建设资金，资金成本按照同期银行贷款利率和实际投入时间计算。同时，依照代建协议 6.4 垫付在建工程款的偿还条目项下第二条的约定，在建项目未转让至建发公司名下时，双方按照"合作协议"第十一条执行。因此，在建项目仅在因龙成公司违约而无法转让时，建发公司才有权依合作协议约定要求龙成公司返还在建工程款及资金成本。本案中在建项目无法转让并非由于龙成公司存在违约行为，而是因为案涉协议因情势变更而无法继续履行，建发公司无权依照合作协议第十一条的约定要求龙成公司承担责任。对于因情势变更造成合同解除后

的责任承担方式，合作协议与代建协议中均未予以具体约定。考虑建发公司为代建合同的履行实际支出了咨询勘察设计等费用，又未形成可在案涉协议解除后仍可用以他用的成果，双方均未从中受益，在案涉协议因情势变更而解除后双方当事人应共担风险，故酌定龙成公司向建发公司返还50%的在建工程款。

四、关于龙成公司是否应赔偿建发公司实际损失的问题

建发公司提交 2012 年至 2018 年 2 月的销售、管理、财务等费用单据，用以证明其因合同解除承受的实际损失。上述费用系建发公司维持公司运营应付出的资金成本，其中特定用于本项目的费用无法准确区分。本案中，导致双方无法达成合作的原因并非龙成公司的过错，龙成公司在合作过程中亦付出了公司运营成本，建发公司以其运营成本作为本案实际损失，并要求龙成公司予以承担，并无事实及法律依据。

□ 裁判结果

原审一审：

2016 年 6 月 8 日，天津市高级人民法院作出一审判决，认为建发公司的证据不能证明龙成公司在签订合同时存在隐瞒及欺诈行为，亦不能证明龙成公司不积极履行协助及配合义务，现项目规划已获当地规划局原则同意，双方合作的合同目的并非不能实现，故建发公司的诉讼请求法院不予支持，判决驳回原告建发公司的诉讼请求。后建发公司在上诉有效期内依法向最高人民法院提起上诉。

2016 年 7 月 21 日，北京大成律师事务所钱红骥、赵敏律师团队接受建发公司的委托，作为其诉讼代理人参与本案原审二审，并代为出庭发表了代理意见等。二审期间，建发公司在庭审中提交了一份书面证据，即住房和城乡建设部关于盘山风景名胜区总体规划的函（建城函〔2016〕×××号），函中明确国务院同意天津市人民政府制定的《盘山风景名胜区总体规划（2016—2030）》。根据该函的要求，案涉土地已经纳入该规划之中。经原被告双方质证，均认可案涉土地因该函的要求不能进行商业开发，合同目的不能实现。

2017 年 9 月 23 日，最高人民法院作出民事裁定书。

原审二审：

裁定撤销天津市高级人民法院判决，发回天津市高级人民法院重审。

重审一审：

2018 年 9 月 6 日，天津市高级人民法院作出判决书，判决：一、解除原告建

发公司与被告龙成公司签订的《天津某项目框架合作协议》《天津某项目合作协议》《天津某项目代理建设协议》；二、本判决生效之日起 10 日内，被告龙成公司向原告建发公司返还土地款 21500 万元，并自 2017 年 9 月 23 日起至上述款项付清之日止，以 21500 万元为基数，按照中国人民银行同期存款利率支付资金成本；三、本判决生效之日起 10 日内，被告龙成公司向原告建发公司支付代建工程款 4557252.39 元；四、驳回原告建发公司的其他诉讼请求。

2018 年 9 月 17 日，建发公司在重审案件上诉有效期内依法向最高人民法院提起上诉，请求：1. 撤销重审一审判决第二项后半句，即撤销"并自 2017 年 9 月 23 日起至上述款项付清之日止，以 21500 万元为基数，按照中国人民银行同期存款利率支付资金成本"，依法改判被上诉人向上诉人支付 21500 万元土地款自实际投入之日起至实际清偿完毕之日止按照中国人民银行同期贷款基准利率计算的资金成本（其暂计至 2018 年 9 月 25 日的金额为 87490500.00 元）；2. 撤销重审一审判决第三项，依法改判被上诉人向上诉人支付在建工程款 9114504.78 元，并支付该在建工程款自实际投入之日起至实际清偿完毕之日止按照中国人民银行同期贷款基准利率计算的资金成本（其暂计至 2018 年 9 月 25 日的金额为 3281787.77 元）；3. 撤销重审一审判决第四项，依法判令被上诉人赔偿上诉人损失人民币 19867055.03 元（暂计至 2018 年 2 月 28 日）；4. 依法判令被上诉人承担本案全部诉讼费用。

建发公司提出了以下上诉意见：1. 重审一审判决存在多处认定事实错误、认定事实不清和有证据不认定、认定无证据的错误。原被告双方无法合作的原因是被告的根本违约行为所致；原告的实际运营损失按照公平原则有权要求被告赔偿；被告自己的运营损失应当由被告自行承担。因此，一审判决认定错误。2. 一审判决适用法律错误。首先，因重审一审判决未能认定被上诉人根本违约的事实，其仅适用《合同法解释（二）》第二十六条的规定，认定双方之间的协议依情势变更原则而解除，属于适用法律错误。本案中的情势变更事由是在双方协议已经因被告根本违约而解除后，才发生的客观事实。但双方之间协议解除的真正原因还是被告的根本违约，本案应当适用《合同法》第九十四条关于合同法定解除的规定。其次，《最高人民法院关于审理涉及国有土地使用权合同纠纷案件适用法律问题的解释》第二十四条规定："合作开发房地产合同约定提供土地使用权的当事人不承担经营风险，只收取固定利益的，应当认定为土地使用权转让合同。"关于本案的性质，双方之间的法律关系本质是土地使用权转让合同法律关系，重审一审判决未对此予以明确，亦属于法律适用错误。

综上所述，本案中，双方之间系列协议解除的原因应当被认定为是被告的根本违约行为导致，协议解除依据的法律规定应当是《合同法》第九十四条，协议解除后，被告应当退还原告已付的全额土地款、在建工程款，并应按照协议约定向原告支付该等款项自实际投入之日起至完全清偿之日止按照同期贷款利率计算的资金成本，并应赔偿上诉人的实际损失。

因此，重审一审判决认定事实不清，适用法律错误，原告恳请二审法院撤销相关判决事项，依法改判支持原告的全部上诉请求。

重审二审：

待重审二审判决。

□ 律师解读

本案涉及的是房地产合资、合作开发的相关法律问题，在房地产开发企业中相关纠纷较为常见。但有别于往常的房地产合资、合作开发纠纷，本案所涉地块数量多且面积较大、时间跨度大，案情重大、复杂。作为原告建发公司的代理律师，在接受原告的委托后，团队成员明确了龙成公司在未向建发公司交付土地的前提下，在项目的容积率、抵押设置、土地面积等方面均存在严重违约的事实。另外，根据二审期间代理律师调取并提交的《住房和城乡建设部关于盘山风景名胜区总体规划的函》（建城函〔2016〕×××号），明确了国务院同意天津市人民政府制定的《盘山风景名胜区总体规划（2016—2030）》，根据该函的要求，案涉土地已经纳入该规划之中。上述证据进一步确定了案涉土地因该函的要求不能进行商业开发，合同目的不能实现的事实。

证据收集整理完毕后，代理律师总结了案涉合作协议已丧失继续履行的客观基础的诉讼思路，明确了在合作地块完成25%在建工程投资、达到项目转让条件前，龙成公司有义务保证合作地块的有效性。然而，龙成公司在已经违反了上述4份合同中关于施工、竣工等期限约定的前提下，没有向法庭提交任何可以证明其继续拥有案涉4块土地权属及权属现状的证据，如4块土地的权属证书均已经过期，则双方合作地块存在法律权属上的重大瑕疵，将可能出现包括土地被政府无偿收回在内的任何后果。而且，目前整个项目用地已经被国家整体纳入盘山风景名胜区总体规划范围内，已经不具备继续开发房地产项目建设的可能，合作协

议因被告的恶意违约拖延，导致丧失了继续履行的客观基础。

在本类案件中，往往出现由于土地情况复杂、标的金额较大、项目工程时间跨度较久、手续复杂等多种原因，土地受让方无法从多方面对标的土地进行细致的调查，导致合资、合作方无法及时发现标的土地存在瑕疵、甚至导致项目无法继续进行的后果，同时造成较大损失，需要通过诉讼的手段来解决纠纷。因此，本所律师特别提示，在土地项目前期，可聘请律师对项目情况进行尽职调查，并参与制定前期合作方案、中期对各项重大决策和协商内容进行把关、后期对企业开展业务、经营管理等方面的风险进行及时提示，规范企业的日常运作，将会在降低企业纠纷发生率和提升纠纷胜诉率方面取得较好的效果。

代理心得

本团队是在本案一审客户败诉后接受客户的委托代理的，我们组成了专业诉讼律师团队，在与客户充分沟通的前提下，悉心研究案件基本事实、分析法律关系及一审双方证据和庭审记录，起草了包括但不限于补充上诉状、证据目录、质证意见、代理词等文件，代理客户出庭并发表代理意见，成功协助客户在原审二审中取得了撤销一审判决、将案件发回重审的阶段性成果，并于重审一审中再次成功协助客户取得了解除相关协议、返还土地款、代建工程款的判决结果。本团队律师在接受委托后，从对方代理律师提交的证据中，发现了龙成公司通过向建发公司提交土地证复印件的方式，隐瞒了其4块合作土地自合作之前到原审、重审期限一直设置了抵押的严重违约事实，为原审二审、重审一审诉讼阶段性成果奠定了良好基础。另外，考虑到本案诉讼周期较长，案涉土地的现状，为保障建发公司胜诉后执行的可行性，本团队律师通过努力，使最高人民法院作出了查封案涉土地的裁定。在诉讼进程中，本团队律师通过专业的工作态度、丰富的诉讼知识与经验，赢得了客户的充分信赖与高度的评价。

高级合伙人介绍

钱红骥律师： 北京大成律师事务所高级合伙人、工会副主席、党委副书记。

曾任大成 DENTONS 全球董事局董事、中国区顾问委员会委员、中国区董事局董事、中国区管理委员会委员、北京总部顾问委员会委员等职务，同时担任中国证券投资者保护工作专家委员会委员、第八届北京市律师协会侵权法专业委员会委员、北京市东城区第一届律师代表大会代表等。钱红骥律师集中在以下领域有 10 年以上丰富的执业经验：并购重组、企业危机处理、重大投资并购争议解决、破产清算与重整、外商直接投资、房地产与建筑工程、公司综合业务。

联系电话：13601359714；**电子邮箱：** hongji. qian@dentons. cn

赵敏律师：北京大成律师事务所高级合伙人，毕业于中国政法大学，担任北京市东城区第十五届人民代表大会代表、中华全国律师协会民事专业委员会委员、中国国际贸易促进委员会/中国国际商会调解中心调解员等。赵敏律师拥有 25 年以上丰富的执业经验，其承办的法律业务有诉讼、非诉、仲裁；服务的客户有房地产、银行、科技、商贸、保险、拍卖、旅游、投资管理、土产畜产、经贸咨询、信托投资、仪表、快餐等企业。

联系电话：13901034623；**电子邮箱** min. zhao@dentons. cn

北京某纸业公司诉葛某合同
（借名买房）纠纷案

● 案件基本信息 ●

案例类型：民事诉讼

判决时间：2016 年 2 月 15 日（一审）

2016 年 8 月 1 日（二审）

2017 年 3 月 23 日（重审一审）

2017 年 9 月 25 日（重审二审）

2019 年 6 月 12 日（另案起诉一审）

审理法院：一审、重审一审、另案起诉一审：北京市西城区人民法院

二审、重审二审：北京市第二中级人民法院

代理律师：王良珍、明路芳，北京大成律师事务所律师

关键词：合同纠纷；借名买房；所有权确认

● 案例正文 ●

□ 当事人信息

原告（重审二审上诉人）：北京某纸业公司

被告（重审二审被上诉人）：葛某，原系北京某纸业公司职员

□ 裁判要旨

认定借名买房法律关系两个关键因素不可或缺：第一，借名人对房屋存在出资；第二，借名人与登记人之间存在借名登记的约定。就本案而言，北京某纸业公司提供的证据形成了完整的证据链，能够证明首付款系其支付，之后也一直由其偿还贷款；在缺乏书面借名买房协议的情况下，认定当事人之间是否存在借名买房法律关系，关键在于查实当事人之间对于"买房义务实际由谁承担、房屋权益实际由谁享有"是否有明确的认知；如果法院审理认为双方之间存在借名买房法律关系的，借名人可要求登记人配合房屋所有权的转移登记，但本案中葛某私自将1404号房屋抵押给了某银行，导致北京某纸业公司要求葛某办理产权转移登记存在障碍。

□ 案情摘要

2001年11月，宁夏某纸业公司为了便于在北京开展业务，在北京设立了办事处。北京办事处急需解决员工的住宿问题，但由于不是独立的企业法人，也不属于企业法人的分支机构，无法以自己的名义购房；另外由于资金有限，且银行不接受非自然人按揭贷款购买住宅房屋，只能以个人的名义购房才能办理按揭贷款。当时，万某、谭某以及葛某均系宁夏某纸业公司驻北京办事处的员工，属于比较合适的登记人（出名人），北京办事处遂与三人达成了口头协议，分别以三人的名义购买了位于北京市西城区某小区的1401、1402和1404号房屋。

2001年11月29日，葛某与出卖人北京某房地产公司签订了《商品房买卖合同》，约定葛某以人民币957034.00元的价格购买1404号房屋，首付款297034.00元，余款660000.00元以银行按揭贷款方式支付。同日，北京办事处向北京某房地产公司支付了共计542729.90元的房屋首付款（包括谭某名下1402号房屋的首付款和葛某名下1404号房屋的首付款）。2002年2月1日，在北京办事处的安排下，葛某与北京某银行、北京某房地产公司签订了《个人购房借款合同》，约定葛某向北京某银行借款660000.00元用于购买1404号房屋。《个人购房借款合同》签订后，北京某银行将贷款资金660000.00万元直接支付至北京某房地产公司。随后，北京办事处通过葛某的银行账户按时向北京某银行偿还按揭贷款。另外，北京某房地产公司将房屋交付给葛某后，北京办事处随即对1404号房屋（连同以万某、谭某名义购买的1401、1402号房屋）进行了装修，并作为职工宿舍一直占

有使用，按时缴纳水、电、燃气等费用。

2002 年，宁夏某纸业公司设立北京某纸业公司，承继北京办事处的销售业务，万某、葛某、谭某等销售人员被划入北京某纸业公司，1401、1402、1404 号房屋的实际所有权也转移至北京某纸业公司，后续由北京某纸业公司占有、使用 1401、1402、1404 号房屋并按期偿还按揭贷款。

2011 年，为规范管理公司资产，明确产权关系，北京某纸业公司提出与万某、谭某以及葛某补签《代持有房产协议》。万某、谭某均积极补签并且配合北京某纸业公司顺利处置了 1401 号和 1402 号房屋。但是，葛某拒绝承认 1404 号房屋属于北京某纸业公司所有，因此拒绝补签《代持有房产协议》，拒绝北京某纸业公司提出的将 1404 号房屋权属变更登记至纸业公司名下的要求。不仅如此，葛某还私自于 2012 年 6 月 12 日办理了《房屋所有权证》、2012 年 7 月 16 日结清了 1404 号房屋的剩余按揭贷款，并于 2013 年 5 月 23 日以 1404 号房屋向某银行申请办理最高额抵押借款 360 万元。另外，尽管葛某在 2012 年 7 月结清了房屋按揭尾款，但北京某纸业公司并不知情仍然定期向葛某账户支付按揭款直至 2015 年 7 月，而葛某对北京某纸业公司的支付行为未曾表示过任何异议，并不定期将北京某纸业公司支付的款项转移至自己的其他账户。

为维护自己的合法权益，北京某纸业公司于 2015 年年底诉至北京市西城区人民法院，诉请人民法院"确认 1404 号房屋的所有权归北京某纸业公司所有"（此为原一审诉讼请求，重审一审案由由所有权确认纠纷变更为合同纠纷，诉讼请求则变更为"请求判令葛某协助将 1404 号房屋权属变更登记至北京某纸业公司名下"）。

□ 争议焦点

北京某纸业公司与葛某之间就 1404 号房屋的借名买房关系是否成立；能否将 1404 号房屋过户至北京某纸业公司名下。

□ 裁判观点

一审：

一审法院认为，根据查证的事实，1404 号房屋的首付款由北京办事处支付、按揭贷款先由北京办事处偿还、北京某纸业公司成立后继续偿还贷款。1404 号房屋交付后由北京某办事处作为员工宿舍使用。

葛某虽辩称1404号房屋为其租给北京办事处使用，北京办事处按期偿还的按揭贷款系折抵租金，但葛某并未提供租赁关系存在的证据，故葛某的主张法院难以认定。

另根据北京某公司提交的有葛某签字的交款凭证，有"为办事处购房按揭款"的字样，葛某亦认可其签名，故法院对该证据予以认定。

综上所述，法院认为北京某纸业公司通过实际付款、实际占有、葛某对支款凭证的认可等一系列间接证据的举证，已完成对借名购房事实的证明。关于葛某所举之提前还款证明、房屋所有权证等反证，能证明的是葛某作为登记所有权人所拥有的权利，但并未达到反驳北京某纸业公司作为实际所有权人这一诉讼主张的效果。

二审：

葛某不服一审判决，提出上诉，二审法院根据《北京市高级人民法院关于审理房屋买卖合同纠纷案件若干疑难问题的会议纪要》第十条第一款："借名人以出名人（登记人）为被告提起诉讼，要求确认房屋归其所有的，法院应当向其释明，告知其可以提起合同之诉，要求出名人为其办理房屋过户登记手续。"认为本案一审的案由以及诉讼请求不准确，故以一审法院审理程序存在不当为由，裁定撤销一审判决、发回重审。

重审一审：

重审一审法院认为，当事人对自己提出的诉讼请求所依据的事实或反驳对方诉讼请求所依据的事实有责任提供证据加以证明。没有证据或者证据不足以证明当事人的事实主张的，由负有举证责任的当事人承担不利后果。本案争议焦点在于双方之间关于1404号房屋的借名买房关系是否成立。借名买房是指实际出资人借用他人的名义购房，并以他人的名义登记房屋所有权的行为。房屋的实际出资人为事实购房人或者真正购房人，被借名人为登记购房人。可见，并非实际出资人与登记人不一致就构成实际出资人借名买房，换言之，实际出资人要证明其为借名买房必须具备两个要件：一是支付购房款的事实；二是与出名人之间对委托代理关系及关于房屋权属的明确约定。

就本案而言，对于房屋出资情况，北京某纸业公司提交的证据可以形成完整的证据链，充分证明了购房资金的来源、去向及具体支出情况，能够证明1404号房屋系其支付首付款购买，之后一直由北京某纸业公司偿还贷款并对诉争房屋占

有使用，房屋产权证书登记人为葛某，由葛某持有。

但法院根据《北京市高级人民法院关于审理房屋买卖合同纠纷案件适用法律若干问题的指导意见（试行）》第十五条第二款，当事人一方提供证据证明其对房屋的购买确实存在出资关系，但不足以证明双方之间存在借名登记的约定，其主张确认房屋归其所有或要求登记人办理房屋所有权转移登记的，不予支持。认为北京某纸业公司未能提供充分证据证明其与葛某之间存在借名协议，其提交的证人证言等证据也只能证明 1404 号房屋登记在葛某名下，不能证明双方之间有借名登记的约定。对北京某公司主张葛某协助办理 1404 号房屋权属变更登记的诉讼请求，法院不予支持。至于 1404 号房屋的出资问题，由双方另行解决。

重审二审：

一、借名买房关系成立

重审二审法院认为，北京某纸业公司主张与葛某之间存在借名买房的法律关系，其应就此承担举证证明责任，证明标准应达到高度可能性。北京某纸业公司举证证明了大量购房原始票据材料由其持有，且在内部支款凭证上葛某的妻子曾作为会计人员签字，葛某曾经在公司内部交款凭证（用于支付房屋按揭款）签字，结合葛某在买房时的年龄、经济状况等，可以合理认定 1404 号房屋的购买资金系由北京某纸业公司支付，至于葛某关于北京某纸业公司支付款项属于房屋使用费的主张，没有证据证明；此外，北京某纸业公司对于其借名买房的原因、过程进行了详细说明，还同时提出了其借用其他职员谭某、万某名义买房的事例与本案相互印证，前述人员亦作为证人出庭证实了北京某纸业公司的主张。基于以上事实，法院认为北京某纸业公司已就其与葛某之间存在借名买房关系的主张完成举证证明责任。

在诉讼过程中，葛某为否定借名买房关系成立，提供商品房买卖合同、房屋所有权证、存折账户明细、个人还款凭证、个人贷款结清证明等证据，证明其为房屋的实际所有权人。但其既未能对首付款的出资提供反证，亦未能对按揭贷款因何由北京某纸业公司偿还、房屋为何由北京某纸业公司占有使用等作出合理解释，同时未举证证明双方存在借贷、赠与等其他法律关系。

因此根据北京某纸业公司所提供的证据，足以确信双方之间借名买房关系的存在具有高度可能性，故法院认定双方之间存在借名买房关系。

二、因房屋上存在抵押权，暂时无法支持北京某纸业公司过户的诉讼请求

根据《北京市高级人民法院关于审理房屋买卖合同纠纷案件适用法律若干问

题的指导意见（试行）》第十五条第一款："当事人约定一方以他人名义购买房屋，并将房屋登记在他人名下，借名人实际享有房屋权益，借名人依据合同约定要求登记人（出名人）办理房屋所有权转移登记的，可予支持。但是，该房屋因登记人的债权人查封或其他原因依法不能办理转移登记，或者涉及善意交易第三人利益的除外。"本案中，由于葛某已经将 1404 号房屋抵押给某银行，因涉及抵押权人利益，故对北京某纸业公司要求葛某协助办理 1404 号房屋所有权转移登记之请求，暂无法支持，建议北京某纸业公司另行通过合法途径解决。

□ 裁判结果

一审：

确认位于北京市西城区某小区的 1404 号房屋属于北京某纸业公司所有。

二审：

裁定撤销一审判决，发回重审。

重审一审：

驳回北京某纸业公司主张葛某协助办理北京西城区某小区 1404 号房屋权属变更登记手续的诉讼请求。

重审二审：

重审二审判决认为，重审一审判决关于北京某纸业公司和葛某之间不存在借名买房关系的事实认定错误，但由于葛某将 1404 号房屋抵押给了某银行，重审一审法院驳回北京某纸业公司诉讼请求的裁判结果正确，故重审二审法院对案件事实予以纠正后维持原判。

北京市第二中级人民法院作出重审二审判决后，北京某纸业公司以重审二审判决为依据另案起诉，以生效判决确认双方之间存在借名买房合同关系为由，诉请人民法院解除北京某纸业公司与葛某之间的借名买房合同关系，判令葛某按 1404 号房屋的市价赔偿北京某纸业公司的损失。

法院认为，已为人民法院发生法律效力的裁判所确认的事实，当事人无须举证证明。本案中，生效判决已认定北京某纸业公司与葛某就 1404 号房屋存在借名购房的合同，但因该房屋已被葛某另行抵押，导致房屋无法过户给北京某纸业公司，现北京某纸业公司主张解除与葛某之间的借名购房合同关系，于法有据，法院予以支持。葛某抗辩双方之间的合同应于还清剩余贷款时解除，缺乏依据，法

院不予采纳。因葛某原因导致 1404 号房屋无法过户给北京某纸业公司，给北京某纸业公司造成了损失，现北京某纸业公司要求葛某给予赔偿，理由正当，法院予以支持。但法院对北京某纸业公司主张的数额进行了重新核算，葛某为 1404 号房屋支付给北京某房地产公司代付的贷款 1781.29 元以及 2012 年 7 月 16 日一次性还清银行剩余贷款本息 405351.96 元，应当从房屋价款中扣除，但 2012 年 7 月 16 日葛某还清剩余贷款之后，北京某纸业公司继续向葛某银行账户打款 121500.00元，葛某均私自划转，此款项应当折抵葛某自行偿还的贷款。庭审中，葛某虽主张 2012 年 7 月 16 日之前自行偿还过 1404 号房屋的贷款，但其陈述的还款银行账号进账款均与北京某纸业公司出示的银行业务凭证一一对应，由此可以认定上述款项均系北京某纸业公司支付。综上所述，2019 年 6 月 12 日，法院作出判决：解除北京某纸业公司与葛某之间的借名买房关系，葛某向北京某纸业公司偿还房屋损失款 1108 万元。

□ 律师解读

借名买房是指当事人约定一方以他人名义购房，并将房屋登记在他人名下，由借名人实际享有房屋权益。借名买房是一种典型的名实不符的行为。

借名买房广泛存在的主要原因为：（1）借名人不具备购房资格，多地实行限购政策使得一些有购房需求的人无购房资格，无法以自己的名义购买房屋；（2）借名人资金不足，但因年龄等原因无法办理银行按揭贷款，通常年龄较大、即将退休或尚有大额贷款未清偿的人较难通过贷款申请；（3）借名人意欲享受特定的购房优惠条件，如首套房优惠政策、限内部职工的特价房等政策。

近些年来，因房屋价格长期持续上涨，在巨大的利益诱惑面前，出名人起初同意借名但事后反悔的案例，屡见不鲜。因此类交易的隐蔽性和复杂性，法院在审理此类案件时，通常面临着借名买房的效力难以认定、买房合意难以认定、所有权难以确定及适用何种确权规则的疑难问题。

一、借名买房协议的法律效力如何认定

根据《合同法》规定，当事人在平等自愿的基础上签署合同，且合同内容不违反法律法规的强制性规定的，合同有效。一般情况下，借名买房合同是双方当事人自愿签订，没有违反《合同法》等法律法规的强制性规定，应当具有法律效力。但是，借名买房协议只能约束双方当事人，不具有物权法上的效力，没有直接设立房屋所有权的法律效力，借名人不能根据借名买房协议的约定直接取得房屋所有权。基于物权法定原则，登记人是合法的房屋所有权人。

如果房屋是经济适用房等政策性住房的，借名买房的协议是否有效？《合同法》第五十二条规定："有下列情形之一的，合同无效：（一）一方以欺诈、胁迫的手段订立合同，损害国家利益；（二）恶意串通，损害国家、集体或者第三人利益；（三）以合法形式掩盖非法目的；（四）损害社会公共利益；（五）违反法律、行政法规的强制性规定。"经济适用住房等政策性住房是指经政府提供政策优惠、批准统一建设，面向符合条件的住房困难家庭销售的住房，属于政策性保障性住房，政府部门对于该类房屋的购买人的资格有特殊要求和严格的审查公示程序，对该类房屋的上市交易在期限、程序上设定了限制和要求。如果允许他人借名购买政策性保障性住房，既扰乱了政府对政策性保障性住房的管理秩序，也损害了广大潜在符合购买政策性保障性住房资格人民群众的利益。如果法院对借名购买政策性保障性住房的行为不持否定性的评价，将不利于国家对政策性保障性住房的管理以及对符合购房资格的人民群众的群体利益的维护。一般情况下，法院倾向于认定关于政策性保障性住房的借名买房合同为无效合同。

二、在双方无书面协议的情况下，借名买房合意如何认定

当事人由于法律意识比较薄弱、或者碍于双方之间熟悉的关系等原因没有及时签订书面借名买房协议的，这种情况下如何查明双方之间是否达成了借名买房的合意，成为审理此类案件的重中之重。根据《合同法》第十条第一款规定，"当事人订立合同，有书面形式、口头形式和其他形式"。为证明在借名人和登记人之间存在借名买房关系，司法机关一般要求提供双方存在借名买房的书面证据，例如，借名买房合同、借名买房的单方承诺等。本案中，由于借名购房时葛某与北京某纸业公司之间存在劳动隶属关系，北京某纸业公司没有要求葛某与其签订书面的借名购房协议，要求补充签订代持房产协议时，葛某已经离职并拒绝签署。本案中，尽管不存在书面的借名买房协议之类的证据，但是二审判决准确运用民事诉讼的证据规则的高度盖然性原理，认为北京某纸业公司所提供的诸如葛某领款凭证、证人证言、北京某纸业公司占有使用房屋的证据等，可以相互印证，认定了双方之间达成借名买房合意的高度可能性。

三、借名人能否要求出名人办理房屋的产权转移登记手续

借名人应该具备购房资格。借名人借用他人购房资格购买房屋后，若借名人向法院起诉要求出名人配合办理产权转移手续的，借名人必须符合购房资格，否

则，法院一般不会支持借名人的诉讼请求。

房屋应不存在抵押、查封等权利限制。房屋之上存在第三人的抵押权或房屋被第三人查封的，为保护善意第三人的利益，一般不能办理产权转移登记手续。本案中，尽管二审判决在认定借名买房关系成立后，未能进一步支持北京某纸业公司的房屋过户的诉讼请求，但是，我们认为，二审判决在此过程中仍然较好地把握了利益平衡原则。葛某未经北京某纸业公司许可，擅自将房屋抵押给了不知情的某银行，葛某的行为固然属于严重违约行为并因此应该承担相应的法律责任。但是，对于作为第三人的某银行来说，它对于借名买房的事实并不知情。正是基于对交易安全价值的维护，二审判决不宜支持北京某纸业公司房屋过户的诉讼请求，而是认为北京某纸业公司可另寻其他途径维护自己的权益。

代理心得

本案实际上经历了一审、二审、重审一审、重审二审、另案起诉5个阶段，前后历时4年左右，一审和重审一审的案由和诉讼请求甚至都发生了一定的变化，可谓是千回百转、跌宕起伏。本所律师实际上是在重审一审判决认定借名关系不成立因此驳回纸业公司的全部诉讼请求后接手本案的。在办理本案的过程中，本所律师的主要体会是：

一、关于案由以及诉讼请求的确定

在民事诉讼中，案由的选择是诉讼案件的第一步，也是最关键的一步，案由是民事案件的内容提要，体现了民事案件的性质和所包含的法律关系，还反映了民事诉讼当事人争议的焦点，有明确案由的案件，当事人的起诉才能获得法院的受理、审理和裁判；而错误的案由，将导致诉讼请求找不到事实依据和法律依据，从而浪费当事人的时间、金钱。诉讼请求是当事人特别是原告根据特定的案由和民事法律规定所提出的具体的民事权利主张，诉讼请求应具有特定性、具体化、可执行的特点，在原告主张的诉讼请求笼统模糊、游离不定甚至前后矛盾时，代理律师应当及时予以释明。

本案在最初起诉时所确定的案由为"所有权确认纠纷"，诉讼请求为"请求确认1404号房屋为北京某纸业公司所有"。一审法院支持了北京某纸业公司的诉讼请求，确认1404号房屋为北京某纸业公司所有，表面上北京某纸业公司打了一场漂亮的头仗。但是，这个案由的内在缺陷几乎注定了二审改判或者发回重审的命运。葛某上诉后，二审法院根据《北京市高级人民法院关于审理房屋买卖合同纠纷案件若干疑难问题的会议纪要》第十条第一款规定："借名人以出名人（登记人）为被告提起诉讼，要求确认房屋归其所有的，法院应当向其释明，告知其可以提起合同之诉，要求出名人为其办理房屋过户登记手续。"认为一审法院的审理程序存在不当之处，故裁定撤销一审判决、发回重审。在重审一审过程中，北京某纸业公司意识到了其中的错误，将案由由"所有权确认纠纷"变更为"合同纠纷"，诉讼请求则变更为："请法院判令葛某协助将1404号房屋权属变更登记至北京某纸业公司名下。"这就为此后的案件进展打下了良好的基础。

二、关于证据的保存、搜集和整理

诉讼的成败，虽然有一定的诉讼技巧成分在，但主要还是诉讼前证据的保存和收集。所谓"打官司就是打证据""证据是诉讼之父"，证据是进行诉讼的根本，一切诉讼主张的提出以及反驳对方的观点都要依靠证据，任何一起案件都需要通过证据形成的证据链再现还原事件的本来面目，而法院进行裁判，也主要依靠证据认定事实、进而适用法律，法院依据充足的证据而作出的裁判才有可能是公正的裁判。

（一）当事人应注意保存证据

针对当事人来说，不仅要有维权意识，还要有存证意识，民事诉讼的主要举证规则是"谁主张、谁举证"，如果承担举证责任的当事人不能提供合法有效的证据，则很可能承担败诉的法律后果，所以当事人一定要注意保存证据，以便发生纠纷时能够做到有备无患、有据可循。当事人应注意养成保留重要书面交易文件的习惯，尽量形成和保存书面证据、原始证据、直接证据。合同纠纷案件中，保存书面合同极为关键，大额转账一定要通过非现金方式进行，并保留转账凭证及电子转账记录。除此之外，与案件相关的任何材料都不可随意遗弃，有些文件看似微小，却关涉重大，一旦涉及诉讼，就能成为关键证据。本案正是由于十多年前当事人法律意识薄弱，未签署书面的借名买房协议，未保存强有力的书面证据，给案件的代理带来了较大难度，但好在有大额转账凭证、公司内部支款凭证等相互佐证，内部支款凭证虽然从表面上看是北京某纸业公司自制，可信度、真实性存疑，但由于葛某及其妻子在凭证上亲笔签字认可北京某纸业公司的内部支款为北京某纸业公司偿还1404号房屋的按揭贷款，从而影响了二审法院对案件事实的认定，扭转了全局。

（二）律师应注意搜集、整理证据

律师在代理案件过程中应注意围绕诉讼请求搜集、整理、提供证据，搜集证据要全面、整理证据要规范、提供证据要及时，根据拟采取的诉讼策略，利用手上掌握的证据，编制条理清晰的证据目录，形成"证据—待证事实—法律要件"的链条，在法庭上还原出一个对当事人有利的法律事实。本案中，在现有证据比较匮乏的情况下，如何进一步收集证据，以求能够达到证明借名买房关系存在的高度盖然性的标准，成为了本案的重中之重。最终，还通过证人证言与书证相结合、直接证据与间接证据相结合、北京某纸业公司内部凭证与外部证据相结合，使得案件的真实情况一步步还原于法庭之上，重审二审判决对借名买房的事实予以了认定。

高级合伙人介绍

王良珍律师：北京大成律师事务所高级合伙人，毕业于华东政法大学，在北京市拥有着近 20 年专职律师的从业经验。主要擅长领域：房地产、公司、金融和知识产权等。从事专职律师工作以来，曾经或正在为中共中央宣传部、国家物资储备调节中心、中国气象培训中心、安徽省池州市人民政府、中国民生银行股份有限公司、中国诚通控股集团有限公司、中冶纸业集团有限公司、中国纸业投资有限公司、上海中平投资管理有限公司、钟鼎（上海）创业投资管理有限公司、海通证券股份有限公司、中冶国新贸易有限公司、西山煤电股份有限公司、洋浦中业置业有限公司、北京百年房地产开发有限公司、北京伟豪铝业有限公司等多家政府和企事业单位提供法律服务。

联系方式：13301118791；**电子邮箱：**liangzhen. wang @ dentons. cn

欣欣产业株式会社破产财产管理人德川相田与北京建青房地产开发有限公司房屋买卖合同纠纷

● 案件基本信息 ●

案例类型： 民事诉讼

判决时间： 2016 年 12 月 23 日

法院名称： 最高人民法院

代理律师： 张东，北京大成律师事务所律师

关键词： 无因管理；不当得利纠纷（债权纠纷）；合同纠纷；买卖合同纠纷

● 案 例 正 文 ●

□ 当事人信息

上诉人（原审被告）：北京建青房地产开发有限公司（以下简称建青房地产公司）

法定代表人：实田雄音，该公司董事长

被上诉人（原审原告）：欣欣产业株式会社破产财产管理人德川相田

□ 裁判要旨

一、德川相田提交的 1993 年 11 月 10 日欣欣产业株式会社与西海株式会社之间的《备忘录》、1995 年 3 月 31 日欣欣株式会社与西海株式会社之间的《确认书》、1995 年 9 月 22 日西海株式会社与建青房地产公司签订的《备忘录》，以及 1996 年 11 月 20 日欣欣产业株式会社与建青房地产公司之间的《建青公寓买卖合同》均为复印件，未提供原件。

二、《建青公寓买卖合同》（复印件）所加盖的建青房地产公司的印章并非建青房地产公司在中国工商行政管理部门备案的印章，且没有建青房地产公司法定代表人或其授权人的签字。建青房地产公司有关文本内容、格式、数量、印章、公司地址、公寓地址及签字等陈述属实，法院予以确认。

法院认定本案的争议焦点为：（一）德川相田能否提起本案诉讼；（二）欣欣产业株式会社与建青房地产公司之间是否存在房屋买卖合同关系。

鉴于不能认定当事人之间存在房屋买卖合同关系，双方当事人其他的相关诉辩主张已没有实际意义。因此，一审判决认定事实不清，适用法律不当，依法应予改判。

□ 案情摘要

2011 年 9 月，原告德川相田向原审法院北京市高级人民法院起诉，诉请：1. 确认欣欣产业株式会社与建青房地产公司签订的《建青公寓买卖合同》合法有效；2. 建青房地产公司继续履行买卖合同，并将北京建青公寓居住部分 40% 房屋产权变更登记至欣欣产业株式会社名下；3. 建青房地产公司承担本案的案件受理费、保全费。

原告德川相田的主要事实与理由：

欣欣产业株式会社系在日本国注册的企业法人，2005 年 11 月 11 日被日本东京地方法院决定破产，并指定德川相田作为欣欣产业株式会社的破产财产管理人。德川相田依据日本法律享有管理破产企业资产，清收破产企业债权的权利，有权代表破产企业提起诉讼。建青房地产公司系依据中国法律注册成立的中外合作经营企业，是北京市朝阳区建青公寓的开发商。西海株式会社（后更名为西海控股株式会社）是建青房地产公司的日方股东，依约负责投入开发北京建青公寓的全部建设资金。自 1993 年开始，欣欣产业株式会社通过建青房地产公司的关联公司西海株式会社对建设北京建青公寓进行投资。1995 年 3 月 31 日，欣欣产业株式会社与西海株式会社签订《确认书》，约定由欣欣产业株式会社提供 40 亿日元资金建设北京建青公寓，欣欣产业株式会社取得北京建青公寓 40% 房屋所有权，相关权利的转让登记由双方协商确定。同年 9 月 22 日，西海株式会社与建青房地产公司共同向欣欣产业株式会社出具《备忘录》，确认将北京建青公寓 40% 的部分以 40 亿日元向欣欣产业株式会社销售，并表明已经向欣欣产业株式会社交付完成。1996 年 11 月 20 日，欣欣产业株式会社与建青房地产公司签订《建青公寓买卖合同》，约定将建青公寓居住部分的 40% 以 40 亿日元转让给欣欣产业株式会社，欣欣产业株式会社向西海株式会社支付上述款项，并由欣欣产业株式会社负担所有登记税费。自 1993 年 11 月 30 日至 1995 年 12 月 11 日，欣欣产业株式会社共向西海株式会社支付了 40 亿日元购房款。在建青房地产公司及西海株式会社向日本法院申请欣欣产业株式会社破产的相关申请文件及陈述文件中，对上述事实均予以明确认可。

欣欣产业株式会社与建青房地产公司在平等、自愿基础上签订的《建青公寓买卖合同》合法有效，依法应予保护。欣欣产业株式会社支付了全部购房款，且房屋亦按照当事人约定的方式进行了交付，欣欣产业株式会社依法应当取得北京建青公寓 40% 的房屋所有权，有权要求建青房地产公司继续履行《建青公寓买卖合同》，并将 40% 的建青公寓房屋产权变更登记至欣欣产业株式会社名下。

被告建青房地产公司辩称：

（一）我公司与欣欣产业株式会社之间从无房屋买卖合同关系，从未签署过房屋买卖合同，本案中的买卖合同依法不成立，更不可能有效。德川相田称欣欣产业株式会社与我公司于 1996 年 11 月 20 日签订《建青公寓买卖合同》一事不属实。我公司从未与欣欣产业株式会社签订过上述合同，买卖合同从形式到内容均严重违法，系伪造、编造，且无原件、无签字，所盖印章系伪造。合同当事人信息与当事人交易的信息错漏百出。合同价格条款及支付条款的约定违法且荒唐，我公司从未收到过欣欣产业株式会社的购房款。买卖合同的文本形式严重违反政府强制性规定，没有中文文本，且文本数量违法。合同约定的面积和德川相田的诉求明显矛盾。费用条款约定违法，且合同未贴印花。欣欣产业株式会社曾经再三否认买卖合同的真实性且不承认与我公司之间存在购房及代管房产事实。欣欣产业株式会社代表安某在最高人民法院庭审中当庭作证，欣欣产业株式会社从未签订过买卖合同。欣欣产业株式会社的清算人尾某就买卖合同事宜于 2005 年 11

月 10 日出具过书面证明否认签署过该买卖合同，并证实买卖合同上所盖的欣欣产业株式会社的印章系伪造。在欣欣产业株式会社的破产案件中，其代理律师加某也全然否定签署过买卖合同并称合同上所盖的欣欣产业株式会社印章系伪造，并主张与建青房地产公司不存在签订管理委托合同的事实。

（二）买卖合同无履约事实。我公司从没有收到过欣欣产业株式会社的购房款，双方之间无任何经济业务关系，欣欣产业株式会社的财务记录和财务账簿中均没有购买我公司房屋的资金支出及与此有关的任何记载。

（三）德川相田或欣欣产业株式会社与西海株式会社的纠纷与我公司无关。德川相田提交的所谓我公司诉欣欣产业株式会社 3994 号破产案件系冒用我公司名义提起的错误案件，已被撤案，我公司对该案自始至终毫不知情；而德川相田所称的 13543 号破产案件是西海株式会社依据日本法向日本法院提起的，与本案无关。德川相田提交的大部分证据来源于已被撤销的、错误的、无效的 3994 号破产案件材料。

（四）德川相田提供的证据都没有提供原件予以核对，其真实性均无从考证，证据没有证明力。数亿元人民币标的的买卖合同，德川相田提供不出原件，情、理、法讲不通。在日本法院存档的并非原件，同样是复印件，公证认证并没有证明这些证据与原件进行过核对，德川相田其他并非来源于日本法院的部分证据也没有提供原件，公证认证的内容也是仅与复印件相符，真实性无从确认。买卖合同复印件是德川相田在本案中主张权利的最重要的证据，合同的签订地是中国，明确写明以中国法为准据法，德川相田向中国法院起诉，合同复印件是否具有证明力，能否作为立案依据，必须依据中国法律进行审查，不能以依据日本法律作出的不具有既判力的裁决内容或者认定意见作为中国法院的审理依据。

（五）日本法院 1930 号决定书依法无证明力，未经我国司法承认的外国法院破产裁定不能作为审理依据。

（六）德川相田诉讼主体不适格。

（七）德川相田起诉已超过法定诉讼时效期间。

□ 争议焦点

一审：

1. 原告财产管理人德川相田律师是否具有原告主体资格；

2. 日本国法院在审理相关破产财产案件时的相关证据在无原件的情况下能否

作为本院审理该案件的证据；

3.《建青公寓买卖合同》是否成立且合法、有效；

4. 原告是否有权依据对欣欣产业株式会社的债权而主张对建青公寓40%房屋所有权。

一审（发回重审）：

在一审（发回重审）中，原告申请欣欣产业株式会社破产前财务部长出庭作证，被告申请欣欣产业株式会社会计师内某、前法定代表人安某出庭作证。

1. 原告是否具有诉讼主体资格；

2. 原告提交的证据没有原件，能否作为审理本案的证据；

3. 建青公寓买卖合同是否真实存在及实际履行；

4. 建青公寓买卖合同是否合法有效。

二审（终审）：

1. 原审原告德川相田能否提起本案诉讼；

2. 欣欣产业株式会社与建青房地产公司之间是否存在房屋买卖合同关系。

□ 裁判观点

一审：

1. 财产管理人德川相田律师具有主体资格，可以直接以原告的身份参加诉讼。

2. 德川相田律师是欣欣产业株式会社被日本国法院宣布破产后作为欣欣产业株式会社的财产管理人行使管理权的，其提交的证据均来自于日本国法院在审理欣欣产业株式会社破产财产案件时的相关证据。上述证据虽然没有原件，但均是经过公证认证与原件核对无误。建青房地产公司仅以无原件为抗辩，对其在日本国法院作出的陈述均采取一概不予认可的态度，其行为缺乏诚信。

3. 对于原告财产管理人德川相田律师请求本院确认双方签订的合同合法、有效，要求继续履行的诉讼请求，本院予以支持。

二审：

本院经审理认为，原审判决认定基本事实不清。

1. 撤销北京市高级人民法院（2011）高民初字第×××号民事判决。

2. 发回北京市高级人民法院重审。

一审（发回重审）：

1. 原告系日本国法院指定的欣欣产业株式会社的破产财产管理人，有权以原告的身份向本院提起本案诉讼，不违反我国相关法律规定。被告所提原告主体不适格的主张缺乏依据，本院不予支持。

2. 原告作为被日本国法院宣布破产后的欣欣产业株式会社的财产管理人行使管理权，提交的证据均经过我国法律规定的公证认证，符合我国法律关于证据形式的要求，具有合法性，且主要是来自于日本国法院在审理由本案被告提起申请欣欣产业株式会社破产案件中自行提交的相关证据，被告虽在本案中以该诉讼为虚假诉讼为由，对上述证据均不予认可，但其并未提交其向日本法院提出该诉讼为虚假诉讼主张或日本法院认定该诉讼为虚假诉讼的证据，故本院对被告的该理由不予认可。

3. 在上述申请破产证据中被告对建青公寓买卖合同的存在和履行以及委托租赁的事实进行了清楚完整的表述，确认建青公寓买卖合同签订及履行等相关事实，构成了对买卖合同真实存在和实际履行的自认。

4. 被告与欣欣产业株式会社在平等的基础上签订的合同，内容不违反中华人民共和国的法律，是合法有效的。欣欣产业株式会社通过被告的大股东西海株式会社向被告支付了约定的购房款项，欣欣产业株式会社亦通过西海株式会社收取了租金结算收益，建青公寓买卖合同已实际履行。被告所提建青公寓买卖合同从形式到内容均严重违法的理由，本院不予采信。

二审（终审）：

1. 关于德川相田能否提起本案诉讼

根据一、二审查明的事实，欣欣产业株式会社已被日本相关法院宣告破产，且德川相田为欣欣产业株式会社的破产财产管理人。根据《中华人民共和国涉外民事法律关系适用法》第十四条第一款的规定，法人及其分支机构的民事权利、民事行为能力、组织机构、股东权利义务等事项，适用登记地法律。因此，德川相田作为欣欣产业株式会社的破产财产管理人，其是否有权提起诉讼应当依据日本国法律予以认定。本案中，德川相田已举证证明《日本国破产法》第三十四条第一款规定，破产人在破产程序开始时拥有的所有财产（不论是否在日本国内）均为破产财产；第七十八条第一款规定，作出破产程序开始的决定时，属于破产财产之财产的管理及处分权利专属于法院选任的破产财产管理人；第二款规定，破产财产管理人进行下列行为必须经法院许可：……10. 提起诉讼……；第八十条规定，有关破产财产的诉讼以破产财产管理人为原告或者被告。对于上述日本国的破产法律规定，建青房地产公司并未提交相反证据予以否定，本院对此予以确认。鉴于德川相田提起本案诉讼获得了日本国相关法院的许可，其起诉亦符合《民事诉讼法》第一百一十九条规定的条件，一审法院受理本案并无不当。建青房地产公司有关德川相田不具有原告主体资格的主张没有法律依据，本院不予支持。

2. 关于欣欣产业株式会社与建青房地产公司之间是否存在房屋买卖合同关系

原告向人民法院提起诉讼，应当提供证据证明其诉讼请求所依据的事实。《民事诉讼法》第七十条规定，书证应当提交原件，提交原件确有困难的，可以提交复制品、照片、副本、节录本。《最高人民法院关于民事诉讼证据的若干规定》第十条规定，当事人向人民法院提供证据，应当提供原件或者原物。如需自己保存证据原件、原物或者提供原件、原物确有困难的，可以提供经人民法院核对无异的复制件或者复制品。德川相田向一审法院提供的证明欣欣产业株式会社与建青房地产公司存在买卖合同关系的证据材料如《建青公寓买卖合同》、《备忘录》及《确认书》等均非原件，各自的复制件亦均未经人民法院核对无异。在德川相田无法提供证据原件的情况下，人民法院应当综合本案实际情况进行审查。经审查，《建青公寓买卖合同》所加盖的印章亦非建青房地产公司在中国工商行政管理部门备案的印章，且没有建青房地产公司法定代表人或者其授权人签字。故上述《建青公寓买卖合同》、《备忘录》及《确认书》等均不能作为认定双方之间存在买卖合同关系的证据予以采信。虽然德川相田主张建青房地产公司在日本法院的相关破产案件中所作的陈述，明确承认了其与欣欣产业株式会社之间的买卖合同关系及其履行事实，但仅仅一方当事人在外国法院及他案中所作的陈述不能当然地作为认定本案事实的依据，仍需要有其他相关证据予以佐证。本院二审过程中，建青房地产公司不仅不承认所谓在日本国法院所作的陈述，甚至否认了其向日本法院提起过相关的破产诉讼。另外，德川相田主张本案存在建青房地产公司委托西海株式会社收取购房款、交付房屋以及向欣欣产业株式会社支付租金等履行合同的事实，但该等事实并无证据支持。德川相田既未提供建青房地产公司委托西海株式会社收取购房款的授权委托，又未提供建青房地产公司交付房屋及支付租金的证明。本案中，虽有证据证明欣欣产业株式会社与西海株式会社之间存在资金往来，但均不能证明这些资金往来与建青房地产公司及案涉房屋买卖合同有关。《最高人民法院关于民事诉讼证据的若干规定》第五条第一款规定，

在合同纠纷案件中，主张合同关系成立并生效的一方当事人对合同订立和生效的事实承担举证责任；第二条第二款规定，没有证据或者证据不足以证明当事人事实主张的，由负有举证责任的当事人承担不利后果。德川相田虽主张欣欣产业株式会社与建青房地产公司之间存在房屋买卖合同关系，但其提供的证据材料不足以证明该等事实。此外，欣欣产业株式会社原董事长安某在本院原二审开庭过程中曾明确作证证明欣欣产业株式会社与西海株式会社之间存在资金往来且欣欣产业株式会社与建青房地产公司之间未签订《建青公寓买卖合同》。因此，本院认定德川相田提交的证据不足以认定欣欣产业株式会社与建青房地产公司之间形成了房屋买卖合同关系。对德川相田有关双方之间形成了房屋买卖合同关系的主张，本院不予支持。

□ 裁判结果

一审判决认定事实不清，适用法律不当，依法应予改判。

上诉人建青房地产公司的上诉请求有事实和法律依据，依法应予支持。本院依照《民事诉讼法》第一百七十条第（二）项及《最高人民法院关于民事诉讼证据的若干规定》第二条之规定，判决如下：

一、撤销北京市高级人民法院民事判决。

二、驳回欣欣产业株式会社破产财产管理人德川相田的诉讼请求。

一审案件受理费人民币 1655060 元、保全费 5000 元及二审案件受理费人民币 1655060 元，共计人民币 3315120 元，均由欣欣产业株式会社破产财产管理人德川相田负担。

本判决为终审判决。

□ 律师解读

本案经北京市高级人民法院一审、最高人民法院二审发回重审后，再次历经一审、二审终审的程序，最终驳回原告诉讼请求。案件主体性质和案件事实复杂，且涉及跨国主体和准据法适用方面的问题，在证据收集和法律适用方面都存在难点。本案的焦点在于，原告德川相田提交的《建青公寓买卖合同》的真实性，据此以认定建青房地产公司与欣欣产业株式会社之间是否真实存在房屋买卖关系。

在一审中,被告建青房地产公司的代理律师答辩的重点在《建青公寓买卖合同》上的印章系伪造,因此不存在与欣欣产业株式会社之间的房屋买卖合同关系。一审法院以德川相田提交的建青房地产公司、西海株式会社向日本国法院申请欣欣产业株式会社破产时使用的各项文件的复印件为证据,且由于建青房地产公司无法提供合同原件鉴定印章的真伪,故认为《建青公寓买卖合同》合法有效。

建青房地产公司向最高人民法院上诉。本所律师认为,因本案的背景复杂,虽然存在一些对建青房地产公司的有利证据,但同时也存在由复杂背景产生的对建青房地产公司的不利证据,本案的抗辩不能仅停留在对文件本身的真实性的证明,而应对整个合同签订、履行、购房款的支付等全过程进行深入的调查取证,以证明购房合同虚假不实、双方之间不存在真实的房屋买卖关系。

在二审代理中,本所律师对建青房地产公司与欣欣产业株式会社之间购房款的往来进行了调查取证,查明欣欣产业株式会社所谓的购房款是其与西海株式会社之间的往来款,凭证上的付款用途以及对应的还款记录均能够证明这一事实。另外,我们就对方的证据中存在的矛盾之处,即欣欣产业株式会社与西海株式会社具有投资关系还是购房关系进行了详细论证,证明双方之间曾以投资的方式有过资金往来,但相应的投资款也都已还清,佐证了双方的往来款项均非购房款;且所有的款项均在欣欣产业株式会社与西海株式会社之间往来,建青房地产公司并未收到任何款项。最终找到了关键证人日本欣欣产业株式会社法定代表人安某出庭作证,证明欣欣产业株式会社与建青房地产公司从未签署过购房合同,也不存在购房的事实,双方之间只是往来款的关系,即使出现相关的协议,也是由于日本境内存在非法组织向其追债时制作的虚假材料。基于上述二审的上诉意见和提供的证据,最高人民法院裁定撤销一审判决,发回重审。

在发回北京市高级人民法院重审的过程中,原告申请证人欣欣产业株式会社破产前财务部长出庭作证,证明其对欣欣产业株式会社取得的建青房地产份额在账目上有记载。北京市高级人民法院认为原告提交的证据为被告在申请欣欣产业株式会社破产案件中自行提交的相关证据,是对买卖合同真实存在和实际履行的自认,再次判决《建青公寓买卖合同》合法有效。

在向最高人民法院的二次上诉中,我们针对一审中关于欣欣产业株式会社的账目中是否有关于购买建青公寓的记载,以及欣欣产业株式会社与西海株式会社

之间往来款的实际记账情况为突破点，继续调查取证，在日本调取了欣欣产业株式会社与西海株式会社历年的年检报告资料，通过年检报告资料中的会计科目余额，并结合双方资金往来情况，推论出双方的资金往来均非购房款。另外，就双方的审计报告所附录的资产清单，证明欣欣产业株式会社账目上并不存在购买的建青房地产公司房屋这一事实。在取得上述书证并取得会计验证分析的基础上，更进一步找到了制作欣欣产业株式会社会计报告的会计师事务所与会计师，在日本提取了会计师的证人证言，表明欣欣产业株式会社账目上从未有购买建青房产的记载，相关的往来款应已经相互折抵结清。由于本案的案件事实较复杂，为了让二审法官更加清晰地了解到本案的全部事实，代理律师特别就本案中出现的协议关系，特别是房屋购买合同虚假的所有要素，以及所谓的购房款实为双方资金往来的款项且已折抵完毕的情况制作了思维导图，当庭以思维导图作为蓝本，将本案复杂的背景和事实清晰地在法庭上进行了可视化的展现。配合本案收集的完整证据链，最终获得了本案的胜诉。二审最高人民法院认为，原告提交的证据不足以认定欣欣产业株式会社与建青房地产公司之间形成了房屋买卖合同关系，撤销北京市高级人民法院的一审判决，驳回了原告的诉讼请求。

代理心得

本案是一个极其复杂的、近乎"罗生门事件"的案件，而且案件的许多事实发生在中日两国，与当事人和证人的沟通存在语言和文化的诸多差异和障碍。

原告欣欣产业株式会社所举证据来自日本破产法院留存的所谓西海株式会社和建青房地产公司提交的破产申请资料，当事人解释这些资料的形成是日本境内的不法组织操作以及欣欣产业株式会社与西海株式会社均存在失控的状态下人为制造的，因此上述证据虽然不真实，但却形成了完整的证据链。虽然本案的购房合同在形式上显然不符合中国版式合同，且没有加盖建青房地产公司进行工商备案的公章，而仅有一枚日式印章，但本案的代理不能仅停留于证明购房合同本身的虚假，而需要一方面从对方的证据中找到其中的矛盾和虚假之处，来瓦解欣欣产业株式会社的证据链；另一方面需要代表建青房地产公司寻找我方对相关事实真实情况的合理解释及相应的证据、依据。

本案代理的另一特色为，充分利用了证人来补强证据的真实性、对证据进行合理的解释。此外，本案律师充分运用思维导图的新型技术手段，将法庭的庭审代理以可视化的方式呈现，协助法官逻辑清晰、事实精准地把握本案的全部争议焦点与本案的事实、证据内容，也是本案取得胜利的重要法宝。

高级合伙人介绍

张东律师： 北京大成律师事务所高级合伙人，毕业于中国政法大学，担任北京大成中国区对接全球专业组全球公共政策及监管专业组牵头人、中华全国律师协会宪法和行政法专业委员会秘书长、北京市法学会行政法学研究会理事等。张东律师在行政法律事务、民商事诉讼、仲裁领域执业已有 18 年，熟悉行政机关内外法律事务流程，成功代理多起行政复议、诉讼及相关行政争议纠纷；成功代理众多境内外各类重大、疑难、复杂案件。积累了丰富的诉讼、仲裁代理与谈判、斡旋及调解经验，能够深刻理解客户商业模式特点与核心价值，特别擅长结合案件具体情况，综合运用一切合法手段，制定最为经济、有效的争议解决方案，并通过丰富的代理经验、扎实的法律基本功与特有的案件领悟力实现代理目标，为当事人赢取最大的利益。

联系电话： 18601118220；**电子邮箱：** dong. zhang@dentons. cn

工行星海支行诉科技学院、华远公司等金融借款担保合同纠纷案

● 案件基本信息 ●

案件类型： 民事诉讼

判决时间： 2018 年 3 月 30 日

审理法院： 最高人民法院

案件负责人： 朱忠友，北京大成律师事务所律师

代理律师： 李爱文、贾可，北京大成律师事务所律师

关键词： 金融担保合同纠纷；表见（代理）代表

● 案例正文 ●

□ 当事人信息

上诉人（原审被告）： 华远公司

上诉人（原审被告）： 科技学院

被上诉人（原审原告）： 工行星海支行

原审被告： 大连月光投资集团有限公司

原审被告： 大连神通太阳升房屋开发有限公司

原审被告： 大连月光教育产业投资有限公司

原审被告： 大连神通世纪物业管理有限公司

原审被告： 大连成人置业有限公司

□ 裁判要旨

依据《公司法》第十六条规定，公司法定代表人、实际控制人不享有公司对外担保的决策权。公司实际投资人、大股东以公司财产为其控制的其他公司提供连带保证，属于涉及公司重大利益的财产处分事项，必然会影响公司其他股东利益以及债权人的利益，故《公司法》对公司对外担保的决策机构有限制性规定，法定代表人、实际控制人以及公司大股东均无权自行决定以公司财产对外进行担保。

银行作为专业金融机构，更应尽到必要注意义务。签约人签订保证合同系无权代理，银行未审查保证人营业执照、法定代表人授权书、股东会决议等证明高力有对外担保签约权的文件，缺乏使合同相对人有理由相信签约人有代表权或代理权的权利外观，则不构成表见代理或表见代表。

□ 案情摘要

2014年4月25日，工行星海支行与科技学院签订《固定资产借款合同》，科技学院向工行星海支行借款4亿元，借款期限为6年。2014年4月28日，工行星海支行与华远公司签订《保证合同》，华远公司为科技学院提供连带保证担保。《保证合同》签章页盖有华远公司公章，高力在法定代表人处签字。

2015年11月，工行星海支行将借款人科技学院及包括华远公司在内的担保人诉至辽宁省高级人民法院，以保证人股权结构、生产经营发生重大变化且涉及重大诉讼、资产被法院查封为由，宣布贷款提前到期，要求借款人立即偿还未偿还款项，担保人承担担保责任。

2011年9月6日，股东变更为月光投资集团、刘学熙、邹宝仁；2013年10月22日，股东变更为张达仁、于超越，同日法定代表人由高力变更为王爱国。

在科技学院、高某等一系列民间借贷纠纷案件中，华远公司的股东张达仁、于超越就持有华远公司股权事宜，向法院出具书面情况说明，说明中显示，2013年10月，经投融资各方协议，高力同意以其实际控制的华远公司股权向出借方信德典当提供质押担保，为便于质权的实现，双方决定由第三方代持华远公司股权，并办理质押手续，在上述背景下，张达仁、于超越代持了华远公司的股权，

张达仁、于超越受让华远公司股权未支付对价，也未参与公司经营及各项决策；如果股权质押所担保的债权全部清偿，张达仁、于超越将所代持的股权转让给高力或其指定主体，如股权质押所担保的债权未清偿，张达仁、于超越将配合信德典当实现质权，将股权拍卖、变卖或其他方式处置，以处置所得优先偿还信德典当欠款，如有余款则返还高力。

一审审理过程中，华远公司申请对《保证合同》上公章进行鉴定，经鉴定，结论为合同上公章与样本（工商备案）公章不是同一枚。

二审审理过程中，华远公司股东张达仁出庭作证，证明其于2013年10月22日受信德典当委托，取得华远公司股权，为该公司合法股东，其本人从未与高力或高力持股、实际控制的公司就控制华远公司的经营权达成任何协议或作出任何安排。其不会按照高力的指令作出华远公司经营方面的重大决策或任免该公司董事、监事、高级管理人员及其他主要管理人员。

华远公司于2013年10月法定代表人变更为王爱国后，公司的公章使用需由王爱国在印章、证照使用登记表上签字同意。

□ 争议焦点

华远公司应否承担连带保证责任？

□ 裁判观点

就华远公司是否应承担保证责任的问题，一审及二审法院持相反观点。

一审法院认为：根据华远公司现登记股东张达仁、于超越的书面说明及华远公司工商档案的登记表表明，高力自华远公司设立之日起一直担任该公司法定代表人，直到2013年10月华远公司为融资需要便于质权的实现，才由登记股东张达仁、于超越代持华远公司的股份，并且张达仁、于超越受让股份并未支付对价，也未参与公司经营及各项决策，上述事实表明虽然华远公司变更了股东，但股东变更并非是各方之间股权转让的真实意思表示，股东及法定代表人的变更仅是为了方便实现质权而采取的表面方式，张达仁、于超越在说明中明确如在实现质权后有剩余财产应将剩余财产交付高力，以上表明华远公司的实际控制人、实际权利人仍应为高力。华远公司对于张达仁、于超越的上述陈述均予以认可且无异议，因此华远公司对于其实际控制人为高力应为明知。虽然案涉《保证合同》上加盖的公章与样本上的"华远公司"公章印文不是同一枚印章，但华远公司未否认该《保证合同》上高力的签名，因此高力代表华远公司与工行星海支行签订的《保证合同》系华远公司的真实意思表示，合法有效，华远公司应承担相应的保证责任。鉴于华远公司明知其登记股东张达仁、于超越为代持，高力为实际控制人，并在《保证合同》上签字的情况下，仍申请对印章进行鉴定，产生的鉴定费用应由华远公司承担。一审法院判决华远公司对科技学院所负还款义务承担连带保证责任，承担连带保证责任后有权向科技学院追偿。

二审法院认为：案涉《保证合同》系由高力以华远公司的名义与工行星海支行签订，该合同上加盖的华远公司公章经鉴定与该公司备案印章不一致，但有高力真实签字。上述担保行为应否属于华远公司，应从高力是否有权代表华远公司、工行星海支行签约时是否有理由相信高力有代表权等方面予以分析认定。

第一，高力是否有权代表华远公司。根据一审查明的事实，高力系华远公司原法定代表人、原大股东月光投资集团的控股股东，在 2013 年 10 月 22 日之前，其对华远公司享有实际控制权，有处分权包括另两名原股东刘学熙、邹宝仁持有的华远公司全部股权。自 2013 年 10 月 22 日起，华远公司的股东由月光投资集团、刘学熙、邹宝仁变更为张达仁、于超越，法定代表人由高力变更为王爱国。因此，2014 年 4 月 28 日高力以华远公司名义签订案涉《保证合同》时，其已不是工商登记上记载的法定代表人，对外不具有代表华远公司的身份。但是，鉴于高力此前是华远公司法定代表人，此后仍是实际投资人和公司股权的实际所有人，故不应仅凭工商登记来认定高力有无代表权的问题，还应审查华远公司是否仍由高力实际经营、是否有权决定对外担保。对这一问题的认定，须结合该公司法定代表人和股东变更的原因以及公司的经营情况等方面予以综合分析判断。

华远公司变更法定代表人和股东，系由于高力以华远公司全部股权及其派生权益作为当物向信德典当公司借款，为方便信德典当质权的实现，双方决定由第三方代持华远公司股权，并办理了股权出质登记，在此背景下，华远公司股权由信德典当公司委托的张达仁、于超越代持，法定代表人也由此发生变更。可见，股权代持人和新法定代表人代表的是信德典当公司的利益，该公司通过股权代持、更换法定代表人及股权质押登记对高力处分华远公司股权设置的限制，防止其作出损害信德典当公司债权的行为。但是，债权人对公司实际投资人、大股东处分公司股权的限制，是否必然也限制其对公司经营决策和财产处分，还要结合

股权的性质作进一步分析。股权是一种具有复杂内容的权利，其转让不同于简单的物的买卖，还涉及公司管理、投资、经营等多项权利的转换，公司全部股权的转让，不仅意味着股权归属的变更，也意味着公司经营决策有关的各项权利、义务也随之转移。从本案查明的事实看，股权代持和法定代表人变更后高力已无权自行决定公章的使用，高力或华远公司用章须经现法定代表人王爱国在《公司印章、证照使用登记表》上签字同意。案涉《保证合同》上加盖的华远公司公章与备案印章不一致，且无证据证明该公司同时使用多枚公章的情况，亦印证了高力未经新任法定代表人同意无权使用公司公章的事实。公章是公司对外从事经营活动的身份代表，华远公司对高力使用公章的限制，足以表明高力对公司的经营管理权限已受到限制，亦即高力不得以华远公司名义从事损害公司利益和债权人信德典当公司利益的经营行为。基于以上分析，本案一审判决认定在股权代持后高力仍是华远公司的实际控制人，证据不足，认定不当。

公司实际投资人、大股东以公司财产为其控制的其他公司提供连带保证，属于涉及公司重大利益的财产处分事项，必然会影响公司其他股东利益及债权人的利益，故《公司法》对公司对外提供担保的决策机构有限制性规定，法定代表人、实际控制人以及公司大股东均无权自行决定以公司财产对外提供担保。《公司法》第十六条第一款规定："公司向其他企业投资或者为他人提供担保，依照公司章程的规定，由董事会或股东会、股东大会决议；公司章程对投资或者担保的总额及单项投资或担保的数额有限额规定的，不得超过规定的限额。"第二款规定："公司为公司股东或实际控制人提供担保的，必须经股东会或者股东大会决议。"第三款规定："前款规定的股东或者受前款规定的实际控制人支配的股东，不得参加前款规定事项的表决。该项表决由出席会议的其他股东所持表决权的过半数通过。"依据上述规定，公司法定代表人、实际控制人不享有公司对外担保的决策权，更何况是不具备法定代表人身份、经营管理权受到限制的高力。因此，高力未经华远公司授权以该公司的财产为科技学院的债务提供担保，其行为构成无权代表、无权代理，一审判决认定其行为属于职务行为，认定事实和适用法律有误。

第二，工商银行星海支行是否有理由相信高力有代表权或代理权。《合同法》第四十九条规定："行为人没有代理权、超越代理权或者代理权中止后以被代理人名义订立合同，相对人有理由相信行为人有代理权的，该代理行为有效。"第五十条规定："法人或其他组织的法定代表人、负责人超越权限订立的合同，除相对人知道或应当知道其超越权限的以外，该代表行为有效。"《最高人民法院关于适用〈中华人民共和国担保法〉若干问题的解释》（以下简称《担保法解释》）第十一条规定："法人或者其他组织的法定代表人、负责人超越权限订立的担保合同，除相对人知道或者应当知道其超越权限的以外，该代表行为有效。"以上条文是关于表见代理以及表见代表制度的规定。依据上述规定，高力的无权代表、无权代理行为是否对华远公司发生法律效力，应审查工行星海支行是否有理由相信高力有代表权或代理权。本案中，高力在签订案涉保证合同时未向工行星海支行出具华远公司的企业法人营业执照、法定代表人授权书、华远公司同意担保的股东会决议等证明高力有对外担保签约权的文件，缺乏使合同相对人有理由相信高力有代表权或代理权的权利外观。同时《公司法》第十六条对公司对外担保的决策权和决策机构作出了明确规定，任何接受公司担保的相对人都应尽到谨慎注意义务，工行星海支行作为专业金融机构，更应尽到必要注意义务。案涉保证合同签订时，华远公司的工商登记资料及企业法人营业执照已经进行了变更登记，高力已不是该公司的法定代表人，上述工商登记信息具有公示公信力，工行星海支行能够查询知晓。而且，按照银行贷款担保的通行做法，银行一般应对担保人进行核保。但是，该行在签订案涉保证合同时并未要求高力提供相关证明文件，事后也未进行核保，未尽到审慎注意义务，主观上存在过失。因此，高力以华远公司的名义签订案涉保证合同的行为，不符合表见代表或表见代理的特征。

综合两方面分析，高力以华远公司的名义与工行星海支行签订保证合同的行为不构成职务行为，亦不构成表见代表或表见代理，案涉《保证合同》应认定为无效合同，华远公司对科技学院的借款债务不应承担连带责任。同时，华远公司对保证合同无效不存在过错，而债权人工行星海支行对此存在过错，故华远公司也不应对《保证合同》的无效向工行星海支行承担赔偿责任。一审判决认定华远公司应承担连带保证责任，依据不足，本院依法予以纠正；华远公司的上诉理由成立，本院予以支持。

□ 裁判结果

最高人民法院撤销一审判决中关于华远公司对科技学院所负债务承担连带责任的判项，驳回工行星海支行对华远公司的诉讼请求。

□ 律师解读

一、如何设计更好的路径保护股权质权人的权益

我们知晓，一般债务人将公司股权出质给债权人后，债权人并不能实际控制公司，公司的实际控制权仍然属于债务人或债务人的实际控制人，公司的经营好坏也直接决定着公司股权的价值，如没有有效措施，债务人很有可能通过人格混同、过度控制，减损或转移公司的财产。所以，债权人如何监督债务人不损害公司利益是一个难题。

本案中，案涉公司实际控制人以案涉公司全部股权及其派生权益作为担保物向债权人借款，为便于债权人质权的实现，双方决定由债权人指定的第三方代债务人持有案涉公司股权，并办理了股权变更登记，法定代表人也由第三方召开股东会予以更换，且案涉公司的公章由债权人代为保管，需要用章时，由债务人提出申请。据此，股权代持人和新法定代表人代表的是债权人的利益，债权人通过股权代持、更换法定代表人及股权变更登记，代持公章的方式对实际控制人处分案涉公司股权设置了限制，防止其作出损害债权人债权实现的行为。最高人民法院亦倾向于认定经过上述措施后原实际控制人一般丧失实际控制人地位，认可了上述措施的合法性。

从这里引申一个问题，如果债务人不是案涉公司的实际控制人，那么案涉公司的实际控制人是谁？债权人也不是实际控制人，因上述的措施仅为监督，公司的日常经营仍然由债务人方申请用章，债权人对案涉公司的经营行为受到一定的限制。这里有一个度需要把握，即债权人虽然通过股权、法定代表人及公章从形式上控制了公司，但仅为担保债权所用，其并没有主动经营公司的意思表示，不应属于公司的实际控制人，只有发现债务人经营公司的行为可能损害公司权益时，债权人才以前述控制措施行使否定权，日常案涉公司的经营仍然要通过债务人进行。债权人如果超过了这个度，恐怕存在一定的风险。度如何把握这个问题，应当根据经验判断，一案一断。

二、对《公司法》第十六条的理解统一于公司意思表示的角度

关于公司对外提供担保的决策程序，《公司法》第十六条有明确规定，在早先的司法实践中，法院对该条的理解只基于其属于效力性强制性规定性或管理性强制性规定去判断对外担保的效力。据此认为《公司法》第十六条第一款属于管理性规定，属于公司内部程序问题不能对抗第三人，只要公司真实签署担保合

同，则担保合同有效。第二款、第三款属于效力性强制性规定，违反则担保合同无效。上述论证角度有失偏颇，而应从签订人是否能代表公司真实意思表示的角度论述担保合同的效力问题。从本案最高人民法院的裁判思路看，最高人民法院关注的并非该条款的效力如何，而是从该条背后的法理分析，认为公司对外提供担保属于涉及公司重大利益、必然影响公司及其他股东及债权人利益的财产处分事项，因此"《公司法》对公司对外提供担保的决策机构有限制性规定"。根据最高人民法院的分析，公司有权作出对外担保意思表示的是公司的决策机构（董事会、股东会或股东大会），"法定代表人、实际控制人以及公司大股东均无权自行决定以公司财产对外提供担保"。此时，就无须考虑《公司法》第十六条究竟是效力性强制性规定还是管理性强制性规定，也不需要去争论公司内部章程是否有约束第三人的效力，而是通过有权作出对外担保决策的公司内部机构是否作出对外担保的有效决策来判断代表公司签订担保合同的签约人是否系越权代表/代理。所以，判断原则如下：

第一，除法律、法规或司法解释所规定的特殊情外，公司为他人提供担保，如果公司决策机关未对担保事宜依据《公司法》第十六条的规定出具决议且事后未通过决议的方式对担保事项进行追认，即便担保合同加盖有公司的真实盖章或有法定代表人的真实签字，担保合同对公司不发生效力。

第二，如果债权人已对作为担保人的公司决策机关出具的决议依据《公司法》第十六条的规定进行了形式审查，并尽到必要的注意义务，即便法定代表人/代理人确系超越权限订立担保合同，债权人构成善意，担保合同有效。此时，如作为担保人的公司以其机关决议系法定代表人/代理人伪造或者变造、决议程序违法、签章（名）不实、担保金额超过法定限额等事由抗辩债权人非善意，人民法院一般不予支持。但是，公司有证据证明债权人明知决议系伪造或者变造的除外。

三、借鉴汉德公式，思考相对人是否存在过失

在美利坚合众国政府诉卡罗尔拖轮公司一案中，法官汉德（Learned Hand）提出了著名的汉德公式：B＜PL；B：预防事故的成本；P：事故发生的概率；L：一旦发生所造成的实际损失；PL：事故的预防损失。即谁付出较小的成本能避免损害结果的发生，谁的责任就越大，如果不付出这些成本，就存在过失。

在判断银行是否构成善意（无过失）时，最高人民法院认为，作为专业金融机构的银行应尽到必要的注意义务，银行应当知道《公司法》第十六条第一款的

规定，而本案中银行未审查股东会/董事会决议甚至未审查营业执照，其代理人当庭也承认明知法定代表人进行了更换，所以，银行并未付出一般的注意义务和成本进行核保，明显存在过失，不能证明其有理由信赖高力有权代表案涉公司对外签订担保合同。

代理心得

自 2015 年 12 月接受华远公司的委托代理本案后，本所律师对华远公司股权变更的经过、原因，股权变更前后公司经营权、主管人员的变化、公章的管理、对外签订合同规定以及实操情况进行了全面的调研，在此基础上，判断案涉《保证合同》上公章为虚假公章的可能性，并预先制定出针对申请鉴定产生不同结果后的不同应对方案。基于此，经与委托人协商，代理律师向一审法院提交了公章鉴定申请，经鉴定，结果为案涉《保证合同》上公章与备案公章不是同一枚。鉴定结论作出后，代理律师在一审中提交了案涉《保证合同》签署半年前，保证人已进行工商变更，变更股东及法定代表人的内部决议及对外公示材料，并以高力签订案涉《保证合同》系无权代理，高力以法定代表人身份签订《保证合同》，工行星海支行未经审查义务为由进行答辩，但该答辩未得到一审法院支持。

面对一审法院的判决结论以及一审法院关于"华远公司的实际控制人、实际权利人仍应为高力""高力代表华远公司与工行星海支行签订的《保证合同》系华远公司的真实意思表示，合法有效"的判决理由。代理律师团队重新调整了代理思路，以高力是否为保证人实际控制人、谁有权代表公司作出对外担保的意思表示、工行星海支行是否有理由相信高力有代理权三个角度进行深入地理论研究和全面地判例分析，并对代理思路进行多轮论证，开庭前又对开庭时对方可能提出的抗辩思路、法官可能提出的问题以及我方的应对策略进行反复推演，在二审庭审中，代理律师提交了代持股东的证人证言、代持协议、高力申请使用保证人公章的若干用章申请等材料，用以证明债权人信德典当公司对高力管理公司权利的限制，并以此为基础论证公司对外提供担保决策权的作出主体，工行星海支行未履行勤勉尽职的义务，存在过失，不构成表见代理。庭审中，代理律师更是抓住工行星海支行代理律师关于"签订案涉《保证合同》前即知道高力不是法定代表人"的自认，重点强调了工行星海支行在交易过程中的过失。

诉讼案件的代理就如同持久战一般，靠的是精益求精的专业、百折不挠的毅力、更是对法律公正的信念，代理律师团队正是凭借专业、毅力和信念经过两年半的代理最终反败为胜，取得了本案的最终胜利。

高级合伙人介绍

朱忠友律师：北京大成律师事务所高级合伙人，北京大成（合肥）律师事务所创始合伙人，毕业于吉林大学法学院，获得法律硕士学位。自 1996 年开始执业，执业年限为 23 年。第十届北京市律师协会并购重组与不良资产处置专业委员会秘书长。擅长业务领域：金融类商事争议解决、不良资产处置、公司改制重组与投资并购。朱忠友律师还担任中国对外经济贸易信托有限公司、中国出口信用保险公司、北京农村商业银行、华融资产公司沈阳办事处、长城资产公司深圳办事处、中国石油天然气集团公司、中国石油化工集团公司、首都机场集团资产管理有限公司、北京首都国际机场股份有限公司、中国技术进出口总公司、北京天竺空港经济开发公司、北京金宝房地产开发有限公司、华能天成融资租赁有限公司、锦州市人民政府常年法律顾问。

联系方式：18612595858；**邮箱**：zhongyou. zhu@dentons. cn

淮南市红霞有限公司与地矿国际有限公司、张婷婷民间借贷纠纷案

● 案件基本信息 ●

案例类型： 民事诉讼

判决时间： 2015 年 12 月 5 日（一审）

2016 年 5 月 25 日（二审）

审理法院： 安徽省淮南市中级人民法院

安徽省高级人民法院

代理律师： 张喜东、邱宗亚，北京大成律师事务所律师

关键词： 民间借贷纠纷

● 案例正文 ●

□ 当事人信息

上诉人（原审被告、反诉原告）： 地矿国际有限公司（以下简称地矿国际）

被上诉人（原审原告、反诉被告）： 淮南市红霞有限公司（以下简称红霞公司）

原审被告： 张婷婷

□ 裁判要旨

无论是出借人利用其优势地位将借款中的部分或全部利息从本金预先扣除后，将剩余本金支付给借款人，抑或是出借人将全部本金支付给借款人后，让借款人立即将利息预先支付给出借人，都属于《合同法》第二百条规定的借款利息在本金中预先扣除的情形。根据该条规定，利息在本金中预先扣除的，应当按照实际借款数额返还借款本金并计算利息。

□ 案情摘要

2012 年 1 月 30 日，地矿国际在徽商银行淮南洞山路支行申请开立了一般存款账户，并预留地矿国际财务专用章及法定代表人张婷婷、红霞公司法定代表人张红霞个人印章作为预留印鉴章。

2012 年 2 月 17 日，地矿国际与红霞公司签署合同并于同日经淮南市正诚公证处予以公证。合同主要内容：1. 借款帮助地矿国际收购地矿国际淮南机械有限公司剩余 30% 股权，借款金额 2000 万元，自借款到账之日起算。借款利息见其他约定。期限届满，出借人未书面要求还款，借款人继续按照合同使用借款并支付利息的，视为合同延期。此情况下，出借人有权提前 1 个月要求还款。2. 借款担保：（1）徐州房地产担保，当徐州房地产解封后用以抵押担保。（2）股权担保：收购剩余 30% 股权之前，借款人将其已持有的地矿国际淮南机械有限公司 70% 股权给出借人作为担保。收购地矿国际淮南机械有限公司剩余 30% 股权后，撤销 70% 股权担保，借款人将地矿国际淮南机械有限公司 49% 股权过户给出借人。3. 操作程序：（1）出借人先打款 570 万元到双方共管账户，用于徐州房产解封。（2）上述操作完成后，进入股权收购操作。出借人将 500 万元打入共管账户用于 30% 剩余股权收购的竞拍金。共管账户有关印章由双方共同管理。（3）确认出借人对剩余 30% 股权收购资格后，出借人再打入共管账户 930 万元。（4）地矿国际淮南机械有限公司剩余 30% 股权变更登记后，出借人解除 70% 股权担保，借款人 3 日内将地矿国际淮南机械有限公司 49% 股权过户给出借人。（5）借款人还款后，出借人于 3 日内将 49% 股权变更给借款人。4. 违约责任：出借人不按照合同约定支付借款，须向借款人支付合同约定金额的 30% 违约金。借款人还款后，出借人没有按照约定解封徐州房产抵押和股权抵押担保或其他特别约定事项，则

需要向借款人支付合同约定金额的30%违约金。5. 协议自双方签署且经公证处公证后生效。该合同由双方加盖公章并由地矿国际的代表人高红兵和红霞公司代表人彭劲签字。

2012年2月21日，地矿国际向红霞公司出具借据，载明：今借到红霞公司1100万元整，期限90天，自2012年2月21日到2012年5月20日。每月提前付息，如有违约，则每天承担借款金额0.2%的违约金。请将借款打入共管账户。同日出具收条1份，载明：今收到红霞公司1100万元整。

2012年2月21日，红霞公司分2次向共管账户打入1100万元整。同日，共管账户向红霞公司代表人彭劲个人账户转款105万元。

2012年2月21日，地矿国际向安徽省产权交易中心打入500万元股权竞买保证金。

2012年3月1日，共管账户向地矿国际账户转款200万元。

2012年3月6日，共管账户收到红霞公司打入的350万元。地矿国际出具借据。载明：今借到红霞公司350万元整，期限90天，自2012年3月6日到2012年6月5日。每月提前付息，如有违约，则每天承担借款金额的0.2%的违约金。同日，共管账户向王洪梅（系红霞公司股东）个人账户转款17.5万元。

2012年3月20日，安徽省产权交易中心书面通知地矿国际具备30%股权受让资格。

2012年3月23日，地矿国际与安徽雷洪煤矿有限公司签署股权转让合同，地矿国际以1332万元的价格受让30%股权。地矿国际支付500万元股权转让价款后未支付其他款项，安徽雷洪煤矿有限公司提起诉讼，法院判决地矿国际支付832万元股权转让金、50万元利息、30万元违约金。

2012年4月1日，共管账户向王洪梅个人账户转款135.3万元，向地矿国际账户转款492万元。

2012年4月22日，高红兵向陈文东个人账户转款2笔合计55万元。

2012年5月6日，地矿国际财务人员钟晓文分4笔向彭劲账户打款合计17.5万元。

2012年6月6日，地矿国际财务人员钟晓文分2笔分别向彭劲账户打款17.5万元和55万元。

2012年9月3日，2012年9月7日，2012年10月11日，地矿国际分别向红霞公司还款400万元、2000万元、372万元。

红霞公司合计借款1450万元中，有1100万元的实际出资人为陈传新。

2015年4月27日，红霞公司向法院提起诉讼，要求地矿国际和张婷婷返还借款 478 万元并支付利息 372.48 万元和逾期付款违约金 1405.32 万元。经过开庭审理后，又将诉讼请求变更为：要求地矿国际和张婷婷返还借款 577 万元并支付利息 21 万元和逾期付款违约金 415.44 万元。

案件审理中，地矿国际提起反诉，要求红霞公司支付违约金 600 万元。

□ 争议焦点

一审争议焦点：

1. 本案中的借款人如何认定？即张婷婷是否是借款人？

2. 应当偿还的本金、利息即违约金如何认定？

3. 红霞公司是否构成违约？地矿国际反诉要求红霞公司支付违约金 600 万元的主张是否成立？

二审争议焦点：

1. 涉案欠款数额如何认定？

2. 地矿国际是否违约以及违约责任如何认定？

3. 原审未支持地矿国际的反诉请求是否不当？

□ 裁判观点

一审：

一、关于本案中的借款人如何认定，即张婷婷是否是借款人

一审判决认为，地矿国际与红霞公司签订的借款合同经过公证处公证，合同上所载借款人为地矿国际。红霞公司所有款项均打入地矿国际的账户（共管账户），红霞公司认可的已偿还款项 972 万元也均是地矿国际偿还。虽然，地矿国际出具的借据上有张婷婷个人签字，但是由于张婷婷当时是地矿国际的法定代表人，所以张婷婷的签字应当属于职务行为。红霞公司主张张婷婷属于借款人之一，但未提交证据予以证明。地矿国际和张婷婷关于张婷婷的行为属于职务行为的抗辩成立。本案借款人为地矿国际。

二、应当偿还的本金、利息、违约金如何认定

（一）关于借款本金的认定

红霞公司主张借款本金为其打入共管账户的合计 1450 万元，地矿国际辩称

1450 万元借款中被扣回了 257.8 万元，应从借款本金中扣除。其中，2012 年 2 月 21 日，共管账户向红霞公司代表人彭劲个人账户转款 105 万元。2012 年 3 月 6 日，共管账户向王洪梅（系红霞公司股东）个人账户转款 17.5 万元。2012 年 4 月 1 日，共管账户向王洪梅个人账户转款 135.3 万元。目前共管账户仍有 0.2 万元由于红霞公司不予配合导致无法使用。根据《合同法》第二百条规定，借款的利息不得预先在本金中扣除。利息预先在本金中扣除的，应当按照实际借款数额返还借款并计算利息。因此，2012 年 2 月 21 日共管账户向红霞公司代表人彭劲个人账户转款 105 万元以及 2012 年 3 月 6 日共管账户向王洪梅（系红霞公司股东）个人账户转款 17.5 万元，应从借款本金中扣除。2012 年 4 月 1 日共管账户向王洪梅个人账户转款 135.3 万元，此行为发生在借款后，因此，不应从借款本金中扣除。对于无法使用的 0.2 万元，由于仍然在共管的地矿国际账户中，并未返还给红霞公司，因此，该款不能从借款本金中扣除。综上所述，借款本金认定如下：2012 年 2 月 21 日的借款本金为 1100 万 - 105 万 = 995 万元，2012 年 3 月 6 日的借款本金为 350 万 - 17.5 万 = 332.5 万元。

（二）关于利率标准的认定

红霞公司主张借款合同签署后双方口头约定为月息 5 分，地矿国际主张双方没有就月息标准达成一致。根据本案查明的事实，双方借款合同中约定利息为：见双方其他约定。地矿国际在借据中承诺每月提前付息。张婷婷在公安局问讯笔录中声称欠付红霞公司三四百万元的利息。地矿国际庭审中也承认存在利息。由此可以证实双方约定了利息。至于具体的利息标准，本案中借款的介绍人张新友于 2015 年 9 月 10 日出具的情况说明中明确表示双方借款利息为每月 5 分。本案借款中 1100 万元的实际出资人陈传新在公安机关的问询笔录中也明确表示借款利息为每月 5 分。综上所述，可以认定本案中借款利息标准为每月 5 分。地矿国际关于双方没有就月息标准达成一致的主张不予采纳。

（三）已偿还的款项的认定

2012 年 4 月 1 日共管账户向王洪梅个人账户转款 135.3 万元，应认定为地矿国际向红霞公司偿还的款项。至于属于偿还的本金还是利息以及属于偿还的之前 2 笔借款（即，2012 年 2 月 21 日借款 995 万元和 2012 年 3 月 6 日借款 332.5 万元）中的哪一笔借款？根据《合同法解释（二）》第二十一条规定，"债务人除主债务之外还应当支付利息和费用，当其给付不足以清偿全部债务时，并且当事人没有约定的，人民法院应当按照下列顺序抵充：（一）实现债权的有关费用；

（二）利息；（三）主债务"。该笔款项应当认定为偿还的利息，而且认定为偿还的第一笔借款的利息较为适宜。

2012 年 4 月 22 日，高红兵向陈文东个人账户转款 2 笔合计 55 万元。因为高红兵属于地矿国际签署借款合同的代表人，且银行转款回单上注明了"地矿国际付红霞公司利息"，且转款数额与 1100 万元的月息数额吻合。所以，认定此 55 万元为地矿国际偿还红霞公司第一笔借款的利息。

2012 年 5 月 6 日，地矿国际财务人员钟晓文分 4 笔向彭劲账户打款合计 17.5 万元。由于钟晓文系地矿国际的财务人员，且钟晓文出庭作证证明其是受地矿国际委托向红霞公司偿还借款。彭劲系红霞公司签署借款合同的代表人。且转款数额与 2012 年 3 月 6 日借款 350 万元的月息吻合。因此，认定该笔款项为地矿国际向红霞公司偿还的第二笔借款的利息。

2012 年 6 月 6 日，地矿国际财务人员钟晓文分 2 笔分别向彭劲账户打款 17.5 万元和 55 万元。如上所述，该 2 笔款项认定为地矿国际向红霞公司偿还的借款。至于偿还的借款性质问题，根据《合同法解释（二）》第二十一条规定，应认定为偿还的利息，且认定为偿还 2 笔借款的利息为宜。地矿国际认为该 2 笔款项为偿还本金的主张依据不足，不予采纳。

2012 年 9 月 3 日、9 月 7 日、10 月 11 日，地矿国际分别向红霞公司还款 400 万、2000 万、372 万元。红霞公司基于实际出资人陈传新在公安机关的询问笔录中陈述，在庭审中认可地矿国际偿还 972 万元的借款，因此法院对偿还 972 万元借款的数额予以认定。至于该 972 万元属于偿还的本金还是利息问题，根据陈传新在公安机关的问询笔录中的陈述，其认可地矿国际分 3 笔偿还 972 万元的借款的同时，还认为地矿国际尚欠付红霞公司 478 万元。该数额与红霞公司提起诉讼时的诉请数额一致。尽管红霞公司后来变更了诉请数额为 577 万元，但是其变更行为不能推翻其起诉之前双方均认可偿还了 972 万元借款木金的事实。因此，该972 万元属于偿还的借款本金。

（四）应偿还的借款本金、利息、违约金的认定

根据《最高人民法院关于认真学习贯彻适用〈最高人民法院关于审理民间借贷案件适用法律若干问题的规定〉的通知》中第三条第（三）项规定，"本《规定》施行后，尚未审结的一审、二审、再审案件，适用《规定》施行前的司法解释进行审理，不适用本《规定》"。因此，本案适用该规定适用前的相关司法解释。根据《关于人民法院审理借贷案件的若干意见》第六条规定，民间借贷的利

率可以适当高于银行的利率，各地人民法院可根据本地区的实际情况具体掌握，但最高不得超过银行同类贷款利率的4倍（包含利率本数）。超出此限度的，超出部分的利息不予保护。对于995万元借款的利息，双方约定的月息5分和红霞公司主张的月息3分均超过了上述4倍利率的规定，应依法按照银行同期同类贷款利率计算。地矿国际借款期内偿还利息245.3万元，超出按照前述标准计算出的应偿还利息的部分，用以抵扣本金。至2012年6月6日，第一笔借款剩余本金为8103950元。对于第二笔借款332.5万元借款期内的利息，红霞公司主张的月息2分没有超出银行同类贷款利率的4倍，法院予以确认，利息为19.95万元。地矿国际借款期内偿还利息35万元，超出按照前述标准计算出的应偿还利息的部分，用以抵扣本金。至2012年6月6日，第二笔借款剩余本金为317.45万元。综上所述，至2012年6月6日2笔借款利息均已偿还，尚欠本金11278450元未还。

（五）关于逾期违约金问题

地矿国际出具的借据中载明每天承担借款金额的0.2%的违约金。由于地矿国际到期未偿还借款，构成违约，所以红霞公司要求支付逾期违约金的理由成立。该违约金标准也不得超出银行同期贷款利率的4倍。红霞公司主张按月2%的标准计算逾期违约金，符合法律规定。自2012年6月6日至2015年6月5日逾期违约金合计为8120484元，红霞公司主张逾期违约金合计为4154400元，本院予以支持。

综上所述，至2015年6月6日，地矿国际欠付红霞公司借款本金1558450元，逾期违约金4154400元。

三、红霞公司是否构成违约，地矿国际反诉要求红霞公司支付违约金600万元的主张是否成立

双方借款合同约定，借款担保：1.徐州房地产担保，当徐州房地产解封后用以抵押担保。2.股权担保：收购剩余30%股权之前，借款人将其已持有的地矿国际淮南机械有限公司70%股权给出借人作为担保。操作程序：（1）出借人先打款570万元到双方共管账户，用于徐州房产解封。（2）上述操作完成后，进入股权收购操作。出借人将500万元打入共管账户用于30%剩余股权收购的竞拍金。共管账户有关印章由双方共同管理。（3）确认出借人对剩余30%股权收购资格后，出借人再打入共管账户930万元。根据上述合同约定，地矿国际提供担保在先，红霞公司支付剩余借款在后。本案中，红霞公司先期支付1100万元后，地矿国际

即未解封徐州房产用以抵押担保，也未将其子公司地矿国际淮南机械有限公司的70%股权作为担保。《合同法》第六十七条规定，当事人互负债务，有先后履行顺序，先履行一方未履行的，后履行一方有权拒绝其履行要求。先履行一方履行债务不符合约定的，后履行一方有权拒绝其相应的履行要求。由于地矿国际未按照约定履行其在先义务，所以红霞公司有权主张先履行抗辩权，不再按照合同约定履行支付剩余借款的义务，其行为不构成违约。

二审：

1. 涉案欠款数额如何认定的问题，二审裁判观点同一审。

2. 地矿国际是否违约以及违约责任如何认定的问题。二审判决认为计算逾期违约金应当以地矿国际实际欠款的金额为基数进行计算，按照红霞公司主张的月利率2%标准计算。2012年6月6日至2012年10月10日期间的利息合计为796723.13元。此后的逾期付款违约金，自2012年10月11日起，以1558450为基数按照月利率2%标准计算至实际付清为止。

3. 原审未支持地矿国际的反诉请求是否不当的问题，二审裁判观点同一审。

□ 裁判结果

一审：

1. 被告地矿国际于判决生效后15日内一次性偿还原告红霞公司借款本金1558450元，逾期违约金4154400元，并支付自2015年6月6日至判决确定的给付之日止的逾期违约金（按照月利息2%标准计算）；

2. 驳回原告红霞公司其他诉讼请求；

3. 驳回地矿国际的反诉请求。

二审：

1. 维持淮南市中级人民法院民事判决第2、3项；

2. 变更淮南市中级人民法院民事判决第1项为：地矿国际于判决生效后15日内一次性偿还原告红霞公司借款本金1558450元，逾期违约金796723.13元。此后的逾期付款违约金，自2012年10月11日起，以1558450为基数按照月利率2%标准计算至借款实际付清之日止。

□ 律师解读

通过代理本案，律师对此类民间借贷纠纷案件事实认定及法律适用问题有如下见解：

1. 如何认定实际借款本金数额问题

这是此类民间借贷案件的重要问题，属于案件事实认定问题。出借人往往利用其优势地位将借款中的部分或全部利息从本金中预先扣除，常用方法是，直接从本金中扣除利息后将剩余本金支付给借款人，或者将全部本金支付给借款人后，让借款人立即将利息预先支付给出借人。根据《合同法》第二百条"借款的利息不得预先在本金中扣除。利息预先在本金中扣除的，应当按照实际借款数额返还借款并计算利息"之规定，前述行为所预扣利息的数额都不计入实际借款本金数额。

2. 如何认定还款的性质问题

现实中，借款人偿还借款往往并未明确注明偿还借款的性质是本金还是借款利息，借款合同中又对此没有明确约定。此情况下如何认定偿还的借款的性质，对借贷各方利益影响重大。根据《合同法解释（二）》第二十一条"债务人除主债务之外还应当支付利息和费用，当其给付不足以清偿全部债务时，并且当事人没有约定的，人民法院应当按照下列顺序抵充：（一）实现债权的有关费用；（二）利息；（三）主债务。"之规定，在双方没有约定或约定不明的情况下，所还款项将优先抵充利息。

代理心得

代理律师在案件亮点、代理技巧、心得、体会等方面的经验分享如下：

1. 本案中出借人将借款打入借款人账户后，借款人又将部分借款打入其他个人账户。律师通过调查取证证明了这些个人与出借人之间的关系系股东和前述借款合同的代表人，进而证明借款人实际使用借款的数额应该扣减这些打入其他个人账户的款项。本案的亮点是法院据此也认定了代理律师的主张，从而减少了本案借款本金的数额。

2. 通过本案可知，借款合同应当将利息标准、还款顺序（先还本金还是先还利息）约定清楚。由于未偿还的本金一直在产生利息，因此，一般来讲，约定先还本金对借款人有利，先还利息对出借人有利。当没有约定或约定不明时，对借款人而言，可以在还款时明确注明偿还款项的性质为借款本金，如果出借人没有提出异议，就将有可能最终被法院认定为偿还借款本金。

高级合伙人介绍

张喜东律师：北京大成律师事务所高级合伙人，现担任中华人民共和国自然资源部、海阳市人民政府、中建铁路投资建设集团有限公司、机械科学研究总院集团有限公司等国家机关、企事业单位常年法律顾问。担任中国国际经济贸易仲裁委员会仲裁员、南京仲裁委员会仲裁员、哈尔滨仲裁委员会仲裁员、烟台仲裁委员会仲裁员。主要从事民商事纠纷案件的诉讼、仲裁代理和基础设施（房地产、高速公路、铁路、市政工程）、矿业能源、机械工程、军工、电力、通信等行业领域的企业改制、兼并重组、破产清算、开发建设、招标投标、发包、承包施工、公司经营等非诉讼法律服务。

联系电话：18600346789；**电子邮箱：**xidong. zhang@dentons. cn

刘艳与徐青松等民间借贷纠纷案

● 案件基本信息 ●

案例类型： 民事诉讼

判决时间： 2017 年 2 月 22 日

审理法院： 天津市第二中级人民法院

代理律师： 沈永熙，北京大成律师事务所律师

关键词： 民间借贷

● 案例正文 ●

□ 当事人信息

上诉人（原审被告、反诉原告）： 刘艳

上诉人（原审被告）： 遵化市北方有限公司（以下简称北方公司）

被上诉人（原审原告、反诉被告）： 徐青松

被上诉人（原审被告）： 刘君

□ 裁判要旨

《最高人民法院关于审理民间借贷案件适用法律若干问题的规定》是为正确

审理民间借贷纠纷案件而制定的，其中规定原告仅依据金融机构的转账凭证提起民间借贷诉讼，被告抗辩转账系双方其他债务并提供证据证明其主张，原告仍应就借贷关系的成立承担举证证明责任。此外，人民法院审理民间借贷纠纷案件时，应当严格审查借贷发生的原因、时间、地点、款项来源、交付方式、款项流向以及借贷双方的关系、经济状况等事实，综合判断是否属于虚假民事诉讼。

□ 案情摘要

自 2011 年起，被上诉人徐青松多次向上诉人刘艳、刘君等人借款，截至 2014 年 12 月，徐青松尚欠刘艳借款 360 万元以及 2014 年 4 月 1 日至 12 月 31 日期间的利息。2015 年 12 月 22 日，徐青松虚构事实及证据，将上诉人刘艳、北方公司诉至天津市滨海新区人民法院，后追加刘君为共同被告，要求刘艳向其偿还欠款 972.0305 万元，北方公司与刘君对上述债务承担连带赔偿责任。庭审过程中，刘艳对徐青松提起反诉，要求徐青松偿还刘艳 360 万元借款及 2014 年 4 月 1 日至实际支付之日的利息。2016 年 9 月 22 日，天津市滨海新区人民法院作出一审判决，判决上诉人刘艳给付被上诉人徐青松借款 9833305 元，遵化市北方有限公司对上述债务承担连带责任。刘艳不服，遂提起上诉。

刘艳上诉请求：1. 撤销一审判决，改判驳回被上诉人徐青松的原审诉讼请求，并改判被上诉人徐青松偿还上诉人刘艳欠款 360 万元及其利息或发回重审；2. 一、二审案件受理费由被上诉人承担。事实和理由：1. 除了银行转账记录以外，被上诉人徐青松未提供任何能够证明其借款给上诉人的合法有效证据，相反，上诉人刘艳提供了充足的证据证明是上诉人借款给被上诉人徐青松；2. 双方开具 360 万元欠条的时间是 2014 年 12 月份，双方在同年 9 月、10 月份已没有经济往来了，可见欠条是结算性的，且被上诉人徐青松已自认欠条的真实性。

徐青松辩称，关于 360 万元的问题，徐青松承认是其开具的欠条，但该款已从刘艳的欠款中扣除了，徐青松借给刘艳的钱分两个阶段，第一阶段是从 2010 年到 2014 年 5 月底；第二阶段是刘艳提供担保函后又继续放款，徐青松向刘艳放款除了对账单外还有为刘艳购买实物的证据。不同意上诉人刘艳的上诉请求，请求二审法院驳回上诉，维持原判。

刘君对刘艳的上诉请求不发表意见。

遵化市北方有限公司上诉请求：1. 撤销一审判决第二项，改判上诉人不承担

连带还款责任或发回重审；2. 一、二审案件受理费由刘艳、徐青松按比例负担。

事实和理由：1. 上诉人从未向刘君提供过上诉人公司的营业执照复印件、资质证明、法定代表人孙国瑞的身份证复印件，对于刘君使用上诉人名义对外承揽建筑工程、结算工程款、纳税和开具税票的情况毫不知情，一审判决对此事实认定错误；2. 被上诉人徐青松提供的担保书的印章经鉴定与上诉人的公章不符，该担保行为不是上诉人真实意思表示，刘君的行为与上诉人无关，一审判决认定刘君的行为构成表见代理错误。综上所述，一审判决上诉人承担连带责任事实不清，适用法律错误。

徐青松辩称，刘君作为遵化市北方有限公司的项目经理，有该公司的授权、营业执照、法人代码、纳税证明以及用该公司名义参与招投标的文件，足以使徐青松相信刘君就是该公司的代理人；一审虽然鉴定了担保函的章与遵化市北方有限公司的章有区别，但也符合建筑行业有一号、二号章的惯例，且担保函的章与刘君平时经营以及向政府部门提供材料时的印章一致，徐青松对刘君的信赖是合法合理，应得到法律保护。综上所述，不同意上诉人遵化市北方有限公司的上诉请求，请求二审法院驳回上诉，维持原判。

刘君辩称，同意遵化市北方有限公司的上诉请求。

徐青松向一审法院起诉请求：1. 判令被告刘艳立即偿还欠款1106.0305万元（包括诉讼中增加诉讼请求134万元）。2. 上述欠款由被告遵化市北方有限公司、刘君承担连带担保责任。3. 诉讼费用由三被告承担。

刘艳向一审法院起诉请求：判令反诉被告徐青松偿还反诉原告刘艳360万元借款及2014年4月1日至实际支付之日利息（按年息24%计）93.6万元（包括增加的21.6万元）。

□ 争议焦点

1. 徐青松、刘艳分别主张的借贷关系是否真实存在及责任区分。
2. 遵化市北方有限公司是否应当对刘艳的债务承担连带还款责任。

□ 裁判观点

关于刘艳与徐青松各自主张的借贷事实问题，徐青松主张刘艳偿还借款，为此提供了银行凭证。现刘艳抗辩徐青松的转账系偿还双方之前的借款，且双方之前的债权债务已结清，并主张徐青松欠其款项，提供由徐青松亲笔书写的欠条予以反驳，徐青松亦认可欠条系其亲笔书写。在此情况下，根据《最高人民法院关于审理民间借贷案件适用法律若干问题的规定》第十七条的规定："原告仅依据金融机构的转账凭证提起民间借贷诉讼，被告抗辩转账系偿还双方之前借款或其他债务，被告应当对其主张提供证据证明。被告提供相应证据证明其主张后，原告仍应就借贷关系的成立承担举证证明责任。"据此，徐青松仍应就其对刘艳享有债权的成立承担举证证明责任。本案中，徐青松不能提供其对刘艳享有债权的书面合同或约定，仅提交了盖有北方公司印章的担保书作为其对刘艳享有债权的佐证。徐青松主张该担保书由刘艳向其提供，在场人只有刘艳一人，刘艳对此不予认可。从担保书的内容看，文字内容均为打印体，刻有遵化市北方有限公司字样的印章并未盖在北方公司的署名上，也没有公司法定代表人或书写人或其他现场见证人乃至于刘艳的签名，不能印证该担保书由刘艳或北方公司提供，故担保书的来源不明。且经鉴定，该担保书上北方公司的印章并非该公司在工商行政管理部门备案的公章。现无证据证明北方公司向刘君提供过营业执照、资质证明、法定代表人孙国瑞的身份证复印件的事实，也无证据证明涉案以北方公司名义签订合同的业务往来款实际进入过该公司的账户下。基于以上分析，北方公司抗辩该担保书上加盖的印章为假章，内容不是其真实意思表示，该公司对担保书不知情的理由成立，本院予以采纳。该担保书不具有法律效力，不能作为认定徐青松对刘艳享有债权的证据。徐青松主张对刘艳享有债权的诉讼请求，证据不足，本院不予支持。因徐青松的诉讼请求未予支持，故北方公司亦无须承担连带责任。

一审在徐青松未完成举证责任的情况下，对此所作判决结果不当，本院予以纠正。刘艳主张对徐青松享有 360 万元的债权，提供了徐青松书写的欠条予以证明。根据欠条的法律性质分析，欠条是债务人未按约定期限履行债务以及债权人催要债权受阻的证明。就本案，刘艳与徐青松之间存在互付款项的事实，虽然从金融机构的往来凭证上反映出徐青松向刘艳的汇款数额比刘艳向徐青松汇款的数额多，但依此并不能确认是出借款还是还款，因最终是徐青松向刘艳出具了欠条，说明在出具欠条时，双方之间债权债务关系是明确存在且无争议的，在无证据证明该欠条系受胁迫形成的情形下，该欠条应当发生法律效力。基于此，徐青松应当向刘艳偿还借款 360 万元，并按月息 2% 的标准，向刘艳支付自 2014 年 4 月 1 日起至本判决确定的实际给付之日止的利息。

□ 裁判结果

1. 撤销天津市滨海新区人民法院（2015）滨汉民初字第×××号民事判决；

2. 被上诉人徐青松于本判决生效后 10 日内给付上诉人刘艳欠款 360 万元，并以此为基数按月息 2% 的标准，向上诉人刘艳支付自 2014 年 4 月 1 日起至本判决确定的实际给付之日止的利息；

3. 驳回被上诉人徐青松的原审全部诉讼请求。

□ 律师解读

本案除遗漏当事人等程序错误外，原审还存在认定事实错误、适用法律错误，具体论证如下：

一、原审存在遗漏当事人的情形，严重违反法定程序，依法应当裁定撤销原判决

一审法院在查明事实部分，认定被上诉人徐青松主张其借款给上诉人（实际上是向上诉人偿还本息）的银行打款记录中，有通过案外人徐金锐（徐青松之父）、张喜庆银行卡给上诉人进行转账，因涉及上诉人与前述两案外人之间的债权债务关系，一审法院依法应当追加两案外人为第三人，以查明两案外人与上诉人之间资金往来的性质。如案外人认可其付款是代被上诉人徐青松支付，也需要在庭审过程中明示承认。但是一审法院未进行追加，直接认定两案外人给上诉人打款是徐青松向上诉人出借的款项。如本案判决后两案外人凭上述转款记录向上诉人主张权利，法院依法应当受理，则会对上诉人造成重复追索的法律风险。

二、原审存在认定事实错误、适用法律错误的情形，依法应当改判

（一）除银行转账记录外，徐青松没有提供任何能证明其借款给上诉人的合法有效的证据，未完成其举证证明责任

在原审判决查明事实部分，一审法院仅罗列徐青松提供的、法院调取的与上诉人相关的银行转账记录。根据《最高人民法院关于审理民间借贷案件适用法律若干问题的规定》第二条第一款，"出借人向法院起诉时，应当提供借据、收据、欠条等债权凭证以及其他能够证明借贷法律关系存在的证据"，但是徐青松未能

向法院提供上述证据。

此外，根据上述规定的第十七条，"原告仅依据金融机构的转账凭证提起民间借贷诉讼，被告抗辩转账系偿还双方之前借款或其他债务，被告应当对其主张提供证据证明。被告提供相应证据证明其主张后，原告仍应就借贷关系的成立承担举证证明责任"，上诉人向一审法院提交了徐青松于 2014 年 12 月向其出具的欠条，载明："今欠刘艳现金叁佰陆拾万元整，￥3600000 元，月息三分，2014 年 4 月 1 日—12 月 31 日利息未付。欠款人：徐青松"并加盖手印。出据此欠条时，马翠萍、刘君等作为徐青松的债权人亦在当场，上诉人同时向一审法院申请马翠萍作为证人出庭，证明徐青松书写欠条的真实性。自 2014 年 12 月徐青松向上诉人出具上述欠条之后，上诉人与徐青松均确认双方之间再无任何资金往来，足以认定该欠条具有的清算性质。徐青松在庭审过程中对该欠条的真实性进行了自认，庭审过程中马翠萍出庭作证对此事进行了证实，刘君也在庭审过程中多次证明该事实的存在。根据上述第十七条规定，上诉人充分举证证明转账系徐青松偿还本息，则徐青松仍应就该借贷关系（其作为出借人）的成立承担举证证明责任。

（二）上诉人提供了充足的、合法有效的证据证明是上诉人借款给徐青松，但是一审法院未查明事实，采纳上诉人的证据，也未说明理由

2012 年 1 月 13 日徐青松打款给上诉人的银行凭单中，打款用途明确标为"还借款"。根据徐青松自己的主张和提供的转账记录显示，至 2013 年 1 月 13 日之前，上诉人给徐青松转账的金额共计为 210 万元，徐青松向上诉人转账的金额为 490.2167 万元。在徐青松给上诉人打款的金额大于上诉人向其转款的情况下，其仍然在 2012 年 1 月 13 日的打款记录中标注为"还借款"，唯一的原因在于上诉人作为出借方，徐青松偿还本金及利息，打款金额当然高于出借的本金，而非其自述误操作。但是一审法院对徐青松的这种不合常理的行为没有引起足够的重视，仍然将该 120 万元作为徐青松向上诉人的借款，明显是认定事实错误。

上诉人提供的由徐青松出具的欠条，自出具期 2014 年 12 月后，上诉人与徐青松双方再无资金往来，足以认定该欠条具有的清算性质，再次印证了上诉人作为出借人的事实；否则在上诉人尚欠徐青松债务的情况下，徐青松作为债权人反而向债务人出具欠条，明显不符合常理。更不符合常理的是，徐青松作为债权人，不清楚债权的准确数额，一审上诉状提出总额 2022.2 万元，刘艳"偿还"1430.4 万元，尚欠 519.8 万元；随后诉求增加到 2457.7305 万元，刘艳"偿还"

1114.4 万元，尚欠 1343.3305 万元；上诉后徐青松改变为 2536.4305 万元。这三组数字徐青松是从银行流水上推算出来，而非真实存在的债权。

（三）上诉人提供了书证、证人证言等证据，足以认定事实，但原判决均未采纳，而是采用了大量的推论，但该推论于情于理于法都是不能成立的

如前所述，一审法院对上诉人提交的欠条和马翠萍的证言这些关键证据均未进行审理，而是依据大量的推论得出"上诉人向徐青松借款"。一审法院依据的推论主要有：1. 双方提供的银行流水显示徐青松向上诉人打款在先；2. 徐青松向上诉人打款的数额高于上诉人向徐青松打款的数额；3. 徐青松自述自己开办工厂，资金来源充足，具备向他人出借款项的能力。上诉人认为一审法院的上述推论无论是依据常识还是依据法律均不能成立。首先，借款的交付形式不仅限于银行转账，也可以有现金交付等其他形式，故不能依据首笔银行转账日期的先后区分借款人和贷款人（实际上，2011 年 1 月 2 日刘艳于 622×××××××××××716 卡上取现 52 万元，其中 20 万元于次日借给徐青松使用）。其次，徐青松作为债务人，其向上诉人偿还的数额中包含本金和利息，当然会高于上诉人向其出借的本金。按照一审法院的认定方法，谁给对方打款钱多谁就是出借人，那所有向银行贷款的人向银行偿还的钱当然要高于银行出借的钱，那么向银行贷款的人岂不都成了银行的债权人？这显然是非常荒谬的。最后，徐青松主张其资金充足，具备出借基础，但是没有提供任何证据证明，也仅仅是口头陈述，而且上诉人提交的证据材料中有刘君、马翠萍、李佳鑫、刘金水等多人起诉其还款的相关法律文书，可见徐青松大量拖欠他人借款，并因无力偿还而被起诉，其自述的资产状况明显不实，不可能具备向上诉人出借如此高额款项的能力；徐青松同期给众债权人出具的欠条，已经被刘君起诉，一审败诉后徐青松并未提出上诉，此案已进入执行程序。

根据《民事诉讼法》第七十五条第一款，"人民法院对当事人的陈述，应当结合本案的其他证据，审查确定能否作为认定事实的根据"。本案中，除了银行转账记录以外，徐青松没有提供任何合法有效证据，根据法律规定，原告对其主张不能提供充分证据支持的应该驳回其诉讼请求。更何况上诉人提供的欠条和标注为"还借款"的银行记录是本案仅有的能证明真实借款关系的书证，加上马翠萍的证言以及刘君的当庭陈述（实际上刘君本可以作为证人出庭作证，但是徐青松在一审诉讼过程中凭空追加刘君为被告，其意图就是通过此种方式使刘君无法作为证人出庭作证），其证明力要远远高于徐青松的口头陈述；但是一审法院均

未采纳上诉人的证据，也没有说明不予采纳的理由，对于诸多反常之处徐青松仅是口头说明便获得法院的支持，明显是认定事实错误，适用法律错误。

此外，一审法院认定上诉人向徐青松借款的另一证据是北方公司出具的《担保书》。但本案的事实是徐青松向刘艳借款，故徐青松出示的北方公司《担保书》所称的事实根本不存在，是徐青松伪造的，一审过程中无论是上诉人、刘君还是北方公司等均表示根本没有见过该《担保书》。《担保书》上北方公司的公章盖在纸张页面最右下方处，未压住任何文字，明显不合常理。且经鉴定该印鉴并非北方公司的真实公章加盖形成，刘君本人也否认该《担保书》的真实性，在此情形下，一审法院仅凭徐青松单方面叙述就认定《担保书》真实有效并据以认定刘艳向徐青松借款，认定事实明显错误。

代理心得

本案系自然人间的民间借贷纠纷，由于当事人间原本是熟识多年的朋友，初始发生的借贷行为时间久远，双方既未留下借据，也未出具收条；出借及还款行为既有现金交付也有银行转账甚至还有委托他人代收代付的现象，银行转账记录还交杂着借贷关系之外的人际交往费用（如徐青松父亲过寿，刘艳随的"份子钱"等）。除双方银行转账记录外，发生纠纷后双方都无法提出有力的书证，证明出借人身份。时下熟人纠纷中，本案具有一定的典型性和普遍性。

民间借贷出于自愿，借贷双方较为熟悉，信用程度较高，对社会游资有较大吸引力，可吸收大量社会闲置资金，充分发挥资金之效用。且其利率杠杆灵敏度高，随行就市，灵活浮动，资金滞留现象少，借贷手续简便，减去了诸多中间环节，提高了资金使用率，这在目前我国资金短缺情况下，无疑是一种有效集资途径。民间借贷在利用其特点发挥积极作用的同时，也伴有消极因素出现。在实践中，首先，由于法律的不明确、体制的不完善及认识的不统一，致使一些地方的民间借贷处于非法状态或放任失控状态，这无疑为一些不法分子乘机进行金融诈骗活动提供了方便；其次，民间借贷虽具灵活方便特点，但带有盲目性，风险系数极大，往往投资风险事业受危害，立即在借贷双方间产生连锁反应，造成社会不安定因素；最后，借贷手续过于简便，尤其是熟人间借贷，对于资信状况、财产担保均不予考虑，更有甚者对于出借金额、出借时间、占用利息都不采用书面

的事前约定，每每纠纷发生无法解决。凡此种种，都需要我们从立法上加以研究解决。

民间借贷不仅是一种经济现象，同时又是一种法律现象，具有以下几个主要法律特征：

1. 民间借贷是一种民事法律行为。借贷双方通过签订书面借贷协议或达成口头协议形成特定的债权债务关系，从而产生相应的权利和义务。债权债务关系是我国民事法律关系的重要组成部分，这种关系一旦形成便受法律的保护。

2. 民间借贷是出借人和借款人的合约行为。借贷双方是否形成借贷关系以及借贷数额、借贷标的、借贷期限等取决于借贷双方的书面或口头协议。只要协议内容合法，都是允许的，受到法律的保护。

3. 民间借贷关系成立的前提是借贷物的实际支付。借贷双方间是否形成借贷关系，除对借款标的、数额、偿还期限等内容意思表示一致外，还要求出借人将货币或其他有价证券交付给借款人，这样借贷关系才算正式成立。

4. 民间借贷的标的物必须是属于出借人个人所有或拥有支配权的财产。不属于出借人或出借人没有支配权的财产形成的借贷关系无效，不受法律的保护。

5. 民间借贷可以有偿，也可以无偿，是否有偿由借贷双方约定。只有事先在书面或口头协议中约定有偿的，出借人才能要求借款人在还本时支付利息。

回归本案，由于借贷双方未签订书面借贷协议，仅达成口头合意，发生纠纷后面对巨额、海量转款记录，法院难以认定借贷关系的真实性以及确认出借人和借款人的身份，仅能凭借大量的辅助证据以及法官的生活经验进行推断。

本案中代理律师在整理海量银行转账记录后，跳出与对方当事人纠缠对账的思维窠臼，因为双方在经济往来过程中均未记账，均未形成有效的书面凭证；而是逐步引导法院，适时整理审判思路，将一审法院审判时认定的简单进项出项的差价比较的审判逻辑引入双方主张的借贷关系是否真实存在，以及通过经济往来中留下的痕迹来推测实际出借人及借款人的真实身份。

由于徐青松在其中一笔银行转账中留言"还借款"以及在资金断裂后形成书面欠条，对于本案事实主张均有证明作用，在代理律师抽丝剥茧向法院还原借贷事实后，方能扭转颓局，在保护实际债权人的财产权同时，维护司法公正性。

高级合伙人介绍

沈永熙律师：北京大成律师事务所高级合伙人，自 1993 年获得中国政法大学硕士学位后，至今已经从事法律工作长达 25 年。主要执业领域包括：各类商事合同纠纷、金融纠纷、公司与证券纠纷、投资类纠纷、能源类纠纷、房地产开发经营、建筑工程、不动产、物权、侵权行为纠纷及行政诉讼纠纷等。曾在亚太地区代理多个重大涉外商事案件，曾担任中国外交学院兼职教授，北京律师协会风险投资与私募股权法律专业委员会秘书长。现担任北京市朝阳区律师协会国际业务研究会副主任一职。

联系电话：13910501972；**电子邮箱：**yongxi. shen@dentons. cn

刘贵平不服"重复诉讼"驳回
起诉裁定申请再审案
——重复诉讼的界别与排除

● 案件基本信息 ●

案例类型：民事诉讼

裁定时间：2019 年 6 月 26 日（提审裁定）

2019 年 12 月 12 日（指令审理裁定）

审理法院：最高人民法院（第六巡回法庭）

代理律师：师安宁，北京大成律师事务所律师

关键词：民间借贷；重复诉讼；界别与排除；未登记抵押责任

● 案 例 正 文 ●

□ 当事人信息

再审申请人（一审原告；二审上诉人）：刘贵平

被申请人（一审被告；二审被上诉人）：陕西辰宫房地产开发有限责任公司

（以下简称辰宫公司）

□ 裁判要旨

执行申请人因无法在执行程序中追加相关责任主体的，可依据与执行依据具有不同责任法律关系为基础，另行提起诉讼向原审之外的责任主体主张权利。债权人虽因追索同一笔债权，但后诉与前诉中所依据的责任基础、法律关系、诉讼标的与责任主体不同的，不属于重复诉讼。

受案法院以后诉与前诉的"借款金额相同"而作出二者系"诉讼标的相同"的认定结论，系对"诉讼标的"的错误认知，法院不得据此依据《民事诉讼法解释》第二百四十七条之规定驳回债权人的起诉，否则即属于适用法律错误。债权人的申请符合《中华人民共和国民事诉讼法》第二百条第（六）项规定的情形，应当依法予以提审。

□ 案情摘要

债权人刘贵平以"民间借贷纠纷"案由向陕西省榆林市中级人民法院（以下简称榆林中院）提起民事诉讼，诉请马万彪及辰宫公司共同承担下列法律责任：

1. 共同清偿原告借贷本息合计 1.38 亿元（含本金 9006 万元；利息截至 2014 年 4 月 23 日前）；

2. 清偿自 2014 年 4 月 24 日起至执行兑付之日止的借贷利息，以 9006 万元为本金基数，以月利率 2 分计息。

刘贵平同时请求判令两被告互负连带责任。

刘贵平涉诉的主要事实与理由：

被告马万彪自 2009 年 2 月 12 日起至涉诉时一直担任案外人陕西领汇实业集团有限公司法定代表人职务。陕西领汇实业集团公司自 2009 年 2 月 22 日起曾 100% 控股被告辰宫公司。在此期间，马万彪自 2009 年 2 月 22 日起至 2012 年 10 月 8 日止曾同时担任辰宫公司董事长和法定代表人一职。马万彪在担任辰宫公司法定代表人期间，为了辰宫公司的有关项目开发而向刘贵平融资借贷。2011 年 11 月 5 日，马万彪向刘贵平出具《借条》，约定：（1）马万彪向刘贵平借款人民币 1 亿元；（2）借款期限为 12 个月，截至 2012 年 11 月 5 日；（3）每 3 个月支付一次利息，双方口头约定并实际按照月利率 2.8 分计息（刘贵平诉状中请求以月利率

为2分）结算。

《借条》同时约定，以领汇集团公司旗下之子公司辰宫公司的三个开发项目作为该笔借款的抵押，但未办理抵押登记。

马万彪出具1亿元借条后，双方实际履行的借贷本金为人民币9006万元。经刘贵平向陕西省高级人民法院涉诉领汇集团公司及马万彪后，双方在陕西高院主持下达成调解协议，确定截至2014年4月23日的本息合计为1.38亿元。2014年4月24日之后的利息未结算。

刘贵平起诉认为，根据马万彪担任辰宫公司法定代表人期间签署的2008至2011连续四个年度的《公司年检报告书》证实：马万彪以其自然人名义为被告陕西辰宫公司进行项目融资时，其身份为该公司法定代表人。因此，根据公司法第二十条的规定，公司不得滥用公司法人地位而逃避债务，故只要辰宫公司这一法人主体存续，则无论其股东及此后的法定代表人如何变更，均应当对马万彪担任其法定代表人期间的职务行为承担法律责任。

刘贵平提出诉请的请求权基础是《最高人民法院关于审理民间借贷案件适用法律若干问题的规定》第二十三条第二款关于"企业法定代表人或负责人以个人名义与出借人签订民间借贷合同，所借款项用于企业生产经营，出借人请求企业与个人共同承担责任的，人民法院应予支持"的规定。

诉讼中，刘贵平调整诉讼请求，要求辰宫公司对马万彪借款不能清偿部分承担连带清偿责任。同时，刘贵平增加诉讼请求，要求辰宫公司在其抵押物领汇双河湾项目、领汇乐城项目及秦唐国际项目资产价值范围内承担连带清偿责任。刘贵平认为，该部分项目资产虽然未办理抵押登记，但由于辰宫公司法定代表人马万彪在向刘贵平借款时公开表明的资金用途及流向是为了给辰宫公司的该三个项目融资，且有证人梅某出庭作证予以印证。

庭审中，马万彪亦认可其所借款项全部用于辰宫公司等有关房地产开发项目。

榆林中院两次开庭审理本案，并对刘贵平调整后的诉讼请求和增加的诉讼请求进行了实体审理。

2018年7月5日，刘贵平向榆林中院递交了关于撤回对马万彪起诉的申请，获得榆林中院准许。

□ 争议焦点

一审：

针对刘贵平的起诉及增加的诉讼请求，辰宫公司认为，本案与原陕西省高院调解处理刘贵平与马万彪之间民间借贷案的标的相同，刘贵平再次涉诉本案构成重复诉讼。本案中，辰宫公司的三个项目并未办理抵押登记，故辰宫公司不应当承担抵押连带清偿责任。

□ 裁判观点

一审：

榆林中院经审查认为，本案所涉借款，原告刘贵平已于 2013 年向陕西省高级人民法院（以下简称陕西高院）提起诉讼，请求马万彪偿还借款、陕西领汇实业集团有限公司承担连带清偿责任。陕西高院于 2014 年 4 月 23 日作出（2013）陕民一初字第 00016 号民事调解书。调解书载明：被告马万彪向原告刘贵平偿还借款本息总计 1.38 亿元，各方之间就本案再无任何争议。现原告刘贵平以同一法律事实、同一诉讼标的再次提起诉讼构成重复起诉，违反了一事不再理的诉讼原则，故应当驳回起诉。

二审：

刘贵平针对榆林中院 151 号民事裁定向陕西高院提出两项上诉请求：（一）撤销本案一审裁定；（二）指令榆林市中级人民法院继续审理本案。

刘贵平认为，一审裁定对本案应系新的独立之诉这一诉讼性质不予认定，显然错误。一审裁定的根本错误在于，其将因同一笔借款事实所引发的不同责任性质的诉讼，都直接视为同一个"诉讼标的"。因此，一审裁定对前后诉中的诉讼主体、法律关系、责任分配和请求权基础不加区分来认定"诉讼标的"的处理方式显然是错误的。

刘贵平对一审法院有关程序问题的处置及对其诉讼意见作了明确：

1. 对一审法院准许刘贵平撤回对马万彪的起诉以及对一审法院不予追加陕西领汇公司为被告的处理表示认可。

2. 上诉审中，刘贵平将仅仅专门针对是否有权起诉辰宫公司主张权利；同时对辰宫公司是否应当承担还款责任及抵押实体清偿责任等行使后续诉讼权利。

陕西高院以"听证"方式审理了本案。

辰宫公司继续以"重复诉讼"和应当维持一审裁定为由进行抗辩。

二审法院认为，本案原审原告刘贵平起诉的直接证据是 2011 年 11 月 5 日马万彪出具的《借条》以及借条上的《承诺担保说明》，从该《借条》及《承诺担保说明》审查，本案的借款人是马万彪，出借人是刘贵平，马万彪以其在领汇公司的股份及领汇公司在西安的领汇双河湾、领汇乐城、领汇秦唐国际三个项目的股份和资产作为担保，担保人是领汇公司。该借款担保关系中，未涉及辰宫公司，辰宫公司与刘贵平未形成借款担保抵押关系。从刘贵平向陕西高院起诉的其与马万彪、领汇公司民间借贷纠纷一案审查，本案的诉讼标的额及基础事实与陕西高院调解案件的诉讼标的额同一和基础事实一致。刘贵平上诉认为，辰宫公司委托其法定代表人马万彪向外借款，但无委托借款法律事实；刘贵平上诉认为，9006 万元借款用于辰宫公司，但在前案诉讼中，借款人马万彪认为 9006 万元借款是"拆东墙补西墙"，并未提交充分证据证明其主张；刘贵平上诉认为，辰宫公司是涉案借款担保的财产抵押人，辰宫公司应承担未履行抵押登记的法律后果，但借款担保合同中并无辰宫公司一方参与签订。综上，原审认定刘贵平的起诉构成了重复起诉，且辰宫公司与涉案借款并无抵押担保关系，原审裁定驳回刘贵平的起诉，并无不当。

再审：

再审申请人刘贵平因与被申请人辰宫公司民间借贷纠纷一案，不服陕西省高级人民法院（2018）陕民终 96 号民事裁定，以《民事诉讼法》第二百条第（六）项"原判决、裁定适用法律确有错误的"之法定再审事由，向最高人民法院申请再审。最高人民法院（第六巡回法庭）依法组成合议庭进行了审查，现已审查终结。

最高人民法院认为，刘贵平的再审申请符合《中华人民共和国民事诉讼法》第二百条第（六）项规定的情形。依照《中华人民共和国民事诉讼法》第二百零四条，《最高人民法院关于适用〈中华人民共和国民事诉讼法〉的解释》第三百九十五条第一款规定，裁定如下：

本案由本院提审。

最高人民法院提审本案后，以（2019）最高法民再 289 号案立案审理了本案。

最高人民法院再审认为，根据《最高人民法院关于适用〈中华人民共和国民事诉讼法〉的解释》第二百四十七条的规定，重复起诉应同时满足三项条件：第一，后诉与前诉的当事人相同；第二，后诉与前诉的诉讼标的相同；第三，后诉与前诉的诉讼请求相同或者后诉的诉讼请求实质上否定前诉裁判结果。

刘贵平提起本案和（2013）陕民一初字第0006号案件诉讼，虽然都基于马万彪向其借款这一事实，但本案刘贵平请求辰官公司承担还款责任的法律依据是《最高人民法院关于审理民间借贷案件适用法律若干问题的规定》第二十三条第二款"企业法定代表人或负责人以个人名义与出借人签订民间借贷合同，所借款项用于企业生产经营，出借人请求企业与个人共同承担责任的，人民法院应予支持"。主张的事实是马万彪借款用于辰官公司的项目开发，辰官公司是案涉借款的实际使用人。故本案和（2013）陕民一初字第00016号案件的当事人、诉讼请求和请求权基础均不相同。本案刘贵平的诉讼请求对该案的裁判结果亦不具有否定效果，而是在该案确定的债权金额基础上，要求辰官公司承担清偿责任。至于借款发生时马万彪是否担任辰官公司法定代表人、马万彪是否以法定代表人身份代表辰官公司借款、所借款项是否用于辰官公司生产经营等问题，应通过实体审理进行认定，进而判决支持或驳回刘贵平的诉讼请求。原审法院直接以重复诉讼为由驳回刘贵平起诉，适用法律错误。

□ 裁判结果

一审：

依照《中华人民共和国民事诉讼法》第一百二四条第（五）项、第一百五十四条第一款第（三）项、《最高人民法院关于适用〈中华人民共和国民事诉讼法〉的解释》第百零八条第三款规定，作出（2017）陕08初151号民事裁定：

驳回刘贵平的起诉。

二审：

2018年12月20日，陕西高院作出（2018）陕民终986号民事裁定书：

驳回上诉，维持原裁定。

再审：

2019年12月12日，最高法院对本案作出最终审理结论，裁定如下：

一、撤销陕西省高级人民法院（2018）陕民终986号民事裁定及陕西省榆林市中级人民法院（2017）陕08民初151号民事裁定；

二、指令陕西省榆林市中级人民法院对本案进行审理。

□ 律师解读

笔者认为，在刘贵平与辰宫公司民间借贷纠纷一案中，陕西高院第 986 号民事裁定存在《民事诉讼法》第二百条第（二）项规定的"原判决、裁定认定的基本事实缺乏证据证明的"和第（六）项规定的"原判决、裁定适用法律确有错误的"两项法定再审事由。

一、陕西高院 986 号裁定以审查认定实体权利义务的方式来排除债权人之诉权是错误的

错误之一：986 号裁定认定："本案借款担保关系中，未涉及辰宫公司，辰宫公司与刘贵平未形成借款担保抵押法律关系"。很显然，上述认定内容属于实体事项。

但是，本案争议的是债权人涉诉是否构成"重复诉讼"？即刘贵平是否在程序上有权利起诉辰宫公司，至于辰宫公司是否应当承担实际抵押人所应当承担的法律责任等实体责任事项，应当在解决了刘贵平的诉权争议问题后，由实体审理结论去认定。加之，刘贵平在陕西高院的上诉程序中，并没有提出认定双方之间存在抵押担保法律关系的实体性上诉请求，刘贵平的上诉请求是要求撤销一审裁定，指令榆林中院继续审理本案。

因此，陕西高院 986 号民事裁定直接作出双方之间不存在"借款担保抵押法律关系"的认定结论是违反程序法的，等同于以实体请求权是否成立来排除债权人的诉权。

错误之二：刘贵平关于辰宫公司系实际抵押人的诉讼主张本身即与辰宫公司之间构成独立的诉讼标的和诉讼利益，无论该诉讼主张是否成立，均不能排除债权人的诉权。986 号裁定对此不予认定显然是错误的。

事实上，本案中债权人主张的不是抵押优先受偿权，而是主张在未办理抵押登记时，在不可归责于抵押权人的情形下，实际抵押人辰宫公司是否应当在抵押物价值范围内承担连带清偿责任？

而且，抵押虽然未办理物权登记，但根据《物权法》第十五条的规定及《合同法》的相关规定，本案抵押合同本身应当是有效的。那么，在有效合同情形下，辰宫公司是否应当承担责任或是应当承担何种责任均使得双方之间产生了独立的诉讼标的和诉争利益。

二、从形式要件判定，本案诉讼不构成"重复诉讼"

笔者认为，本案符合《民事诉讼法解释》第三百九十条（一）项之规定，属于"适用的法律与案件性质明显不符的"的法定再审事由。理由如下：

（一）986 号裁定不符合《民事诉讼法解释》第二百四十七条规定的关于构成"重复诉讼"的三项应"同时成立"的判定条件

根据最高人民法院的规定，当事人就已经提起诉讼的事项在诉讼过程中或者裁判生效后再次起诉，同时符合下列条件的，构成重复起诉：1. 后诉与前诉的当事人相同；2. 后诉与前诉的诉讼标的相同；3. 后诉与前诉的诉讼请求相同，或者后诉的诉讼请求实质上否定前诉裁判结果。

笔者认为，本案不符合上述关于重复诉讼的构成形式要件：

（1）在当事人构成方面

本案与陕西高院曾经调解处理的前案当事人完全不同。本案被诉责任主体仅有辰宫公司一家，不包括前案马万彪和陕西领汇公司两主体。相反，辰宫公司并未被刘贵平在任何诉讼程序中涉诉过，因此刘贵平涉诉辰宫公司不符合第一种认定条件中"主体相同"的情形。

一审裁定没有考量到刘贵平撤回对马万彪起诉的程序价值。在本案作出宣判前，刘贵平对马万彪的起诉已经被撤回，故从形式上而言，本案唯一的被告是辰宫公司。因此，刘贵平撤回对马万彪的起诉，实际上从程序上完全否定了辰宫公司所持"重复诉讼"抗辩意见成立的可能。

（2）在诉讼标的方面

本案与陕西高院曾经调解结案的"诉讼标的"及诉讼请求存在本质不同，986 号裁定以"标的额"替代"诉讼标的"的内涵，是完全错误的。"诉讼标的"是指当事人之间发生争议并请求人民法院裁判的权利义务关系。在给付之诉中，对"诉讼标的"中涉及的权利义务关系的判定必然包括诉讼主体、法律关系、责任分配及具体的给付金额等四项内容。本案虽然在请求的清偿数额方面与16 号民事调解书确认的 1.38 亿元相同，但本案的诉讼标的与前案存在明显不同。

（3）在法律关系方面

前案是刘贵平与马万彪之间直接形成的以"借条"为载体的"借款合同法律关系"；本案是审查因马万彪作为辰宫公司的法定代表人而代表辰宫公司所实施的"委托借款法律关系"是否成立，以及辰宫公司是否为"实际抵押人"的审查认定问题。

（4）在责任分配方面

前案是要求马万彪承担全部清偿责任；本案是在马万彪调解案的执行过程中，发现另有辰宫公司应当作为责任主体，但刘贵平在执行程序中申请直接追加辰宫公司为被执行人的请求被执行法院驳回后，根据西安市中级人民法院的告知笔录而另行涉诉要求该公司承担对其原法定代表人马万彪不能清偿部分承担连带清偿责任。因此，两案的责任分配显然不同。

同时，本案要求辰宫公司作为实际抵押人，在未办理抵押登记的情形下，应当按照物权法的有关规定，承担"登记履行过失"性质的清偿责任。刘贵平的该项诉讼请求既有物权法为依据，又有最高人民法院的判例作为基础。因此，关于本案的责任分配方面显然亦与前案不同。

（二）本案的请求权基础与前案的请求权基础完全不同

刘贵平在陕西高院时的诉讼请求是要求马万彪以自然人身份承担清偿责任，其请求权基础是《合同法》第二百零六条和第二百一十条等。

本案中，刘贵平是要求辰宫公司对马万彪基于法定代表人的行为所产生的直接代表后果而承担主债务人性质的清偿责任。其请求权基础是《合同法》第四百零二条、《公司法》二十条和《民法通则》第四十三条关于"企业法人对它的法定代表人和其他工作人员的经营活动，承担民事责任"的规定。同时，刘贵平在起诉状中援引的请求权基础还包括《最高人民法院关于审理民间借贷案件适用法律若干问题的规定》第二十三条第二款的授权性规定。

刘贵平要求辰宫公司以实际抵押人的身份承担抵押担保性质的连带清偿责任，其请求权基础是《物权法》第十五条和第一百九十九条。

显然，债权人在本案与前案中虽然都是为了追回自己的同一笔借款本息，但其所针对辰宫公司的诉讼请求与在陕西高院审理的针对马万彪和陕西领汇公司的诉讼请求完全不同，二者的责任性质和责任基础也不相同。

因此，榆林中院与陕西高院将本案诉讼标的和前案诉讼请求作了"同质化"的认定，显然是错误的。

（三）本案中的诉讼请求不会实质性"否定"前诉的裁判结果

相反，债权人涉诉本案是为了对前诉的裁判结果得以更好地执行而基于新的法律事实所提起的新的诉讼。根据《民事诉讼法解释》第二百四十八条规定："裁判发生法律效力后，发生新的事实，当事人再次提起诉讼的，人民法院应当依法受理。"由于刘贵平在本案中针对辰宫公司的诉讼请求是"对马万彪不能清偿的部分承担连带清偿责任"，这就意味着，本案的裁判结果根本不会与前诉调解书的执行发生任何抵触关系。也即，刘贵平在本案判决生效后所依赖的执行依据与此前的调解法律文书不会有任何冲突问题，根本不会发生多重执行或前后诉之间的执行依据冲突的问题。

三、公司法人应当对其法定代表人所作的为该公司利益的融资用途之意思表示承担直接法律责任

笔者认为，关于公司法定代表人与法人责任之间，不能将公司法定代表人为了公司项目利益所实施的融资行为与公司本身的责任分裂开来；马万彪的对外融资行为就是辰宫公司的借款行为，该公司对此应当承担法定用资人的还款责任。

根据《合同法》的相关规定，债权人有权向受代表的公司法人主张权利。

1. 法定代表人以个人名义实施的行为，如果在授权范围内，只要符合我国《合同法》第402条的规定和《合同法》第50条规定，则除非相对人知道或者应当知道法定代表人超越权限的以外，该代表行为有效。另外，法人内部可能通过章程或决议限制法定代表人的签约权。但当法定代表人的签约行为超越内部投权时，司法权应当考虑到维护交易安全。一般认为，此内部授权不能对抗善意相对人。

2. 根据《合同法》第402条规定，即便法定代表人存在越权行为的，仍然可以构成对公司的代表行为。也即，受托人以自己的名义，在委托人的授权范围内与第三人订立的合同，第三人在订立合同时明知受托人与委托人之间的代理关系的，该合同直接约束委托人和第三人，但有确切证据证明该合同只约束受托人和第三人的除外，所以《合同法》第402条的规定可以类推适用于本案。

3. 如果公司法人随意否定其法定代表人对本公司的职务代理（代表）效力，则等同于公司法人存在"滥用公司有限责任"的违法情形。根据《公司法》第二十条的规定："公司股东应当遵守法律、行政法规和公司章程，依法行使股东权利，不得滥用股东权利损害公司或者其他股东的利益；不得滥用公司法人独立地位和股东有限责任损害公司债权人的利益；……公司股东滥用公司法人独立地位和股东有限责任，逃避债务，严重损害公司债权人利益的，应当对公司债务承担连带责任。"具体到本案，只要辰宫公司这一法人主体存续，则无论其股东及其此后的法定代表人如何变更，均应当对马万彪担任其法定代表人期间的职务行为承担法律责任。

延伸解读

第一部分：关于重复诉讼的界别与排除问题

一、诉讼标的与诉讼主体"同质性"的判定

前诉与后诉在诉讼主体方面的同质性判定中，不能机械地理解《民事诉讼法解释》第二百四十七条中的三项并列条件。实践中，有的案件在前诉中曾以股东名义主张权利，后诉中又换以公司的名义主张同一权利标的。因此，虽然前诉与后诉的诉讼主体并不相同，但其针对的权利标的具有同质性。

尤其是在诉讼案由具有相同或近似的情形下，前诉与后诉之间在诉讼请求及诉讼标的方面的重合性更高。因此，无论更换为何种诉讼主体，均不能有效排除重复诉讼的抗辩。

二、关于重复诉讼的排除问题

司法实践中，有诸多貌似重复诉讼但实质上应当予以排除的情形。也即，此类情形并不能被认定为重复诉讼而驳回原告的起诉。此类情形包括但不限于下列各类情况：

（一）关于执行派生诉讼的问题

申请执行人在执行程序中要求追加被执行人的申请被驳回，不应认为该诉请已经法院实体审查。嗣后，申请执行人又通过诉讼程序提出该诉请的，不属于重复诉讼，亦即不受"一事不再理"规则的限制。

（二）关于后诉与前诉之间不存在责任竞合的问题

合同纠纷案件胜诉后判决无法执行，执行申请人又向第三人提出侵权诉讼的，不属于重复起诉。后诉的侵权之诉请求权与前诉合同权利纠纷之间亦不属于请求权竞合，人民法院应当对后案侵权之诉予以实体审理。

审查诉讼标的是否属于请求权竞合，应当根据《合同法》第122条的规定来进行判定，即因当事人一方的违约行为，侵害对方人身、财产权益的，受损害方有权选择依照本法要求其承担违约责任或者依照其他法律要求其承担侵权责任。也即，责任竞合的前提是当事人之间存在合同关系。如果当事人之间无合同关系，仅存在侵权责任法律关系的，则后案诉请不能与前案合同纠纷之间构成责任竞合。

（三）关于后诉为实现前诉未涉及的诉讼标的问题

前诉与后诉虽然基于同一事实，但后诉请求的目的并不在于推翻前诉生效判决，而是在变更法律关系或请求权基础后，基于继续寻求实现前诉未竟目的的，不构成重复诉讼。

（四）关于另行起诉配偶一方的问题

婚姻关系存续期间，夫妻一方以个人名义对外举债，离婚后债权人以夫妻一方为被告提起诉讼，判决确定或调解协议生效后又以夫妻另一方为被告，要求另一方承担连带偿还责任，前诉中债权人未放弃对债务人配偶诉权的，法院应予受理并进行实体审理。

在重复诉讼的排除中，当事人仅是外观判断标准。相反，诉讼标的与诉讼请求的甄别才是判断的关键。在涉及夫妻共同债务的诉讼中，前诉中债权人未放弃对债务人配偶的诉权且并非债权人原因遗漏债务人配偶的，前诉终结后，债权人以夫妻共同债务为由另行起诉债务人配偶的，不属于重复诉讼。至于夫妻配偶一方是否应当承担共同责任，应当根据《中华人民共和国婚姻法》第四十一条的立法精神及有关司法解释来判定。

（五）对后续利息请求权的起诉问题

当事人前案起诉截至某日的利息并不意味着放弃主张后续利息的权利，只要债权人主张后续利息是在法定的诉讼时效期间内，就不能认定债权人以默示的方式放弃权利。因此，当事人前案起诉本金和截至某日的利息，后案起诉后续利息并不受"一事不再理"规则的限制。

从诉讼标是否同一方面判定，债权人前案诉讼标的为本金和截至某日的利息，后案诉讼标的为后续利息，两案诉讼标的虽有牵连关系，但以时间划分并予以区分，显然不应认为同一。

从请求权的事实基础是否同一进行审查，债权人前案主张的利息是以某日之前的未还款状态为依据，而后案主张利息的理由是前案截止日之后，包括审判期间、执行期间的未还款状态为依据，两诉的事实和理由并非同一。因此，债权人的第二次起诉不构成重复诉讼，不裁定驳回起诉。

第二部分：未办理抵押登记的项目中，抵押人责任的承担问题

一、正确认知未经登记的不完整担保物权之清偿力

笔者认为，"应当登记而未登记的不完整担保物权仍具有清偿力"这一命题在旧担保法解释体系下是一个难以解决的课题，因为旧法将登记行为的完成作为该类担保物权合同生效的前置性条件。因此，对于未经合法登记程序而仅以合同设立的不完整担保物权在旧法体系下均被纳入未生效民事行为的范畴。此时，无论是第三人或是主债务人所承担的都是赔偿责任，使得司法实务界均将不完整担

保物权的自身清偿力未考虑在债务清偿体系之内。物权法已经抛弃了这种认识误区，对不完整担保物权（抵押权）仍承认其具有一定的清偿力。

根据《物权法》第一百九十九条第（三）项的规定，"同一财产向两个以上的债权人抵押的，拍卖、变卖低押财产所得的价款依照下列规定清偿：…（三）抵押权未登记的，按照债权比例清偿"。

显然，新旧法的差异在于旧担保法及其解释只承认对不需要登记的财产设定多个抵押的，按照债权比例清偿；而《物权法》对"未经登记的，按照债权比例来清偿"的规则不再仅以非登记生效类抵押作为其适用范围。根据举重以明轻的规则，既然承认未经登记的抵押权对两个以上的债权人有清偿力，那么对单个的债权人当然也有清偿力，故无论其是否属应当登记的抵押财产均可适用这一规则。

二、关于对抵押权能的分解适用问题

司法实践中的问题是，《物权法》第一百九十九条关于承认未经登记的抵押财产仍具有清偿力的制度将与该法第一百八十七条产生表象性冲突。因为该条规定，应当办理抵押登记的抵押权自登记时设立。一项应当登记的抵押既然未经登记，那么根据第一百八十七条的规定属尚未设立的抵押权，那么又何来第一百九十九条所规定的清偿力呢？

欲合理解释这一立法冲突现象，必须对抵押权的权能进行辩证解析。

抵押权的权能应由受偿权和优先权两部分构成。其中，受偿权是抵押权的基础性权能，优先权是有效排除第三人权利异议的根本保障，故抵押权中的优先权是其核心权能。优先权依靠的是以登记制度所体现出来的公示性作为其存在的前提；受偿权的设立依据是抵押法律关系的各方当事人根据意思自治原则而签订的抵押合同。因此，第一百九十九条所规定的未经登记的抵押仍有清偿力是《物权法》对《合同法》调整权能的合理让度，是《物权法》承认《合同法》效果的一种体现。

也就是说，如果一项抵押未经登记，那么其在登记制度的公法上不产生设立效果，故该项抵押权不产生对世性和公示性效力，债权人不享有该抵押权中的优先权权能。但是，并不能否认其根据《合同法》而设定的基础性权能即受偿权的存续效力。此项规则源自《物权法》已不再将抵押合同的效力与登记行为的完成与否进行反向性限制的立法精神。故在物权法体系下，抵押物虽未登记但抵押合同本身是成立的而且是有效的，当然也是生效的，此时不能再适用担保法相关解释关于此类合同"成立但不生效"的规则。

三、关于对第三人权益的合理保障问题

司法实践中，对未经登记的抵押权确认其受偿力前，如何能查明和排除有无合法"第三人"的存在是一个实务难题。

笔者认为，法院不应当主动查证是否存在第三人，更不能要求债权人举证以排除第三人的存在。根据民事诉讼法庭审程序规则，在法庭辩论终结前如有第三人向法院提出权利主张时，法院的责任是根据该第三人的举证情况确认其优先权主张是否成立。反之，如果法庭辩论终结前并没有任何第三人来主张权利，则在判决主文中应当确认债权人对该抵押财产具有受偿权。

因此，当针对应当登记而未登记的抵押权的受偿力作出确认之前，只要不成立第三人对该抵押物的优先权主张时，则人民法院应当对抵押合同的效力及债权人基于有效抵押合同所产生的受偿权作出确认，但不应当将其该受偿力表述为一种优先权。

代理心得

根据作者在给最高人民法院《人民法院报》长达 12 年的撰稿体验，以及作者本人对律师做实务性研究的认知，对于诉讼律师而言，要真正实现专业化，必须对某种法律制度进行深入的体系性研究。同时，应当践行"深度诉讼"新思维，其中最重要的环节是对"法的融合性适用"这一方法论的充分应用。

所谓"深度"是指律师将我国全部法律制度进行横向融合与纵向体系化并转化为自身专业素养构成的能力；所谓"深度诉讼"是指诉讼律师在主办大型诉讼法律项目时必须将有关法律解决方案的构建纳入我国整体法律体系之中考量，并以跨越诉讼项目的表象法律领域为基本思维方式，追求在大纵深、大专业化的范畴内提出最佳的综合性法律解决方案的一种诉讼思维。

"法的融合性适用"方法论的本质追求是，律师不能将自己的专业素养局限于通常的所谓专业领域，而是必须要有"大纵深"的专业化思维。不仅力求将我国的全部法律体系化，而且应当注重在各个法律体系之间进行横向融合、贯通适用的思维，避免法律适用中的教条主义和机械化不当倾向。

显然，刘贵平不服"重复诉讼"驳回起诉裁定再审一案，之所以能够成功地由最高人民法院进行提审并最终将陕西高院和榆林中院两级法院的错误裁定予以

撤销，正是深度贯彻了"法的融合性适用"方法论的产物。

高级合伙人介绍

　　师安宁律师：北京大成律师事务所高级合伙人，毕业于中国政法大学，博士研究生。师安宁律师的主要研究方向为"中国投资保护制度研究"，专业领域集中在"不动产物权与股权制度纠纷解决"和"公司系统性法律问题解决"两个领域，在不动产制度、矿业物权、公司诉讼、审判监督等领域具有精深的研究。师安宁律师曾连续12年担任最高人民法院《人民法院报》之"特约法治评论员"和相关栏目的专家撰稿人。2009年8月起至今，师安宁律师受中华全国律师协会官方网站"中国律师网"特邀，开办"师安宁律师专栏"，成为中国律师网为律师开办法学研究专栏的第一人。自2014年起，入选为中华全国律师协会"专家讲师团"培训专家。2015年8月起至今，师安宁律师受邀担任国土资源部（现自然资源部）《中国不动产》法律专家委员会委员。2011年度和2016年度曾两次登上《中国律师》杂志封面人物。目前，师安宁律师系该刊"司法观察"栏目的特约专家撰稿人。迄今，师安宁律师已在《中国律师》《中国矿业》《中国不动产》等中文核心期刊及《人民法院报》《经济参考报》等中央级刊物上发表专业性文章600余篇。

　　联系电话：13910234984；电子邮箱：anning. shi@dentons. cn

熊琦与孔琳民间借贷纠纷案

● 案件基本信息 ●

案例类型：民事诉讼

判决时间：2019 年 6 月 28 日

审理法院：北京市第三中级人民法院

代理律师：张玉成，北京大成律师事务所律师

关键词：民间借贷；套路贷；虚假诉讼；刑民交叉

● 案例正文 ●

□ 当事人信息

上诉人（一审被告）：熊琦

被上诉人（一审原告）：孔琳

委托人：彭琳，上诉人熊琦之母，天健有限公司实际控制人

□ 裁判要旨

根据《最高人民法院关于在审理经济纠纷案件中涉及经济犯罪嫌疑若干问题的规定》第十一条的规定，人民法院作为经济纠纷受理的案件，经审理认为不属

经济纠纷案件而有经济犯罪嫌疑的，应当裁定驳回起诉，将有关材料移送公安机关或检察机关。

□ 案情摘要

2012年11月，天健有限公司（以下简称天健公司）资金紧张，天健公司大股东兼实际控制人彭琳拟向孔琳借款930万元，天健公司与孔琳签署了《借款合同》。合同签订后，孔琳并未留给天健公司合同原件或复印件。放款前，孔琳要求提供房产抵押担保，彭琳安排女儿熊琦以名下房屋配合孔琳办理抵押登记。

2012年11月22日，彭琳安排司机刘振国去中央美术学院接熊琦到北京市朝阳区住房和城乡规划建设委员会（以下简称朝阳建委）办理抵押登记。熊琦缺乏社会经验，没有办理过房屋抵押登记，也不清楚天健公司、彭琳与孔琳的借款细节。当天孔琳以办理抵押手续为由，欺骗熊琦签署了系列空白文件，包括《借款合同》《委托书》《收条》，借款合同大部分内容是空白的，委托书乃指令天健公司的银行账户代为收取借款，《收条》载明："今收到孔琳交来人民币（大写）玖佰叁拾万元整，（小写）9300000元整。（其中收现金拾捌万元整）"。签署这些文件后，熊琦没有收到过借款，也没有收到任何现金。天健公司仅收到了孔琳当天发放的432万元的借款。

因天健公司、彭琳与孔琳还有其他借款事宜，2017年7月—2018年2月，天健公司会计刘剑文、员工熊大国多次去孔琳办公室对账。2018年2月3日，孔琳给了一份《借款合同》复印件（以下简称《空白借款合同》）。《空白借款合同》有熊琦的签字，落款日期为2012年11月22日，显示借款额度是930万元，出借人、借款期限、出借时间、还款期限、利率、收款账户、抵押信息、签约地点等条款内容都是空白的，出借人也未签字。

熊琦2012年11月22日当天还被骗签署了另一份《借款抵押合同》，约定借款额度930万元，利率为月息2%，借款期限6个月，并以此《借款抵押合同》办理了抵押登记。《房屋抵押权设立登记申请表》上也显示借款期限为6个月。直至本案发生后，熊琦去朝阳建委查询才得知，抵押登记备案文件中并没有天健公司、彭琳与孔琳签署的《借款合同》，也没有熊琦签署的《空白借款合同》。

2018年6月，孔琳起诉熊琦要求偿还930万元借款及利息共计2000多万元，其向法庭提交了已填满内容的借款合同（以下简称《伪造借款合同》）。《伪造借款合同》内容显示，出借人是孔琳，借款期限是 2012 年 6 月 18 日至 2016 年 5 月 30 日，利率是每月 4%，收款账户是天健公司尾号为 1559 的民生银行账户，落款日期是 2012 年 11 月 22 日，签约地点为北京市西城区牛街。孔琳主张的借款包括三部分，一是 2012 年 11 月 22 日当天孔琳汇款给天健公司的 432 万元；二是孔琳 2012 年 11 月 28 日当天交付的 18 万元现金；三是 2012 年 6 月 18 日案外人景天受孔琳委托给付天健公司的 480 万元借款。

熊琦一审抗辩称仅收到孔琳 432 万元，18 万元属于"砍头息"，2012 年 6 月 18 日的 480 万元是其他合同项下的案外人景天的借款，与本案无关，且已在 2012 年 9 月 28 日通过关联公司还清。本案的借款 432 万元，熊琦已归还 600 多万元，本息已经还清。然而，熊琦一审中未就借款合同的真实性、合同效力提出质疑性抗辩，也未充分举证证明涉案借款的资金流水和收支情况。

一审庭审中，案外人景天出庭作证，向法庭提交《关于熊琦案件叙述》，称"本人景天 2012 年 6 月 18 日应孔琳的要求给熊琦指定账户转款 480 万元及 20 万元现金支付给熊琦，此笔为孔琳借于熊琦的款。本人 2012 年 9 月 28 日收到的 5 笔江西亿秦科技发展有限公司转给我本人的 500 万元是彭琳之前于 2012 年 1 月份的 2 笔借款以及 2012 年 9 月 17 日 1 笔临时周转款共计 480 万元的还款，剩余 20 万元是本人代孔琳收取的"，同时在《彭琳向景天借款明细如下》中称"江西亿秦 500 万元包括还景天 480 万元 + 熊琦还孔琳 20 万元"。

一审法院经审理，确认了涉案《借款合同》的真实性及效力，认定孔琳的借款数额为 930 万元，并以月息 3 分结算了借贷双方的本息及欠款，由此作出熊琦完全败诉的如下判决：

1. 熊琦于判决生效之日起 10 日内偿还孔琳借款本金 8383856.70 元；

2. 熊琦于判决生效之日起 10 日内偿还孔琳借款利息 6036378.82 元；

3. 熊琦于判决生效之日起 10 日内偿还孔琳借款逾期利息（以本金 8383856.70 元为基数，自 2016 年 5 月 21 日至实际支付之日止，按月利率 2% 计算）。

上诉人熊琦不服判决，委托本所代理其提起上诉及二审程序。

□ 争议焦点

本案是民间借贷纠纷，还是诈骗罪、虚假诉讼等"套路贷"犯罪。

□ 裁判观点

本案中，依据熊琦提交的北京市公安局朝阳分局于 2019 年 4 月 25 日作出的立案告知书，熊琦已经就其与孔琳之间的诉争《借款合同》向北京市公安局朝阳分局进行报案，且经公安机关立案。故本案应当裁定驳回孔琳的起诉。

□ 裁判结果

依照《最高人民法院关于在审理经济纠纷案件中涉及经济犯罪嫌疑若干问题的规定》第十一条、《民事诉讼法》第一百七十条第一款第（二）项、《民事诉讼法解释》第三百三十条的规定，裁定如下：

1. 撤销北京市朝阳区人民法院（2018）京 0105 民初××××号民事判决；
2. 驳回被上诉人的起诉。

□ 律师解读

笔者认为，本案不属于民间借贷纠纷。孔琳以非法占有为目的，假借民间借贷之名，通过伪造变造的虚假借款协议、刻意编排制造的资金走账流水、与实际不符的收条，捏造虚增的债务，虚构事实，隐瞒真相，虚假陈述，提起虚假诉讼，根据《中华人民共和国刑法》（以下简称《刑法》）第二百六十六条、第二百七十四条、第三百零七条，《最高人民法院 最高人民检察院 公安部 司法部关于办理黑恶势力犯罪案件若干问题的指导意见》第二十条，《最高人民法院 最高人民检察院 公安部 司法部关于办理"套路贷"刑事案件若干问题的意见》第一条、第二条，《最高人民法院关于依法妥善审理民间借贷案件的通知》第二条的规定，其已涉嫌诈骗罪、虚假诉讼罪、敲诈勒索罪等"套路贷"犯罪。本案应驳回起诉，移送公安机关。

就本案事实和法律问题，分析如下：

首先，熊琦没有向孔琳借款，不是本案借款人。孔琳以办理抵押登记手续之名欺骗熊琦签署利率、借款期限皆为空白的《借款合同》以及利率为月息2%、借款期限为6个月的《借款抵押合同》，具有明显的非法占有他人财物的动机。熊琦当时只是大学生，没有工作过或做过生意，根本就不需要借那么多钱，也不认识孔琳。熊琦没有向孔琳借钱，也没有协商过借款。熊琦不是借款人，而仅是用房产为其母亲彭琳借款提供担保。

其次，孔琳起诉时提交的《借款合同》是在熊琦被骗签署的《空白借款合同》基础上伪造、变造的。孔琳刻意隐瞒了在建委抵押登记备案的《借款抵押合同》及附属文件，通过伪造借款合同提起本案虚假诉讼，企图非法占有他人财物。熊琦2012年11月22日签署的《空白借款合同》的内容大都是空白的，约定的4%月利率及借款期限（2012年6月18日至2016年5月30日）与朝阳建委备案的《借款抵押合同》约定2%月利率、借款期限6个月（2012年11月22日至2013年5月22日）也明显存在矛盾，不具有真实性；孔琳故意将借款日期提前到了2012年6月18日，是为了将天健公司于2012年6月18日向景天的一笔借款480万元也虚增进来凑足这930万元，属于刻意编排流水；熊琦仅是2012年11月22日当天在朝阳建委见过孔琳，此前不认识更没见过面，此后也没再见过，不可能在2012年11月22日当天在西城区牛街签署合同，从签约地点的内容看，《伪造借款合同》也是虚假的。至此，围绕2012年11月22日当天同一笔额度为432万元的借款，孔琳用诈骗手法炮制出了4份合同，一是彭琳、天健公司与孔琳真实签署的合同（原件及复印件都在孔琳处）；二是孔琳欺骗熊琦签署的《空白借款合同》；三是孔琳欺骗熊琦签署的《借款抵押合同》；四是孔琳在《空白借款合同》基础上伪造的《伪造借款合同》。孔琳以该《伪造借款合同》作为民间借贷的债权凭证，同时刻意隐瞒了《借款抵押合同》和《房屋抵押权设立登记申请表》等朝阳建委备案文件，旨在虚构本案借款本金930万元，借款期限从2012年6月18日开始，利率为月息4%等事实，具有明显的诈骗他人财物的主观故意。

最后，2012年6月18日景天对天健公司的480万元银行转账流水与本案无关，是2012年6月18日景天、天健公司、彭琳签署的《500万元借款合同》项下的其他借款，且该笔480万元借款已经被彭琳、天健公司还清。孔琳捏造480万元及18万元现金（砍头息）的借款事实，通过虚增债务及刻意编排制造的银行转账流水，并在景天配合作伪证的情况下，以非法占有为目的，提起虚假诉讼，涉嫌诈骗罪、虚假诉讼罪。详述如下：

2012 年 6 月 18 日，景天与天健公司、彭琳签署了一份《借款合同》（以下简称《500 万元借款合同》），约定出借人为景天，借款人是天健公司，担保人彭琳，借款金额 500 万元，借款期限 2 个月。2012 年 9 月 28 日，天健公司委托江西亿秦科技发展有限公司（以下简称亿秦公司）向景天支付了 500 万元，至此 2012 年 6 月 18 日天健公司与景天签署《500 万元借款合同》项下 480 万元的借款本息清偿完毕。2018 年 7 月 4 日下午 16 时 16 分，彭琳联系了景天，并将彭琳、天健公司与景天于 2012 年 6 月 18 日签订的《500 万元借款合同》通过微信发给了景天，随即与景天通了电话，景天在电话中认可该《500 万元借款合同》的真实性，并对彭琳和天健公司于 2012 年 9 月 28 日偿还该合同项下 480 万元借款本金及利息 20 万元的事实予以认可。在本案二审庭审中，景天也当庭认可《500 万元借款合同》的真实性，认可该合同签署当天，景天本人向天健公司发放了该合同项下的借款 480 万元，认可景天本人与彭琳的微信截屏及本人头像是真实的，这佐证了景天在与彭琳通话录音中确认的事实。当时天健公司负责融资业务的员工刘威也可以佐证天健公司 2012 年 6 月 18 日与景天签署《500 万元借款合同》、借款 480 万元以及还款 500 万元的事实。

景天一审时向法庭提交《关于熊琦案件叙述》及《彭琳向景天借款明细》配合孔琳捏造借款事实，在二审庭审时也作证称 2012 年 6 月 18 日的 480 万元是孔琳的钱，是孔琳委托景天支付给熊琦的。景天的上述证言与其本人之前确认的事实不符，也不合逻辑常理，与实际情况不符，属于伪证，理由如下：

1. 景天通过微信、电话以及二审庭审的当庭作证均确认了 2012 年 6 月 18 日 480 万元资金是 2012 年 6 月 18 日《500 万元借款合同》项下彭琳、天健公司向景天的短期借款（2 个月），同时确认了该笔借款的原因、背景、交易过程和相关细节，且景天也认可彭琳、天健公司已经在 2012 年 9 月 28 日还清了该借款本金 480 万元及 20 万元利息。

2. 景天和孔琳均无法提供孔琳委托景天向熊琦发放 480 万元借款的任何证据，同时景天当庭无法回答"孔琳何时要求付款的""熊琦何时以及如何指定哪个收款账户的""何时何地给熊琦 20 万元现金的，取款记录以及熊琦是否出具收条"等上诉人提问的问题，均称"记不清了"，说明景天所述的受孔琳委托发放给熊琦 480 万元借款是虚假的。

3. 景天当庭承认其并不清楚熊琦与孔琳的借贷关系以及借款情形。实际上，在熊琦 2012 年 11 月 22 日被骗签署本案借款合同之前，孔琳、景天根本不认识也不知道熊琦的存在，熊琦在 2012 年 6 月 18 日包括截至本案案发之前，也都不知道更没有经手孔琳、景天与彭琳、天健公司之间的借款、收款、还款事宜，孔琳及景天主张孔琳 2012 年 6 月 18 日委托景天向熊琦放款（包括支付 20 万元现金给熊琦）且景天在 2012 年 9 月 28 日代孔琳收取熊琦的 20 万元还款，根本不合逻辑，也与事实不符。

4. 尽管景天称 2012 年 6 月 18 日的 480 万元资金来源于孔琳，但由于是景天本人与天健公司、彭琳签署的《500 万元借款合同》，且孔琳与天健公司、彭琳并未签署《500 万元借款合同》，则该笔 480 万元的借贷主体为出借人景天、借款人天健公司、担保人彭琳，孔琳不是《500 万元借款合同》约定的出借人，熊琦更不是借款人，所以根本不存在孔琳以出借人身份在 2012 年 6 月 18 日委托景天向熊琦发放 480 万元借款的事实，也不存在景天 2012 年 9 月 28 日代孔琳收取熊琦 20 万元还款的事实；

5. 孔琳提交的《伪造借款合同》本来就是伪造、变造的，《空白借款合同》也并未约定借款期限从 2012 年 6 月 18 日开始，而《借款抵押合同》明确约定借款期限为 6 个月，即从 2012 年 11 月 22 日至 2013 年 5 月 22 日，且《伪造借款合同》第三条约定，"甲方应于本合同签订之日起三日内交付借款"，而该合同签订日期为 2012 年 11 月 22 日，则该合同项下的所有 930 万元借款应该在 2012 年 11 月 22 日至 2012 年 11 月 25 日期间交付，所以，结合《空白借款合同》《伪造借款合同》《借款抵押合同》签约、履约时间来看，根本不可能存在孔琳根据 2012 年 11 月 22 日的《伪造借款合同》来委托景天在 2012 年 6 月 18 日向熊琦发放借款 480 万元的事实。

6. 《伪造借款合同》并未约定 2012 年 6 月 18 日景天的 480 万元银行转账流水是该合同项下的借款，也没有约定借贷双方对前期借款本息进行结算（况且主体也对不上），同时也没有约定 2012 年 6 月 18 日签署的《500 万元借款合同》已终止、解除或作废，因此，从签约背景、签约时间、签约地点、签约主体、合同内容、放款情况、还款情况等内容来看，《伪造借款合同》与 2012 年 6 月 18 日《500 万元借款合同》是彼此独立的两份合同，2012 年 6 月 18 日 480 万元资金是《500 万元借款合同》项下的借款，与本案《伪造借款合同》无关。

综上所述，景天首先捏造了 2012 年 6 月 18 日 480 万元银行转账流水是本案《伪造借款合同》项下受孔琳委托发放给熊琦的借款事实，隐瞒了 2012 年 6 月 18

日《500万元借款合同》项下480万元的借款事实；其次，捏造了天健公司委托亿秦公司2012年9月28日向景天支付500万元是归还景天于2012年1月9日、2012年1月19日、2012年9月17日对天健公司共计480万元借款以及所谓熊琦归还孔琳在本案借款合同项下的20万元借款本金的事实，隐瞒了亿秦公司2012年9月28日向景天支付的500万元实际上是归还2012年6月18日《500万元借款合同》项下480万元借款的事实，同时也隐瞒了景天于2012年1月9日、2012年1月19日、2012年9月17日对天健公司的所谓480万元借款也已经由天健公司、彭琳通过其他款项大部分归还的事实。

景天所编排的共计480万元的其他借款分别为：

1. 2012年1月9日，北京祥琳商贸有限公司（以下简称祥琳公司）向亿秦公司支付200万元；

2. 2012年1月19日，景天向彭琳支付40万元；祥琳公司向天健公司北京分公司支付10万元；

3. 2012年9月17日，景天支付彭琳230万元。

实际情况是，景天所述的2012年1月9日、1月19日、9月17日共计480万元的款项的流水记录，均没有单独对应的借款合同和借据，其中时间从2012年1月9日至9月17日，跨度如此之长，期间还跨越了2012年6月18日景天与彭琳、天健公司签署的《500万元借款合同》，且2012年1月9日的200万元还不是景天账户支付的，景天所称的480万元借款根本就是对过往银行流水的整理统计，不合常理，只是为了配合孔琳对冲天健公司委托亿秦公司的500万元还款，属于对银行流水的刻意编排。景天所谓的2012年1月9日、1月19日、9月17日共计480万元的借款，由于没有约定借款利率和期限，天健公司、彭琳有权随时偿还本金，且景天本人在一审庭审中也认可上述480万元借款不需要归还利息（景天认为2012年9月28日500万元还款归还了480万元借款，剩余20万元算作归还孔琳借款），天健公司、彭琳已经分别清偿了上述480万元借款的大部分，详细情况如下：

1. 2012年1月9日，天健公司、彭琳通过亿秦公司分3笔（90万元、90万元、20万元）向景天支付200万元，该200万元还款，应当与当日景天的200万元借款抵销；

2. 2012年2月14日至2012年6月18日，天健公司、彭琳支付景天共计50万元；

3. 从 2012 年 7 月 10 日至 2012 年 9 月 25 日，彭琳、天健公司支付景天共 90 万元。在 2012 年 9 月 28 日至 2012 年 11 月 20 日，陆续又向景天还款 43 万元，也就是说景天所称的 2012 年 9 月 17 日的 230 万元借款也已经偿还 133 万元，仅剩 97 万元未偿还。

就算景天所称的 1 月 9 月、1 月 19 日、9 月 17 日共计 480 万元的借款没有还清，那也是彭琳、天健公司与景天之间的其他借款，景天完全可以另行起诉彭琳和天健公司，跟孔琳无关，也与熊琦本人无关。景天配合孔琳作伪证，虚假陈述称"2012 年 6 月 18 日的 480 万元属于孔琳委托景天出借给熊琦的款项，且 2012 年 9 月 28 日的 500 万元并非归还 2012 年 6 月 18 日的款项"，涉嫌与孔琳恶意串通进行套路贷犯罪，因为 2012 年 6 月 18 日彭琳、天健公司与景天签署的借款合同是 2 个月的短期借款合同且 480 万元借款已经归还，且 2012 年 1 月 9 日、1 月 19 日、9 月 17 日几笔借款没有借款合同、没有约定借款期限和借款利率且仅剩 97 万元未还，孔琳、景天恶意串通刻意将 2012 年 6 月 18 日的 480 万元银行转账流水套用在《伪造借款合同》里，不但虚增了孔琳 480 万元的债务金额，还虚增了按照 480 万元本金、月息 4% 以及 2012 年 6 月 18 日至今将近 7 年时间计算的高额利息，并且欺骗熊琦作为借款人签署空白文件并用房产抵押，然后通过虚假诉讼来非法占有熊琦的财产。

根据《合同法》第二百一十条及《最高人民法院关于审理民间借贷案件适用法律若干问题的规定》第九条规定，自然人之间的借款合同生效条件之一为"以银行转账、网上电子汇款等形式支付的，自资金到达借款人账户时"，尽管本案借款合同约定的借款金额为 930 万元，但实际借款金额应以出借人实际放款数额为准。如上所述，2012 年 6 月 18 日 480 万元银行流水与本案无关且已还清，尽管孔琳提交的证据《收条》显示，熊琦在 2012 年 11 月 22 日收到了 930 万元借款，包括 18 万元现金。但熊琦、天健公司包括彭琳在 2012 年 11 月 22 日仅收到 432 万元，未收到 930 万元，也未收到 18 万元现金，更未归还 18 万元现金的利息。孔琳也始终未向法庭提交其所有现金的取款记录，未陈述详细的交付过程，结合本案借贷交易背景及合同签署过程，所谓 18 万元现金是按照本金 450 万元月息 4 分计算的第一个月的"砍头息"。

综上所述，本案实际借款金额为 432 万元，孔琳捏造 480 万元及 18 万元现金（"砍头息"）的借款事实，通过虚增债务及刻意编排制造的银行转账流水，在景天配合作伪证的情况下，以非法占有为目的，提起虚假诉讼，已涉嫌诈骗罪、虚

假诉讼罪，后来上诉人在本所律师指引下依法向公安机关报案，并被公安机关正式立案。据此，一审判决关于借款金额、利率、期限、还款数额、合同效力等关键事实认定错误，且适用法律错误。

代理心得

本案表面上看是一起普通的民间借贷纠纷，诉争标的额也不大，但本案颇具亮点。一方面，本案属于典型的刑民交叉案件，又涉及近年来普遍发生的虚假诉讼和当下热点"套路贷"犯罪问题，本案庭审期间恰逢国家扫黑除恶及出台《最高人民法院　最高人民检察院　公安部　司法部关于办理"套路贷"刑事案件若干问题的意见》等系列规定，本案亦是虚假诉讼和套路贷犯罪案件的典型；另一方面，从律师实务角度看，在本案一审完败的情形下，我们二审代理工作取得了完胜，整体策略和庭审技巧也值得总结揣摩。

上诉人在本案一审阶段完全败诉，主要原因是被上诉人在一审阶段以其诱骗上诉人签署的《借款合同》《收条》《抵押权他项权证》等证据制造了一起相对完整的民间借贷的假象，而上诉人在一审阶段虽然提出了抗辩意见，但就已有关键事实如合同真实性、合同效力、合同期限、利率、资金往来数额阐述不清，也没有组织有利的证据支撑其抗辩意见，最终导致法庭支持了对方虚构的事实和诉讼请求。

我们接受二审委托后，发现委托人和被上诉人方曾发生多次借款资金往来，这些资金往来有个共同的特点就是委托人方均没有签字的合同原件，这是被上诉人专业经营高利贷业务过程中的惯常做法。而委托人出于信任关系，也是由于资金短缺所迫，并未就这个问题引起足够的重视。上诉人没有合同作为依据，仅凭资金往来流水难以准确结算双方借贷本息，在结算本息的过程中受制于人，并且给对方结算本息及编排银行流水创造了便利条件，使得诉讼过程中也处处被动。尽管如此，我们通过详细对比、还原、统计双方所有借款资金往来流水后发现，委托人已经偿还了全部借款，甚至有多还款的情况。由于缺乏借款合同，我们庭审中对于前述资金流水及还款事实的主张十分脆弱，仅凭这些证据也很难推翻一审判决。同时，由于案涉《借款合同》虽是由被上诉人方以欺诈方式诱骗上诉人签署的，但并不符合《合同法》第五十二条规定的合同无效情形，且该合同签署于 2012 年，合同借款金额明确写着 930 万元，我们主张撤销合同的风险也很大，很可能被认为超过了撤销权的行使期间得不到法院支持。

通过梳理本案事实和相关证据，尤其二审期间调阅的多组新证据，我们发现了本案的关键事实，即被上诉人方利用了委托人的信任和缺乏防范意识的弱点，诱骗上诉人签署了案涉空白借款合同和其他对被上诉人有利的书面文件。同时，被上诉人自行添加合同内容，拼凑了其他资金往来款作为涉案合同中的借款事实，隐瞒了相应的还款事实，其目的就是通过诉讼骗取被上诉人的财产。这并不是普通的民间借贷纠纷案件，而是典型的假借民间借贷之名实施的侵犯财产类违法犯罪活动的"套路贷"犯罪。

近年来，假借民间借贷之名实施的侵犯财产类违法犯罪活动开始出现并日益猖獗，政法机关在司法实践中对此类违法犯罪逐渐形成了"套路贷"这一称谓。在一些地区，"套路贷"已逐步发展成为黑恶势力较常实施的违法犯罪活动，严重侵害人民群众的人身权利、财产权利，严重破坏经济秩序、社会秩序，严重影响人民群众的安全感和社会和谐稳定，社会危害性极大，人民群众反映强烈。2019 年 4 月 9 日，《最高人民法院 最高人民检察院 公安部 司法部关于办理"套路贷"刑事案件若干问题的意见》向社会公布并施行。在这样的司法环境下，针对"套路贷"的犯罪行为的"严打"局面初见端倪，各地公安机关不再像以前一样对法院正在审理的案件不予立案，而是积极对有"套路贷"犯罪嫌疑的民事案件进行甄别和立案侦查；相关司法解释对"套路贷"犯罪的情形规定更加明确，使我们对于可疑的虚假诉讼移送公安机关变得更有底气。

综上所述，且经调阅全部卷宗并研究全案证据材料，我们制定了以民事诉讼程序尤其是庭审中的举证、质证、辩论等环节固定的事实证据促进刑事报案程序，再以刑事立案侦查程序阻却民事诉讼程序的基本思路。为贯彻该代理思路，我们二审上诉及庭审和刑事报案双管齐下，并就此全面阐述本案基本事实、重新组织建立证据体系。二审期间，我们围绕"套路贷"、虚假诉讼的法律规定及构成要件，组织事实和证据，同时向公安机关报案。根据《最高人民法院关于在审理经济纠纷案件中涉及经济犯罪嫌疑若干问题的规定》第十一条的规定，人民法院作为经济纠纷受理的案件，经审理认为不属经济纠纷案件而有经济犯罪嫌疑的，应当裁定驳回起诉，将有关材料移送公安机关或检察机关。所以，一旦刑事案件立案成功，民事案件的问题也就迎刃而解，民事诉讼和刑事报案"双管齐下"进行，是解决本案纠纷的关键所在。

在上述代理思路指导下，我们在上诉状中全面否定了一审判决认定的事实，并就借款合同的内容、真实性、效力、借款利率、借款期限、借款数额、还款数额、涉案资金流水等关键问题做了全面陈述，同时重新进行了调查取证工作。我们一方面调取了一审未提交的被上诉人及实际用款人、关联方与一审被上诉人及其证人（实际也是关联方）的全部银行流水，逐一甄别对应、统计、结算，同时重点对一审被上诉人及其证人在一审中针对我方抗辩事由提出的虚假借贷事实组织了确凿的反驳证据；另一方面，我们针对一审被上诉人在利用欺诈手段致使委托人签署了空白借款合同并伪造合同以及编排银行流水、虚增借款的事实组织了相应的证据。我们在庭审中提交了 41 份证据，基本还原了被上诉人及其证人通过本案诉讼进行"套路贷"的全过程，这些证据包括熊琦的陈述、多份证人证言、空白借款合同、伪造的借款合同、向建委调取的抵押登记文件及抵押登记合同、2012 年 6 月 18 日 480 万元借款合同、放款及还款的银行流水、景天的微信聊天及通话记录等关键证据；在庭审程序之外，我们调阅一审庭审笔录及组织全案证据，依法坚决向公安机关提起了正式的报案，经细致沟通，公安机关在未传唤、询问对方当事人且未向二审法院沟通核实的情况下，直接对本案进行刑事立案，并向上诉人出具了《立案告知书》。在取得刑事立案告知书后，我们结合二审的庭审情况，初步判断二审庭审工作还需时日，有些关键事实和证据也待法官查明，尤其二审法官已查明一审判决的相关内容存在根本错误，本案二审不至于直接维持，因此，为了进一步通过二审程序固定相关事实证据以利于后期刑事侦查工作的开展，我们并未及时披露已经刑事报案且立案的情况。在本案二审的第二次开庭审理过程中，被上诉人律师迫于我们主张的新事实以及提交的多份关键新证据，为了达到其维持一审判决的目标，又再一次申请证人景天出庭作证，我们明白一审判决是在完全采信景天的伪证基础上作出的，因此庭前对景天的出庭作证做了最充分细致的准备，并在庭审中进行了有针对性的询问，被上诉人及证人景天二审中的证言与我们提交的多份证据相违背，也与其自身的一审供述及自认情况多有矛盾，其全部虚假陈述均被法庭记录在案并签字确认，为刑事侦查程序固定了更多的证据。在第二次庭审结束后，我们在成功刑事立案两个月后才向法庭提交立案告知书，法官也由此向公安机关核实了相关情况，后法官组织了第三次庭审。

实践中，"套路贷"伴生于民间借贷活动中，行为人通常会假借"民间借贷"之名，诱使或迫使被害人签订"借贷"或变相"借贷""抵押""担保"等相关协议，通过虚增借贷金额、恶意制造违约、肆意认定违约等方式形成虚假债权债务，并以非法手段占有被害人财物。在"套路贷"犯罪中，行为人在通过欺诈、胁迫手段获取完备的债权凭证后，通常在民事诉讼中会取得证据优势，被害人一方仅凭民事抗辩难以得到法院的支持。我们不局限于民事诉讼程序而启动刑事报案的代理思路，正是依托《民事诉讼法》及相关司法解释对于刑民交叉案件的处理规则，将案件从民事审理程序转入了刑事侦查程序，从技术上阻却了对方当事人的诉讼意图，同时善用诉讼技巧完美贯彻落实了既定代理思路。

在代理重大、疑难、复杂的争议解决案件中，律师应熟悉刑事和民事两种诉讼程序，综合案件的基本事实，有效组织全案证据，对案情和法律焦点问题进行准确分析定性后，制定科学合理的法律方案，同时要做好刑民两个程序的衔接和协调，或以民事程序的取证和庭审促进刑事立案，或以刑事立案解决民事诉讼，能够依法善用活用刑事、民事两种手段，方能百战不殆，有效维护当事人的合法权益。

高级合伙人介绍

张玉成律师：北京大成律师所高级合伙人，毕业于中国政法大学，现任职大成律师事务所争议解决部高级合伙人，保监会社会监督员，擅长处理各类重大、疑难、复杂的经济纠纷案件、刑事案件与刑民交叉案件，承办上百起重大诉讼仲裁案件，在银行金融、建筑房地产、矿业能源、资本市场等领域具有丰富执业经验，曾为多家政府机关、知名企业及著名企业家提供法律服务，曾代理娃哈哈集团与法国达能集团合资纠纷案、方正集团与政泉控股系列纠纷案、丹东港债券违约诉讼案等有重大社会影响的案件，著有《法律商战——达能娃哈哈国际商战启示录》一书。

联系方式：13311190723；**邮箱：**yucheng. zhang@dentons. cn

中国电建集团某省电力建设有限公司
与中国建设银行股份有限公司某省分行、
东苏丹某基金会、恩突曼国家
银行某分行保函欺诈纠纷案

● 案件基本信息 ●

案例类型：民事诉讼

判决时间：2018 年 12 月 29 日（该判决已生效）

审理法院：南昌市中级人民法院

代理律师：江荣卿，北京大成律师事务所律师

关键词：保函欺诈纠纷

● 案 例 正 文 ●

□ 当事人信息

一审原告：中国电建集团某省电力建设有限公司（以下简称某省火电建设公司）

一审被告：中国建设银行股份有限公司某省分行（以下简称建行某省分行）

一审被告：东苏丹某基金会

一审被告：恩突曼国家银行某分行（以下简称恩突曼银行）

□ 裁判要旨

1. 独立保函的形式须符合《最高人民法院关于审理独立保函纠纷案件若干问题的规定》第一条的规定。

2. 独立保函受益人明知其索兑保函的理由与保函约定的付款义务条件不相符但仍进行索兑的，构成独立保函欺诈。

□ 案情摘要

2014 年 3 月 13 日，东苏丹某基金会就苏丹东部发电、输电及配电扩建工程配电线路和变电站标段发出招标书，其中载明，投标者必须在 2014 年 5 月 4 日中午 12：00 前递交投标文件，并以银行保函形式交付不少于投标价格 2% 的投标保证金。投标文件有效期为上述截止日期后 150 日内（即 2014 年 10 月 2 日）。某机械公司和某省火电建设公司联合体在投标期内向被告东苏丹某基金会提交投标文件。

2014 年 4 月 30 日，建行某省分行根据某省火电建设公司的申请向恩突曼银行开立反担保函，其中载明：请以东苏丹某基金会为受益人就以下事宜出具保函；

引用

投标保函 合同名称 东苏丹某发电、输电和配电工程扩建—配电线路及变电站标段；鉴于某省火电建设公司已于 2014 年 5 月 4 日递交为履行上述合同的投标文件，特此宣布，我们恩突曼银行向东苏丹某基金会立约担保支付总额为 USD2400000.00（大写 美元贰佰肆拾万元整）。义务条件如下：1. 如果投标人在投标人的投标格式中指定的投标有效期内撤销其标书；2. 如果投标人，在投标有效期内被通知中标时：A. 当中标时没有签订，或拒绝签订合同协议书；B. 没有根据招标文件提供或是拒绝开具履约保函。该保函的有效期为投标有效期后的 30 日内（即，到 2014 年 11 月 2 日为止）。

未引用

鉴于您根据上述情况出具保函，我方谨此以贵方为受益人开立不可撤回的反保函，并在收到贵方通过经认证的 SWIFT 文本信息（或加押电传）发送的要求后，向贵方支付总金额不超过 USD2400000.00（大写 美元贰佰肆拾万元整）的款

项，且该文本信息中引用了保函索引号、反保函开具日期并标明贵行已收到符合贵行开出的保函的条件的索赔。本保函到期日期为 2014 年 12 月 5 日，任何有关保函的申请必须在上述日期内提交银行。本保函适用 URDG758 规则。请将贵行开具的保函副本寄至我方以供存档。

2014 年 5 月 1 日，恩突曼银行向东苏丹某基金会开立投标保函，其中载明：合同名称：东部苏丹发电、输电及配电工程扩建—配电线路及变电站标段。鉴于某省火电建设公司已于 2014 年 5 月 4 日递交为履行上述合同的投标文件，特此宣布，我行向东苏丹某基金会立约担保支付总额为 USD2400000.00（大写 美元贰佰肆拾万元整）。义务条件如下：1. 如果投标人在投标人的投标格式中指定的投标有效期内撤销其标书；2. 如果投标人，在投标有效期内被通知中标时：A. 当中标时没有签订，或拒绝签订合同协议书；B. 没有根据招标文件提供或是拒绝开具履约保函。在收到业主第一次书面来信要求时，我们负责支付上述款项给业主，无须雇主证实其要求，前提是雇主需要注明索赔的原因，是由于发生上述条件其中的一种或两种，并具体说明发生的情况。该保函的有效期为投标有效期后的 30 日内（即，到 2014 年 11 月 2 日为止），任何有关保函的申请必须在上述日期内提交银行。

2014 年 10 月 13 日，建行某省分行开具的反担保函第一次展期，该函有效期展期至 2015 年 1 月 4 日。

2014 年 10 月 15 日，恩突曼银行开具的投标保函第一次展期，该函有效期展期至 2014 年 12 月 2 日。

2014 年 10 月 15 日、16 日，东苏丹某基金会（雇主）、某机械公司和某省火电建设公司联合体（投标人）进行会谈并形成会谈纪要，双方就合同调整、技术澄清、管理和监督设施、投标报价等事项进行商议，并约定投标人同意将投标书有效期延长 1 个月（即 2014 年 11 月 2 日）。

2014 年 11 月 22 日，东苏丹某基金会通过电子邮件向某省火电建设公司发出中标通知书，其中载明：自该中标函发布 21 个日历日内，要求某机械公司和某省火电建设公司联合体应按照要求使用指定格式提供金额为合同价 10% 的合同履约保证函；请确认已收悉该中标通知书并回复业主，以确认你方已同意文中条款，在随函附件中指定位置进行签署。

2014 年 11 月 27 日，某省火电建设公司向东苏丹某基金会回复电子邮件，载明：某机械公司和某省火电建设公司联合体已签署配电线路和变电站工程合同中标函，并作为本邮件附件发出。

2014 年 11 月 28 日，建行某省分行开具的反担保函第二次展期，该函有效期展期至 2015 年 2 月 2 日。

2014 年 12 月 1 日，恩突曼银行开具的投标保函第二次展期，该函有效期展期至 2015 年 1 月 2 日。

2014 年 12 月 25 日，某省火电建设公司向建行递交保函修改申请书，载明：我公司 2014 年 11 月 22 日收到业主的中标通知书，现阶段与业主处于合同谈判阶段，业主要求我方尽快开具履约保函，由于投标保函有效期将至，该项目履约保函难以在投标保函有效期内开出，故申请再次将投标保函延期至 2015 年 2 月 2 日，反担保协议至 2015 年 3 月 2 日。

2014 年 12 月 26 日，建行某省分行开具的反担保函第三次展期，该函有效期展期至 2015 年 3 月 2 日。后恩突曼银行开具的投标保函第三次展期，该函有效期展期至 2015 年 2 月 2 日。

2014 年 12 月 1 日至 2015 年 1 月 22 日，某省火电建设公司与东苏丹某基金会数次往来电子邮件，内容大致为：东苏丹某基金会要求某省火电建设公司最迟于 2014 年 1 月 22 日开具履约保函，否则将索兑投标保函；某省火电建设公司以欧元兑人民币汇率下跌为由，要求东苏丹某基金会先锁定开标日（2014 年 5 月 4 日）汇率以计算合同履行价格，其再开具履约保函。双方对此不能达成一致意见。

2015 年 1 月 23 日，东苏丹某基金会向恩突曼银行索兑投标保函。

2015 年 1 月 26 日，某省火电建设公司诉至一审法院，主张东苏丹某基金会的行为构成保函欺诈，并主张建行某省分行和恩突曼银行分别终止支付各自开具保函项下的款项。

原告起诉称：东苏丹某基金会和恩突曼银行的行为已构成欺诈，侵犯了原告的财产权益，其行为不应受到法律保护。一旦该欺骗行为得逞，原告的资产将面临不可弥补的损失，请求法院依法判决东苏丹某基金会索兑投标保函的行为构成保函欺诈，应终止案涉投标保函和反担保函的支付。

□ 争议焦点

1. 本案中的投标保函是否为独立保函？

2. 投标保函有效期何时到期？

3. 东苏丹某基金会的行为是否构成保函欺诈？

□ 裁判观点

一、本案中的投标保函是否为独立保函

一审法院判决认为：关于投标保函的性质问题，各方当事人对建行某省分行出具的反担保函为独立保函不持异议，但对恩突曼银行出具的投标保函是否为独立保函意见不一。依据《最高人民法院关于审理独立保函纠纷案件若干问题的规定》（以下简称《独立保函规定》）第一条第一款规定，本规定所称的独立保函，是指银行或非银行金融机构作为开立人，以书面形式向受益人出具的，同意在受益人请求付款并提交符合保函要求的单据时，向其支付特定款项或在保函最高金额内付款的承诺。经查，本案投标保函载明两项义务条件，同时注明"在收到业主第一次书面来信要求时，我们负责支付上述款项给业主，无须雇主证实其要求，前提是雇主需要注明索赔的原因，是由于发生上述条件其中的一种或两种，并具体说明发生的情况"。一审法院认为，该约定符合上述法律规定，恩突曼银行开具的投标保函应视为独立保函。

二、投标保函有效期何时到期

一审法院判决认为：虽然恩突曼银行未能举证证实其开具的投标保函已进行第三次展期的事实，但结合原告在诉状中的陈述、建行某省分行提供的第三次展期电文、原告出具的对保函和反担保函进行第三次展期的申请，以及原告提供双方数次磋商往来邮件均未提及保函过期的表述，一审法院认为，投标保函已经过第三次展期、有效期延至 2015 年 2 月 2 日的事实具有高度盖然性，一审法院予以确认。东苏丹某基金会于 2015 年 1 月 23 日向恩突曼银行索兑保函时并未超出保函有效期。

三、东苏丹某基金会的行为是否构成保函欺诈

一审法院判决认为：依据《独立保函规定》第十八条规定，人民法院审理独立保函欺诈纠纷案件，可以就当事人主张的本规定第十二条的具体情形，审查认定基础交易的相关事实。本案中，恩突曼银行向建行某省分行发出的索赔电文未载明东苏丹某基金会索兑保函时提交的单据。诉讼中，恩突曼银行述称其收到的材料为索兑申请一份、东苏丹某基金会出具的原告在中标后未向其出具履约保函

的证明一份，但未提供证据予以佐证，一审法院对东苏丹某基金会申请兑付保函的声明内容难以确定。退一步而言，即使恩突曼银行陈述属实，索兑理由是原告在中标后未出具履约保函，但投标保函中载明的义务条件之一是：如果投标人在投标有效期内被通知中标时没有根据招标文件提供或是拒绝开具履约保函，业主声明上述条件银行即应付款。而本案投标有效期原定于2014年10月2日，后经双方协商，延长投标有效期1个月即至2014年11月2日，东苏丹某基金会向原告发出中标通知书的时间为2014年11月22日，已超出投标有效期，该情形与保函约定的付款义务条件不相符。综上分析，东苏丹某基金会明知其没有付款请求权仍滥用该权利，该情形符合《独立保函规定》第十二条第（五）项之规定，其行为应当认定构成独立保函欺诈，该投保保函的开立人恩突曼银行及反担保函的开立人建行某省分行依法应终止保函项下被请求的款项。

☐ 裁判结果

本案由某省南昌市中级人民法院作出一审判决：

1. 东苏丹某基金会针对恩突曼国家银行某分行投标保函的索赔行为构成欺诈；

2. 中国建设银行股份有限公司某省分行终止向恩突曼国家银行某分行支付反担保函项下240万美元的款项；

3. 恩突曼国家银行某分行终止向东苏丹某基金会支付投标保函项下240万美元的款项。

☐ 律师解读

通过代理本案，律师对此类涉外保函欺诈纠纷案件事实认定及法律适用问题有如下见解：

一、如何识别保函欺诈纠纷的法律性质、如何确定此类纠纷的准据法和管辖

首先，识别此类纠纷的法律性质。具体到本案，由于被告恩突曼银行、东苏丹某基金会为外国法人，因此本案为涉外保函欺诈纠纷。

很多人关于独立保函欺诈纠纷的准据法和管辖权问题存在错误认识，认为独立保函文本上载明的适用规则、法律和管辖法院能当然适用于独立保函欺诈纠

纷。然而，独立保函欺诈纠纷的法律性质应识别为侵权纠纷，保函受益人提起的欺诈性索兑损害的不仅是保函担保人（即保函开立人）的利益，还损害了保函申请人的利益。独立保函文本上载明的适用规则、法律和管辖法院仅是保函担保人和保函受益人达成的一致意思表示，并不能当然约束保函申请人。

关于认定欺诈的准据法，《独立保函规定》第二十二条第二款规定，涉外独立保函欺诈纠纷，当事人就适用法律不能达成一致的，适用被请求止付的独立保函的开立人经常居所地法律；独立保函由金融机构依法登记设立的分支机构开立的，适用分支机构登记地法律；当事人有共同经常居所地的，适用共同经常居所地法律。本案诉讼中，到庭当事人一致同意适用中华人民共和国法律。

关于本案管辖。《独立保函规定》第二十一条第二款规定，独立保函欺诈纠纷案件由被请求止付的独立保函的开立人住所地或被告住所地人民法院管辖，当事人书面协议由其他法院管辖或提交仲裁的除外。当事人主张根据基础交易合同或独立保函的争议解决条款确定管辖法院或提交仲裁的，人民法院不予支持。本案中被请求止付的反担保函开立人是建行某省分行，建行某省分行的住所地在我国江西省南昌市。因此，南昌市中级人民法院对本案有管辖权。

二、如何辨别一份保函是否为独立保函

《独立保函规定》第一条第一款规定，本规定所称的独立保函，是指银行或非银行金融机构作为开立人，以书面形式向受益人出具的，同意在受益人请求付款并提交符合保函要求的单据时，向其支付特定款项或在保函最高金额内付款的承诺。

《独立保函规定》第三条第一款规定，保函具有下列情形之一，当事人主张保函性质为独立保函的，人民法院应予支持，但保函未载明据以付款的单据和最高金额的除外：（一）保函载明见索即付；（二）保函载明适用国际商会《见索即付保函统一规则》等独立保函交易示范规则；（三）根据保函文本内容，开立人的付款义务独立于基础交易关系及保函申请法律关系，其仅承担相符交单的付款责任。

一般认为，《独立保函规定》第一条第一款的规定是定义性规范，而《独立保函规定》第三条第一款的规定是具有可操作性的条款。本案中，原告主张投标保函是非独立保函，而到庭被告主张投标保函是独立保函，因此，法院需要依据《独立保函规定》第一条第一款和第三条第一款的规定来审查投标保函究竟是否为独立保函。

本案的投标保函既没有载明见索即付，也没有载明适用国际商会《见索即付保函统一规则》等独立保函交易示范规则。唯一能证明投标保函是独立保函的理由即"根据保函文本内容，开立人的付款义务独立于基础交易关系及保函申请法律关系，其仅承担相符交单的付款责任"。投标保函文本载明"在收到业主第一次书面来信要求时，我们负责支付上述款项给业主，无须雇主证实其要求，前提是雇主需要注明索赔的原因，是由于发生上述条件其中的一种或两种，并具体说明发生的情况"，这意味着投标保函要求的单据为"业主发来的注明索赔原因并具体说明发生情况（是上述条件中的一种或两种）的第一次书面索兑保函的通知书"。根据该文本内容，可以推定，恩突曼银行仅承担相符交单的付款责任，只要业主一发来注明索赔原因并具体说明发生情况（是上述条件中的一种或两种）的第一次书面索兑保函的通知书，恩突曼银行就应当付款。因此，本案投标保函的性质是独立保函。

三、如何认定独立保函欺诈行为成立

《独立保函规定》第十二条规定了 5 种构成独立保函欺诈的行为，分别是：1. 受益人与保函申请人或其他人串通，虚构基础交易的；2. 受益人提交的第三方单据系伪造或内容虚假的；3. 法院判决或仲裁裁决认定基础交易债务人没有付款或赔偿责任的；4. 受益人确认基础交易债务已得到完全履行或者确认独立保函载明的付款到期事件并未发生的；5. 受益人明知其没有付款请求权仍滥用该权利的其他情形。该五种行为实际指向的是独立保函受益人在保函项下请求权的事实基础不存在时仍索兑保函的欺诈行为。因而具体个案中业主欺诈性索兑独立保函的表现各不相同，保函申请人需根据个案的不同情况收集能证明独立保函欺诈行为成立的证据材料。

就本案而言，首先是证据上的不充分，恩突曼银行称其收到业主发来的原告在中标后未出具履约保函的索兑通知一份，但未提供证据予以佐证，因而法院无法查明业主索兑通知的具体内容。其次，假定恩突曼银行陈述属实，索兑理由是原告在中标后未出具履约保函但该索兑理由对应的投标保函中载明的义务条件是：如果投标人在投标有效期内被通知中标时没有根据招标文件提供或是拒绝开具履约保函，业主声明上述条件银行即应付款。而本案投标有效期延长至2014 年 11 月 2 日，业主向原告发出中标通知书的时间为 2014 年 11 月 22 日，已超出投标有效期，该情形与保函约定的付款义务条件不相符。因此，业主在保函项下的请求权不具有事实基础，属明知其没有付款请求权仍滥用该权利，

该情形符合《独立保函规定》第十二条第（五）项之规定，其行为应当认定构成独立保函欺诈。

代理心得

一、独立保函欺诈纠纷中止付工作的重要性和紧迫性

独立保函在工程领域，尤其是国际工程领域中应用广泛。目前国际工程领域是买方市场，对响应"一带一路"倡议而走出去的国内承包商来说是处在不利地位的。国外业主恶意索赔独立保函的情形时有发生，银行处理独立保函的审单时间一般在 5 个工作日内。这意味着，一旦国外业主恶意索赔独立保函，留给国内承包商的时间相当有限。在这有限的时间内要完成和律师签署法律服务合同，让律师审查大量基础合同有关事实、提炼观点和证据、并前往法院说服法官作出保函中止支付（一般称为"止付"）的裁定，可见独立保函止付工作时间紧迫且难度较大。

如果保函止付成功则进入实体诉讼程序，接下来如承包商能胜诉则保函将被终止支付，从而在与业主的最终工程结算中占据主动。如果保函止付不成功，保函款项被支付给国外业主，也就不存在进入实体诉讼程序的基础，接下来往往会根据基础合同约定在国外法院或者仲裁中心进行工程结算纠纷的诉讼或仲裁。这些诉讼或仲裁往往依据的是外国法律或国际仲裁规则，国内承包商不得不花重金聘请外国律师、并投入大量的时间和人力成本，而且结果不可预计。由此可见独立保函欺诈纠纷中止付工作的重要性。

律师建议：打好提前量，国内承包商如发现国外业主在基础合同履行过程中有恶意催促承包商开立保函、不与承包商阶段性结算工程款、不通过临时验收、推卸业主自身义务等的苗头，即应联系律师做好保函被索兑后在我国法院申请保函中止支付裁定的准备。

二、关于保函的独立性

司法实践中，时常能遇到既载明"连带保证责任"，又存在"银行仅承担相符交单付款责任"表述的保函，此时对保函性质的判断就进入了法官的自由裁量范围内。例如，在（2014）武海法商字第00823号"北海船务案"（2017年9月7日宣判）中，涉案保函就存在这种情形，最终法院作出有利于受益人的考量，认定涉案保函是独立保函。

律师建议：在保函开立阶段，当事人应该对保函性质作出清晰的决定：如想开立独立保函，则应在保函文本中载明"见索即付"或者载明适用国际商会《见索即付保函统一规则》等独立保函交易示范规则；如想开立非独立保函，则应注意保函文本中对保函开立人付款义务的约定，避免出现"付款义务独立于基础交易，仅承担相符交单付款责任"的表述。从而避免日后对保函性质的争议。

三、须厘清独立保函领域银行审查单据和法院审查欺诈的关系

一些人持有这样一个观点，独立保函受益人发来索赔要求，银行进行单据上的形式审查，做到"单单相符、单证相符"即可说明受益人的索赔要求是合法的、是诚实的，法院没有理由再阻止银行对受益人付款。笔者认为这样的观点，是混淆了形式上银行审查单据是否存在不符点和实体上法院审查是否存在欺诈的关系；其实质是没有看清独立保函项下受益人的付款请求权如何产生。

笔者认为：基于独立保函与传统信用证、票据之间，独立保函与传统连带责任保证之间的区别和联系；独立保函是介于传统信用证、票据和传统连带责任保证之间的新型担保形式。传统信用证、票据在开立时即赋予受益人（持票人）付款请求权。而独立保函在开立时，受益人的付款请求权并未产生，而是到保函载明的索兑条件发生时受益人的付款请求权才产生。

银行作为专业的金融机构，有能力按照其业内使用的审单规则来审查保函受益人提交的单据数量是否足够、形式是否合规。但银行一般并不通晓独立保函基础合同关系中的方方面面，也不是手握司法权的裁判主体，其没有能力就基础合同项下违约是否真实存在、基于该项违约具体的付款请求权是什么、是否构成法律上的欺诈等问题作出符合法律规范且令人信服的判断。因而审查独立保函项下保函受益人的付款请求权是否产生、欺诈行为是否存在，应该是也只能是法院的职责，其他主体理所应当尊重司法权威。

律师观点：银行负责审查独立保函的不符点，而法院负责审查独立保函的欺诈例外，各司其职。索赔不存在不符点不是欺诈例外的抗辩理由。

四、独立保函是块"试金石"

"一带一路"伟大倡议自 2013 年提出截至 2019 年 10 月底，中国已经与 137 个国家和 30 个国际组织签署了 197 份共建"一带一路"合作文件。我国一批又一批的企业走了出去，特别是在基建领域，当前我国在全球基础设施建设的成绩有目共睹。但我们需要透过这些辉煌的成果看到，和"一带一路"沿线国家交往中

的机遇和挑战是并存的，国外业主的信誉参差不齐，国内承包商应做好充分的风险防范措施。

独立保函是块"试金石"，它可以淘汰那些弄虚作假、消极怠工的承包商，也可以暴露那些自私自利、唯利是图的业主。当承包商违反施工义务造成业主损失，业主因而合理索兑独立保函时，阻止业主行使保函权利是毫无道理的。但当遇到业主恶意欺诈性索兑独立保函时，我国司法系统和金融界就应该挺身而出，为国内承包商保驾护航。当前，国际工程领域中我国承包商的实力本领过硬，和国外业主交往的过程中，只有保持不卑不亢、诚实守信的态度才能让我们走得更远，"一带一路"伟大倡议才能永葆生机活力。

高级合伙人介绍

江荣卿律师：北京大成律师事务所高级合伙人，江荣卿律师在跨境投融资和争议解决领域，特别是独立保函领域，具有丰富经验，参与和主导的项目遍及亚洲、非洲、美洲、欧洲、大洋洲。江荣卿律师为《钱伯斯》能源和自然资源领域"受认可律师"、ALB 中国"十佳并购律师"，其主办的中国企业收购加拿大多伦多交易所初级矿业公司 Corriente 及其厄瓜多尔铜金矿项目被《商法》杂志评选为 2010 年度杰出交易；主办的中国高铁全方位"走出去"第一单印度尼西亚雅加达—万隆高铁项目被《商法》杂志评选为 2015 年度杰出交易，被《法制日报》评为"一带一路"十大典型投融资案例。江荣卿律师擅长综合应用各种争端解决机制和政治、经济渠道和信息，为企业解决争端，实现企业最佳商业目的，而非仅仅局限于"为打官司而打官司"。利比亚战争伊始，江荣卿律师持续为中国企业在利比亚战争中的减损及重返利比亚提供全方位法律支持。

联系电话：13801316904；电子邮箱：rongqing. jiang@dentons. cn

天津马斯堡特面包工业有限公司与魏某、天津星辰人工环境工程有限公司租赁合同纠纷案

● 案件基本信息 ●

案例类型：民事诉讼

判决时间：2016 年 6 月 8 日（一审）

2017 年 2 月 3 日（二审）

2018 年 8 月 6 日（再审）

审理法院：天津市滨海新区人民法院

天津市第二中级人民法院

代理律师：王宇、王丁、汤晓勤，北京大成律师事务所律师

关键词：租赁合同；"买卖不破租赁"；恶意串通；虚假诉讼

● 案例正文 ●

□ 当事人信息

再审申请人（原审被告、二审上诉人）：某外商独资企业 A（以下简称 A 公司）

再审被申请人（原审原告、二审被上诉人）：魏某

再审被申请人（原审被告、二审被上诉人）：天津星辰人工环境工程有限公司（以下简称星辰公司）

□ 案情摘要

具体案情如下：

2013年12月，A公司为扩大生产需要，与天津滨海新区管理委员会（以下简称滨海新区管委会）签署了《空港经济区A项目投资协议》，拟在天津滨海新区内投资设立新公司并建立新厂区。2013年12月13日，在滨海新区管委会介绍下，A公司（项目公司）与星辰公司签订了为期10年的《厂房租赁合同书》（以下简称《租赁合同》），承租了星辰公司名下4924.11平方米厂房用作加工生产。

2014年9月，A公司在办理项目经营所需的租赁登记、环评审批时，发现星辰公司名下14300.57平方米的厂房、土地早在2013年9月24日就因公司资不抵债被人民法院查封。公司随即收到通知，上述土地、厂房将很快被法院拍卖。

为避免公司大型生产线项目遭受影响，A公司于2015年9月10日参与了该土地房屋的司法拍卖并成功竞得该房屋。2015年11月10日通过司法裁定方式取得了该房屋的所有权。

在A公司取得上述土地房屋的所有权后，突然有黑恶势力分子通过堵门、寻衅滋事等方式前来公司厂房内闹事，扰乱公司的正常生产秩序。上述不法分子以苏某、魏某为首，以之前与星辰公司已经签订了《租赁合同》为由侵占了A公司拍卖所得的部分办公楼和厂房设施合计9376.455平方米。

2016年1月11日，为将非法占有厂房的行为合法化，魏某作为原告，以租赁合同纠纷为由，将A公司与星辰公司作为共同被告起诉至天津市滨海新区人民法院，理由是虽然A公司通过拍卖方式取得了涉案的全部土地和房屋，但因其与星辰公司签署《租赁合同》履行在先。根据"买卖不破租赁原则"，要求认定星辰公司与A公司签署的《厂房租赁合同》无效，并要求A公司迁出诉争的土地及房屋，将诉争土地及房屋返还给魏某。同时，要求星辰公司赔偿魏某违约损失559557元。

在本案一审审理过程中，一审法院审判组成人员对本案诸多重大疑点及违反常理的情形均采取了无视或刻意回避的态度，不但未能对本案被告星辰公司所谓"代理人苏某"代理身份的真实性进行核实，而且庭审当中，对于原告魏某起诉事实当中诸多不符常理的陈述（例如，20年租金一次性支付，折合的每平方米租金远低于市场公允价格，工厂内部看不出任何原告承租后使用的痕迹等）以及原告与被告代理人之间明显的相互配合、原告提交的所谓"租金支付凭证"当中的重大瑕疵均未予以认真审查，仅凭原告魏某当庭的陈述、被告代理人的自认就贸然认定魏某与星辰公司签订的《租赁合同》合法有效，这给A公司之后的维权行为造成了极大障碍。

本案的一审判决作出后，A公司以一审判决存在瑕疵为由提起上诉，认为涉案的《租赁合同》签署后，涉案的土地及房屋并未交付给魏某，魏某未对租赁房屋进行实际占有和使用。一审法院认定"租期开始后，被告星辰公司以部分厂房仍在使用为由，仅交付原告魏某9376.455平方米"不符合事实，应当予以纠正。二审法院对本案的事实实际上重新进行了审理，代理律师在二审程序中也提交了新的证据，但遗憾的是，二审法院认为"A公司所提证据均不能直接证明星辰公司是否向魏某实际交付了租赁的厂房和办公楼"，与本案缺乏关联性，均不予采信。但是，代理律师提交的新证据以及将一审、二审庭审当中原告与被告代理人之间各种前后矛盾的法庭陈述——向审判庭组成人员进行了罗列，最终引起了二审法院审判庭组成人员的警惕。最终，二审法院实际上在判决书当中采取了折中的处理方法，将被不法分子强占的9376.455平方米从一审法院审理范围当中排除，同时对一审判决的其他结果予以维持。

换句话讲，在被告A公司现有证据不足以直接认定魏某与星辰公司之间存在恶意串通损害第三人利益的情况下，赋予了A公司另案主张返还原物权利的机会。因此，二审法院虽然维持了一审判决，但实际上A公司部分达到了上诉目的。

二审判决作出后，为进一步扩大相关证据的搜查范围，A公司以房屋所有权人的身份向人民法院提起返还原物之诉，并在诉讼当中向法院申请调取了星辰公司执行案件当中相关卷宗档案，并在该卷宗档案中找到了进一步证明原告魏某、被告星辰公司代理人苏某之间存在恶意串通的相关证据。随后，A公司撤回了返还原物诉讼的起诉，并以苏某、魏某、张某等涉嫌诈骗罪、虚假诉讼罪为由，向公安机关报案。在公安机关启动调查后，魏某对其受苏某指使，伙同张某等人伪造租赁合同、提起虚假诉讼且对苏某冒充星辰公司员工的事实供认不讳。

在公安机关将上述情况通报给天津市第二中级人民法院后，经院长报请审委会讨论决定，天津市第二中级人民法院主动启动了再审程序，撤销了原一审、二审判决，驳回了魏某的全部诉讼请求。至此，A公司终于拿回了被不法分子强占2年多的厂房。

2019年2月26日，天津市第二中级人民法院作出终审裁定，魏某捏造事实，

提起民事诉讼，妨害司法秩序并严重侵害他人合法权益，其行为已构成虚假诉讼罪，于法应予以惩处，对一审法院判处其 2 年有期徒刑并处罚金 20 万元的判决予以维持。

□ 争议焦点

1. 案涉的《租赁合同》是否有效？
2. 如何理解"买卖不破租赁"原则？
3. 关于恶意串通、虚假诉讼行为的认定？

□ 裁判观点

一审：

一审法院认为，原告魏某与被告星辰公司于 2013 年 1 月 18 日签订的《租赁合同》，尾部均有双方的签章确认，系双方真实意思表示，其内容亦不违反法律、行政法规的强制性效力性规定，该合同合法有效，双方均应依约履行相应的义务。根据《合同法》第一百一十二条的规定，当事人一方不履行合同义务或者履行合同不符合约定的，在履行义务或者采取补救措施后，对方还有其他损失的，应当赔偿损失。本案原告在与被告签订合同后，依约向被告星辰公司支付了 20 年的租金，履行了自己的主要义务，但被告星辰公司未能按照约定将涉案房屋全部交付给原告使用，已构成违约，依法应承担相应的违约责任。

关于被告星辰公司与被告 A 公司所签订的《租赁合同》的效力问题，本院认为，该合同尾部均有两被告的签章确认，能够认定系双方真实意思表示，其合同内容亦不存在违反法律、行政法规强制性效力性规定的情形，原告以其签订的租赁合同在先，被告星辰公司与被告 A 公司签订的合同在后，且原告已支付了合同项下的全部租金为由主张被告星辰公司与被告 A 公司签订《租赁合同》无效，没有事实和法律依据，本院不予支持。

由于被告 A 公司基于合法有效的租赁合同对涉案房产进行了实际的占有和使用，且被告 A 公司已通过参与拍卖，合法竞买了全部涉案房产，合法取得了涉案房产的所有权，因此被告 A 公司对涉案房产的占有使用是合法的。原告虽然签订租赁合同在先，但对诉争的部分房产被告星辰公司并未向其交付，原告也并未实际占有，被告 A 公司不论是基于合法有效的租赁合同还是基于后来对涉案房产取得的所有权，其对该部分房产的占有均是合法的，故原告主张判令被告 A 公司迁出诉争房屋，将租赁土地及房屋使用权交回原告的诉讼请求，缺乏事实和法律依据，本院难以支持。

二审：

本院认为，关于案涉 4924.115 平方米面积，A 公司在租赁后实际占有使用，现已取得所有权，其对该部分面积的占有合法，且对抗其他租赁人，一审以此驳回魏某要求 A 公司迁出的诉请并无不当，在星辰公司认可收到魏某 14300.57 平方米租赁费的情况下，判决星辰公司对案涉 4924.115 平方米的租赁费，以损失赔偿形式向魏某进行返还亦不存在问题，包括 A 公司在内的各方当事人对上述一审判决结果均无异议。

但一审中，魏某仅针对星辰公司与 A 公司之间的 4924.115 平方米面积的租赁合同提出异议，诉请的赔偿也为该部分面积对应租金，其一审诉请 A 公司迁出诉争土地与房屋，亦限于上述 4924.115 平方米，该请求魏某未做过变更，二审庭审中再次作出明示，故 A 公司的主张缺乏依据。在此情况下，剩余 9376.455 平方米租赁面积问题不属于本案审理范围，有关于此的权利争议可由各方另诉解决。

再审：

本院再审认为，魏某与星辰公司签订的《租赁合同》，实际订立时间为 2015 年 4、5 月间，合同落款时间为 2013 年 1 月 18 日，约定的内容是自 2013 年 7 月起的租赁事项。魏某一审所提交的三张租金付款凭证，实际是某典当公司与星辰公司之间的转款凭证，魏某并未实际向星辰公司支付租金。该合同签订的原因是星辰公司拖欠某典当公司借款无法偿还，为挽回某典当公司的损失，魏某与星辰公司通过虚构租赁合同，欲借"买卖不破租赁"的法律规定，达到占有诉争厂房的目的。

苏某并非星辰公司员工，却以员工身份在原一、二审中作为委托诉讼代理人参加诉讼。张某将星辰公司与某典当公司的债务纠纷交由苏某处理，魏某亦受苏某指派。张某在上述《租赁合同》上签字，在执行笔录中作出不实陈述，并在苏某虚假的《劳动合同》中签字。上述事实均表明魏某与星辰公司、苏某存在恶意串通。故根据《合同法》第五十二条第（二）项的规定，魏某与星辰公司签订的《租赁合同》属于恶意串通，损害国家、集体或者第三人利益的情形，应认定无效。原一审判决认定魏某与星辰公司签订的租赁合同合法有效，缺乏事实和法律

依据，原二审判决对星辰公司赔偿魏某的租金损失予以维持亦为错误，本院予以纠正。

□ 裁判结果

一审：

1. 一审法院判决认为，魏某与星辰公司签署的《租赁合同》合法有效，且涉案的土地房屋已经交付。支持了魏某要求星辰公司赔偿租金损失559503元的诉讼请求；

2. A公司与星辰公司签署的《租赁合同》合法有效；

3. 驳回了魏某要求A公司迁出诉争土地的诉讼请求。

二审：

驳回上诉，维持原判。

再审：

1. 撤销天津市第二中级人民法院作出的（2016）津02民终×××号民事判决、天津市滨海新区人民法院（2016）津0116民初×××号民事判决；

2. 驳回原告魏某的全部诉讼请求。

□ 律师解读

本案系一起典型的因"民间借贷资金无法偿还"，导致借贷方铤而走险，与借款方恶意串通，损害土地房屋竞拍人合法权益的虚假诉讼案件。在全国开展打击"套路贷""高利贷"涉黑行为、虚假诉讼行为的大背景下，具有典型的参考意义。

本案被天津市法院系统列为2018年防范虚假诉讼典型案件，天津市委市政府对本案高度重视，多次在政府、法院系统民主生活会当中，将本案作为改善天津市营商环境的典型案例。

一、对背离市场公允原则，明显违反常理的《租赁合同》，人民法院应当进行全面审查

对于涉及一次性支付大额租金、且租金价格明显背离市场公允价格的《租赁合同》，人民法院不能仅依据当事人之间的陈述和自认就贸然认定《租赁合同》

合法有效，而应当从租金支付、房屋交付、对租赁物的实际占有使用三方面进行真实性审查，在此基础上对涉案《租赁合同》的效力进行判断。

二、如何理解"买卖不破租赁原则"

《最高人民法院关于审理城镇房屋租赁合同纠纷案件具体应用法律若干问题的解释》第二十条规定，租赁房屋在租赁期间发生所有权变动，承租人请求房屋受让人继续履行原租赁合同的，人民法院应予支持。但租赁房屋具有下列情形或者当事人另有约定的除外：1. 房屋在出租前已设立抵押权，因抵押权人实现抵押权发生所有权变动的；2. 房屋在出租前已被人民法院依法查封的。

在本案当中，原告企图依据上述司法解释规定，达到侵占 A 公司厂房的目的。但是，在涉及民间借贷案件的虚假诉讼频发的现实情况下，如何正确理解并把握"买卖不破租赁原则"十分重要。

《最高人民法院关于人民法院办理执行异议和复议案件若干问题的规定》第三十一条规定，承租人请求在租赁期内阻止向受让人移交占有被执行的不动产的，在人民法院查封之前已签订合法有效的书面租赁合同并占有使用该不动产的，人民法院应予支持。承租人与被执行人恶意串通，以明显不合理的低价承租被执行的不动产或者伪造交付租金证据的，对其提出的阻止移交占有的请求，人民法院不予支持。

根据上述司法解释规定，在执行程序中适用买卖不破租赁原则的前提，应当是"在人民法院查封之前已签订合法有效的书面租赁合同并占有使用该不动产"。换句话讲，司法解释的本意，就是指《租赁合同》在人民法院查封行为前，就已经实际得到了履行，而租赁合同的履行，指的应当是：1. 已经签订了合法有效的《租赁合同》；2. 租金已经支付；3. 已经对租赁物进行了实际占有并使用。同时具备以上三点，才可以视为《租赁合同》已经实际履行，当事人才可以援引"买卖不破租赁原则"。

代理心得

1. 青年律师代理复杂诉讼纠纷时，应当首先做到两个"粉碎性掌握"，即对案件事实的粉碎性掌握，对案件涉及的法律、法条、争议焦点的粉碎性掌握和理解，这是律师做好案件代理工作的基础。

另外，在对案件情况进行调查的过程中，可以大胆假设，但应当仔细论证，搜集证据，并对与案涉法律关系、争议焦点存在紧密关联的事实具有高度的敏感性，有必要及时采取证据保全的，应尽快通过公证的方式进行证据保全。

在本案审理的过程中，整个案件的突破口，就是本案的代理律师在中国裁判文书网上搜集到的一份裁判文书。以此为突破口，成功地将《租赁合同》当中租金与他案当中的借款联系在了一起，并最终通过进一步调查取证，将本案不法分子之间恶意串通、虚假诉讼行为彻底予以揭露。

同时，代理律师在不法分子未全面强占厂房前，即通过公证处对涉案的厂房闲置状态进行了公证保全，为二审及之后再审的进一步审查保存了关键证据。

2. 在把握全局的基础上，分析各个利益主体之间的关系，在权衡得失的前提下设计诉讼方案，把握进退取舍。在本案代理之初，团队律师在讨论时，在是否提起反诉（即要求人民法院认定原告与另一被告之前签署的《租赁合同》无效）或仅仅提出反驳的问题上出现了分歧。但最终考虑到目前所掌握的证据极其有限，反诉将进一步加重自身的举证责任，不利于己方权利的维护。而反驳对方诉讼请求，只要指出对方起诉所依据的事实存在严重瑕疵，达到真伪不明的程度即可。实际上，在再审程序当中，再审法官向代理律师承认，他们认为在二审程序当中，我方提交的证据已经达到了"自由心证"的要求。

3. 对判决书全文应当逐字逐句予以审查，往往法院在查明事实部分的论述，也会对委托人的下一步权利主张产生实质性影响。在本案审理当中，虽然一审判决结果看似驳回了原告魏某针对A公司的诉讼请求，但是其在本院查明部分的论述中却又写道"租期开始后，被告星辰公司以部分厂房仍在使用为由，仅交付原告9376.455平方米"，该句话在法律上导致的后果，就是认定原告魏某与被告星辰公司之间的《租赁合同》不但合法有效，而且实际履行。这将意味着，魏某有权利以"买卖不破租赁"为借口继续强占涉案的房屋。看似简单的一句话，我们不提起上诉，则将给委托人的合法权益造成不可估量的损害。

因此，律师在处理复杂案件过程中，对判决书全文应当逐字逐句地予以审查。

高级合伙人介绍

王宇律师：北京大成律师事务所高级合伙人，本科毕业于中国政法大学，研究生毕业于中国人民大学。王宇律师从业近20年，具备扎实的法学理论基础，工作作风严谨、缜密，对法律的综合运用能力强。能够站在企业动态成长的角度为企业设计、考量及完善企划方案，力争将法律专业服务与企业商业目的较完善地结合。王宇律师从事律师业务的产业领域侧重于房地产，并在此领域具有良好的操作经验。从业以来，累计为百余个楼盘及项目提供过法律服务。王宇律师多年来参与众多民商事领域的纠纷调处、诉讼、仲裁，累计处理过的案件逾千宗。由于对争议解决的全面理解，以及对此类法律事务处理技巧的实际掌握，案件最终处理结果得到了众多委托人的认可。

联系电话： 010 – 58137007；**电子邮箱：** yu. wang@dentons. cn

中东电厂工程合同纠纷伦敦仲裁案

● 案件基本信息 ●

案例类型：国际仲裁

裁决时间：2016 年 10 月

仲裁庭名称：国际商会 ICC 仲裁院

代理律师：朱永锐，北京大成律师事务所律师

关键词：建设工程纠纷

● 案例正文 ●

□ 当事人信息

申请人：叙利亚某公司

被申请人、委托人：中国某电力建设工程公司（以下简称中方）

□ 裁判要旨

仲裁庭的裁判主要根据以下法律进行了分析论述：

1. 英格兰和威尔士上诉法院 2015 年判例 Arnold v. Britton［2015］AC 1619 at

p 1628：当合同语言因起草的问题而含糊时，法院和仲裁庭可以不受这些文字本身的束缚。

2. 上诉法院王座法庭 1864 年判例 Stirling v. Maitland［1864］5 B&S at p 852：Cockburn CJ 大法官认为，当一方签订合同是基于某一情势的存在，那么这一方就不应自行改变这一情势持续存在的状态。仲裁庭以此来分析签证责任的分担问题。

3. 上诉法院王座法庭 1971 年判例 Maredelanto Compania Naviera SA v. Bergbau-Handel GmbH［1971］1 QB 164（The Mihalis Angelos 原则）：预期违约（anticipatory breach）并不是指将要在未来发生的违约，而是指现期的拒绝履约行为本身；以及赔偿的判断原则——一个行为本来可以引发索赔，但是客观存在的另一事实或行为可以正当地产生前一行为的结果，却不会引发有效索赔，那么前一行为的索赔可以因而灭失。仲裁庭以此认为虽然中方存在违约，但是叙利亚公司的索赔不应支持。

4. 上诉法院民事庭 2011 年判例 Durham Tees Valley Airport v. BMI Baby Ltd［2011］1 All ER（Comm）731 at p 79：当一方有多种履约途径时，法院不能推定这一方是按照最低限度履行的。该判例被叙利亚某公司用来对抗上述 The Mihalis Angelos 原则。

5. 英格兰和威尔士高等法院 2014 年判例 Comau UK Ltd v. Lotis Lightweight Structures Ltd［2014］EWHC 2122（Comm）。该案例与 The Mihalis Angelos 原则具有相似的事实，其中引用了 The Mihalis Angelos 原则，但是法官的判词认为，原告可以获得被告实际行使无条件解约权之前的损失赔偿。

6. 上诉法院民事庭 2012 年判例（辣妹案）Spice Girls Ltd v. Aprilia World Service BV［2012］EWCA Civ 15：前后陈述应形成一个连续的整体，互相加强并印证，虽然在某一个陈述上没有错误，但是综合起来可以形成一个错误陈述。仲裁庭以此来分析侵权的构成。

7. 英国上议院 1889 年判例 Derry v. Peek［1889］14 App Cas 337 at p 374：欺诈性错误陈述的描述。

8. 英格兰威尔士高等法院 2009 年判例 Fitzroy Robinson v. Mentmore Towers［2009］EWHC 1552 at pp 180-181：错误陈述的责任构成应为——如果不是因为错误陈述，就不会订立合同（而不是如果陈述是真的会怎样）。

9. 本案还涉及英国 1996 年《仲裁法》（Arbitration Act 1996）、1967 年《错误

陈述法》（Misrepresentation Act 1967）和 1977 年《不公平合同条款法》（Unfair Contract Terms Act 1977）等成文法。

综上所述，法律结合本案事实，仲裁庭认为申请人叙利亚公司的违约和侵权索赔不成立。

□ 案情摘要

2011 年 5 月，经西门子公司大力推荐，中方作为中东电厂项目的总承包商，开始着手邀请叙利亚某公司担任安装工程的主要分包商。

根据中方与业主的主合同，分包商的确定需要得到业主的书面批准，但是业主要求的工期短，中方为了尽快开始施工，且出于对叙利亚某公司施工能力的信任，在没有获得业主同意前，中方就在 2012 年 2 月与叙利亚某公司签订了分包合同。

分包合同订立前后，叙利亚冲突升级，与业主国家外交关系恶化，业主所在国驻叙利亚大马士革大使馆关闭。叙利亚某公司高管和工程师难以获得签证，导致现场施工人员不足。分包合同约定中方提供签证支持，但是在沟通过程中渐变为提供签证。叙利亚公司要求中方在黎巴嫩等地使领馆办理签证，被中方拒绝。叙利亚某公司于是开始聘用当地和其他国家的人工，并认为不能获取签证是中方责任。

面对叙利亚某公司的签证问题以及施工进展缓慢，中方没有按照分包合同支付预付款。

2012 年 1 月，在分包合同订立前，业主书面来函不建议中方使用叙利亚某公司，3 月和 7 月，业主继续拒绝认可叙利亚某公司的分包商身份，9 月致函中方要求叙利亚某公司退场。在此期间，叙利亚某公司到场的人力不足、施工拖期、存在一定的质量问题，导致整个项目逾期。

2013 年 1 月底，中方致函叙利亚某公司，以业主不批准其分包商身份为由，宣布单方解除合同。分包合同中规定中方有权无理由解约，只需提前 14 天通知即可，但是中方没有使用这一权利。

2013 年 2 月，中方与叙利亚某公司谈判并签订了友好终止合同的备忘录，结算有关费用，但同时第 7 条还约定叙利亚某公司可以继续就各项成本和利润损失索赔。叙利亚某公司随后提出了索赔清单，中方回复进行反索赔。双方关系至此完全破裂。

2014 年 2 月，叙利亚某公司向国际商会仲裁院提出了仲裁请求，启动了仲裁程序。

□ 争议焦点

1. 本案是违约，还是侵权，中方是否应承担违约而造成的叙利亚公司预期利润损失；

2. 备忘录如何影响双方的权利义务关系；

3. 签证的责任在哪一方，是否构成不可抗力；

4. 中方迟延支付预付款，是否构成违约；

5. 中方未告知叙利亚公司业主拒绝其分包商资格的行为，是否构成欺诈性错误陈述的侵权。

□ 裁决观点

一、中方是否违约且应赔偿利润损失的问题

仲裁庭认为中方将签证困难判断为不可抗力不准确，在英国法下对于业主没有批准的法律后果判断有误。使用这一事实作为解约理由，使自己处在不利的地位上。仲裁庭认为，中方在 2013 年 1 月的解约行为依据不足、明显违约，但是不能忽视中方本来享有无条件解约权，因此这个违约行为是否导致叙利亚某公司有权索赔利润损失，仲裁庭在裁决书中对这一点进行了大篇幅的论述。

对于由此引发的利润损失索赔，中方认为备忘录规定叙利亚某公司可以进行利润损失的索赔没有法律依据，当中方在任何时候都有权无条件解约的情况下，以何种理由，即使是不正当的理由解约，也不应产生利润损失的索赔。中方承认没有履行无条件解约需要提前 14 天通知的程序，但是认为这不影响这一条款的法律后果。

仲裁庭采纳了中方引用的在 Maredelanto Compania Naviera SA v. Bergbau-Handel GmbH The Mihalis Angelos① 一案中 Edmund Davies Megaw 大法官和丹宁勋爵的论述，认为本案的事实与这个 1971 年的案件十分相似，其中丹宁勋爵的推论应当适用于本案。根据这个推论，中方在 2013 年 1 月的解约虽然是错误的，但是如果叙利亚某公司不接受的话，则中方完全可以行使无条件解约权，这样一来，解约的

① Maredelanto Compania Naviera SA v. Bergbau-Handel GmbH The Mihalis Angelos [1971] 1 Q. B. 164.

结果是不会变的。而无条件解约是中方的权利，解约后不会产生利润赔偿。所以，即使现实当中中方的解约理由错误，但是考虑到行使无条件解约权的无赔偿结果，错误理由的解约也不应产生赔偿后果。故而全额驳回叙利亚某公司的全部利润索赔请求。这一推理被称为 The Mihalis Angelos 原则。

The Mihalis Angelos 原则的适用对于中方至关重要，围绕这一问题，双方进行了深入的法律辩论。

叙利亚某公司首先援引 Durham Tees Valley Airport v. BMI Baby Ltd 一案①，用来反驳 The Mihalis Angelos 原则的适用，此案中 Patten 法官认为，"只有当合同约定被告有权选择如何履行时，才可以适用这一原则。当一方有多种行为途径时，法院不能推定这一方是按照最低限度履行的"②，故而认为中方当时并未有意图行使无条件解约权，仲裁庭不应加以推定。仲裁庭认为这一判例对申请人并无帮助，因为该案例不涉及允许无条件解约的情形，并且中方的权利是合同内权利，并没有突破合同范围。同时，仲裁庭采纳了中方的意见，认为当叙利亚某公司拒绝接受 2013 年 1 月的解约通知后，如果没有备忘录的签署，中方完全可能转而行使无条件解约权，因而这是现实的，而非想象推定的。

叙利亚公司又引用 Comau UK Ltd v. Lotis Lightweight Structures Ltd〔2014〕EWHC 2122（Comm）案判例③。该案法官在判词中说，原告可以获得被告实际行使无条件解约权之前的利润损失赔偿。所以叙利亚公司认为，在中方实际行使无条件解约权以前其遭受的利润损失，有权获得赔偿。而中方始终没有实际行使这一权利，故此叙利亚某公司有权获得全额的利润损失赔偿，从而实际上排除 The Mihalis Angelos 原则。对此，中方认为该判例是简易程序的判决，是 Mr Robin Knowles CBE QC 作为高等法院的 Deputy Judge 独任审理的案件，与上诉法院三位大法官的判决相比，其权威性显然不够。另外，该判例并没有否定 The Mihalis Angelos 原则，因为法官的结论是利润损失仅限于行权之前的实际发生利润，而对于赔偿金，法官明确认为还应在推定被告行使了无条件解约权的基础上来衡量。而本案叙利亚某公司索赔的是预期利润损失，而非实际工作期间的利润，故此，该

---

① Durham Tees Valley Airport Ltd v BMI Baby Ltd and another〔2010〕EWCA Civ 485.

② If the defendant is under a single contractual obligation that it could have performed in a number of ways, it is not necessary to assume that the defendant would have done the absolute minimum.

③ Comau UK Ltd v. Lotis Lightweight Structures Ltd〔2014〕EWHC 2122（Comm）Queen's Bench Commercial Court.

判例无助于叙利亚某公司的主张。仲裁庭也认为这一判例的原则与 The Mihalis Angelos 原则并不矛盾，对于叙利亚某公司的主张不予采纳。

二、备忘录的法律后果

仲裁庭认为双方于 2013 年 2 月签署的备忘录，明确表明协商一致终止合同，这一文件代替了 1 月份中方的解约通知。同时，备忘录规定了叙利亚某公司可以提出进一步的索赔，而中方接到索赔后没有予以针对性的回复，而是提出了反索赔。既然备忘录规定叙利亚某公司可以索赔，那么中方就有义务遵守约定，对索赔予以答复，因此中方没有实质答复索赔的行为不当。但是，无论如何，备忘录的法律性质是稳定的。备忘录规定叙利亚某公司必须提供索赔的依据材料，否则视为撤回索赔，叙利亚某公司没有提供该等材料，其比照 FIDIC 合同的辩解，仲裁庭不予采纳，故此支持中方的主张，认为叙利亚某公司的部分索赔请求不成立。

三、关于签证的问题

仲裁庭认为分包合同的英文使用不准确，合同第 7.4 条似乎规定了中方只是配合叙利亚某公司办理签证，但是后续的双方行为显示中方担负了提供签证的责任，而不只是协助。依据 Arnold v. Britton[①] 判例原则，仲裁庭认为可以不受合同文字的约束，且根据 Stirling v. Maitland 判例，[②] 签证的责任应当持续存在，不能由中方自行变更。在签证问题上，中方有责任，应当承担与之相关的成本。

四、关于预付款问题

仲裁庭认可中方的部分主张，认为在 2012 年 7 月以前，由于叙利亚某公司未能提供合格的保函，故此中方没有义务支付预付款。而 7 月以后情况发生了变化，双方商谈变更保函要求，而中方没有及时回应并处理，导致不恰当的拖延，故而其对后续仍然没有支付预付款负有责任。

五、关于欺诈性错误陈述的侵权

仲裁庭认为，虽然在最初中方没有默示某种事实，但是根据 Spice Girls Ltd v. Aprilia World Service BV[③] 一案的原则，综观中方前后的行为，先是没有征得业主同意而与叙利亚某公司签订分包合同，又长期没有及时告知叙利亚某公司业主的态度，足以误导叙利亚某公司认为业主已经批准，存在错误陈述。但是仲裁庭不认为中方存在欺诈。

---

① Arnold v Britton and others SUPREME COURT [2015] UKSC 36 10 June 2015.
② Stirling v Maitland and another [1861 – 73] All ER Rep 358.
③ Spice Girls Ltd v Aprilia World Service BV [2002] EWCA Civ 15 Court of Appeal, Civil Division.

中方主张 Herchell 勋爵在 Derry v. Peek[①] 一案中描述的欺诈情形不适用于本案，仲裁庭采纳了中方的解释，中方之所以在没有获得业主同意的情况下签约，是基于对推荐人西门子公司的信任，并非有意欺骗叙利亚某公司。

叙利亚某公司在侵权项下索赔 6000 万里亚尔故未获支持。对于叙利亚某公司基于错误陈述而索赔的利润，仲裁庭不予支持。

□ 裁决结果

仲裁庭在经历了 10 天的审理后，作出最终裁决。

1. 中方 2013 年 1 月单方解约是违约行为，但是中方享有无条件解约权，如果行使这一权利，同样可以达到终止合同的效果，且合法合约；另，后期订立的和解备忘录替代了前一解约，故此中方的违约行为不产生利润索赔。故此驳回叙利亚某公司 1.2 亿里亚尔的利润索赔。

2. 中方未获业主批准即与叙利亚某公司签约，且没有将未获批准的事实及时告知叙利亚某公司，构成错误陈述的侵权，但属于过失而非欺诈，故此不支持叙利亚某公司 6000 万里亚尔的侵权索赔额。

中方在提供签证和预付款问题上有一定责任，故此部分支持叙利亚某公司签证和预付款方面的成本。

□ 律师解读

本案是一起以英国法为实体法，适用国际商会仲裁规则审理的国际工程施工合同纠纷。审理使用英美普通法模式，进行了为期 4 天半的交叉询问。

本案申请人在 2014 年年初提起仲裁申请，接到申请后，我们接受中方的委托进行答辩。由于 1 个月的答辩期时间紧张，我们向仲裁庭申请延期 1 个月，并立即着手调查工作。我们走访了中方委托人的管理和业务负责人，并到地处中东的电站施工现场做了实地调查。

鉴于案件由英国仲裁员组成仲裁庭，且适用英国法，审理必将按照英美抗辩

---

① Derry and others v Peek HOUSE OF LORDS.（此为 LORD HALSBURY LC, LORD WATSON, LORD BRAMWELL, LORD FITZGERALD 和 LORD HERSCHELL 大法官 1889 年的判决）

制方式审理，因此需要做充分的证据披露准备，尤其是需要证人出庭作证。

在第一轮举证后，双方均向仲裁庭提出了要求对方披露特定证据的要求，并对彼此的请求进行了辩论。仲裁庭就此举行了电话方式审理，并作出了指示（Directions）。举证工作历经多轮申请和辩论，在仲裁庭一一作出决定后，双方按照期限进行举证。

需要指出的是，本案是国际商会仲裁中心审理的案件，作为国际仲裁机构，当事人和律师来自世界各地，案件申请人是叙利亚某公司，其律师是荷兰籍英国律师，其证人来自叙利亚、沙特和德国；我方是中国公司和中国律师，我方证人来自中国境内和沙特以及巴林地区，而首席仲裁员在爱尔兰工作，各方聚集到伦敦一起开庭成本较高，十分不便。故此，正式开庭前的审理，均采用电话或视频方式进行。我国仲裁机构要成为国际级的仲裁机构，应当参考国际仲裁机构的做法，在开庭方式和开庭时间的安排上，应当尽可能地为当事人提供便利。

案件在组成仲裁庭之后，按照国际商会仲裁规则的规定，制定了审理时间表。在正式开庭以前，证据交换工作和一切庭前沟通均远程进行。一切齐备之后，仲裁庭于 2016 年 1 月在伦敦进行了现场开庭审理。

代理心得

本案事实和法律非常复杂，故而我们聘请了英国皇家御用大律师出庭，对方英国事务律师也聘请了出庭大律师代为出庭辩论，开庭审理历时 10 个工作日，其中证人出庭作证占用了 4 天半时间。双方进行了充分的辩论。

在作证方面，双方都委托了专家证人出具了专家报告，专家证人也出庭接受了双方律师的质证。不能出庭的证人，经仲裁庭允许，采用视频方式作证并回答质证询问。

本案是一个十分复杂的国际工程纠纷案，涉及工程质量、设备质量、工程工期、中东服务市场、当地劳务市场、国际工程设备的租赁与购买、施工现场管理、劳工生活区建设、业主与总承包商关系、合同分包、中东地区局势等。涉及工程专业技术问题较多，并且工期与成本核算，损失额度计算等，也是法律之外的专业问题。

在处理专业技术问题的时候，国内诉讼和仲裁案件当中许多中国律师会直接展示自己的技术领域见识和经验，在庭上就技术问题展开论述。我们许多律师确

实是工程、技术、专利、精算等方面"专家",实际上律师具备其他领域的专业知识是必要的、有益的,但是在国际仲裁庭上,律师仅仅是有资格的法律专家,即使在其他技术等领域确实具有深入的研究和广博的经验,如果不具备相应的学术或实务背景,也不会被视为技术专家。律师发表的技术领域论述,不会被仲裁庭采纳,不具有任何说服力。因此,律师作为法律人在庭上就工程技术问题滔滔不绝进行论述的场面,在国际仲裁庭上不会发生,其论述即使在客观上确实很专业,也显得很外行,仲裁庭无法判断一个法律专家发表的技术类意见是否可信。在国际仲裁庭上,针对技术问题,应当使用专家证人。让专业的人做专业的事。专家的技术性分析意见作为证据来使用,使用证据是出庭律师的专业。包括本案在内的设计技术的案件当中,双方都会委托专家证人来做技术分析,在工程技术问题以外,工程拖期和成本、损失核算等领域也有相应的专家,律师的工作是使用专家的报告来证明自己的主张、批驳对方的主张。律师在庭上论述技术问题,一定要以专家报告为依据,而不能以自己所谓的经验和知识做基础。

就本案的工程技术和索赔额度问题,叙利亚某公司委托了一家英国机构出具了专家报告,其中指出中方的违约是工程逾期的主要原因,并且造成叙利亚某公司1亿多里亚尔的预期利润损失;在侵权赔偿方面,对方专家报告中进行了周密计算,结论是侵权的赔偿金应当在6000万里亚尔左右。针对叙利亚方面专家报告的结论,我们建议中方公司委托国际资深专家参与工作,而不是由律师来做分析。事实上我们作为国际工程领域的律师,此前已经担任了大量国际工程 EPC 工程项目的法律顾问,对其中的技术性问题也具有相应的知识,但是我们不能代替业内专家在庭上发言。选择专家是本案的一个重要工作,专家不仅需要具备专业知识,还需要具有国际上业内的影响力,能够英文出庭,并具有出庭经验,能够应对对方律师的交叉盘问。经过反复比较,并考虑英国同行的建议,最终我们委托了一位来自英国专业机构的专家开展研究工作,并出具专家报告。

在专家证人之外,我方还充分使用了事实证人。按照国际仲裁庭的惯例,案件事实过程应当由事实证人到庭作证,律师不能代替证人就案件的事实进行陈述。律师的陈述应当以证人的证言作为基础,对事实证人的充分准备为本案的胜诉提供了坚实保障。事实证人在审理中,经受住了被对方律师进行盘问的考验,对我方赖以论述的事实做了充分证明。

本案历时 2 年零 8 个月,仲裁庭最终驳回了叙利亚某公司的巨额利润损失和侵权索赔,仅裁令支付对方的部分成本支出,是一个非常成功的海外应诉案例。

高级合伙人介绍

朱永锐律师：北京大成律师事务所高级合伙人，执业 25 年，毕业于中国政法大学和伦敦政治经济学院；主要从事海外投资和境外仲裁工作，曾获北京十佳留学归国律师奖；是英国皇家特许仲裁员学会资深研究员（FCIArb）；并在国际商会仲裁院、伦敦国际仲裁院、米兰国际仲裁院、毛里求斯国际仲裁院、斯德哥尔摩仲裁院、维也纳国际仲裁中心和香港国际仲裁中心等国际仲裁机构担任仲裁员和出庭律师；执业以来，在境外国际仲裁领域代理了许多国际商事和投资仲裁案件。朱永锐律师和他的国际仲裁团队曾出席在伦敦、巴黎、中国香港、新加坡和瑞士等地的仲裁庭，能够以英语为工作语言，熟练地使用国际仲裁机构和临时仲裁庭的仲裁规则和国际法开展工作，独立出席国际仲裁庭。

联系电话：13911881971；**电子邮箱：**yongrui. zhu@dentons. cn

陈建良和中国建设银行股份有限公司无锡某支行、江苏华天国际控股集团有限公司金融委托理财合同纠纷案

• 案件基本信息 •

案例类型： 民事诉讼

判决时间： 2018 年 2 月 12 日（一审）

审理法院： 江苏省高级人民法院

代理律师： 李燕青，北京大成律师事务所律师

关键词： 金融委托理财；涉外

• 案例正文 •

☐ 当事人信息

原告： 陈建良

被告： 中国建设银行股份有限公司无锡某支行（以下简称建行某支行）

第三人： 江苏华天国际控股集团有限公司（以下简称华天集团）

□ 裁判要旨

1. 理财产品的发售者应对理财产品的真实性负责。发售者明知涉案理财产品虚假，仍然套用真实发行的理财产品名称对外发售，其行为构成欺诈。如未损害国家利益，且受欺诈的投资人亦未以欺诈为由撤销合同，则理财协议有效，依法对理财产品的发售者具有约束力。

2. 银行作为专业的金融机构，应当为客户提供合法合规的理财服务，特别是在保本理财业务中尤其应当注意到将款项借给第三方不能收回的风险。银行在提供理财服务时未恪尽职责，应当承担民事责任。

□ 案情摘要

华天集团是建行某支行的大客户，双方保持长期的理财业务关系。

2013年4月15日，华天集团与建行某支行签订《中国建设银行股份有限公司理财产品客户协议书》（以下简称《理财协议》），约定：1. 华天集团向建行某支行认购"089期理财产品"人民币2亿元；2. 华天集团付款方式：建行某支行在约定时间从双方约定的华天集团交易账户直接扣划理财款项，无须通知华天集团；3. 建行某支行到期归还本金及理财收益方式：建行某支行直接将理财本金及收益划入双方约定的华天集团交易账户。签订上述理财协议的同时，建行某支行向华天集团出具了《风险揭示书》及《产品说明书》，载明该理财产品募集期：2013年4月15—18日；产品成立日：2013年4月19日；产品期限：365天；产品到期日：2014年4月17日。该理财产品无风险或风险极低，并提供本金保护，理财本金和相应收益到期一次性支付。上述理财协议所涉理财产品的名称虽然与建行江苏分行正式发售的"089期理财产品"的名称相同，但该产品的编号、规模、募集期、成立日、期限、到期日等要素与正式发售的理财产品均不相同。

2013年4月15日，建行某支行业务内勤方嘉苑以华天集团的名义办理了2亿元本票申请书，并以华天集团名义开具了涉案2亿元本票，本票申请书上孙乾（华天集团工作人员）的名字是方嘉苑签署的，该本票的申请人和收款人均为华天集团，本票申请书和本票背书人一栏加盖了华天集团的财务专用章和陶庆隆（华天集团法定代表人）的印章，被背书人一栏空白。

上述 2 亿元本票开具完成后，建行某支行副行长殷广华将该本票交给前任行长朱亚文，朱亚文于 2013 年 4 月 17 日将该 2 亿元本票交给了淘熙良。淘熙良实际控制的江苏省新轩缘国际商贸有限公司（以下简称新轩缘公司）兑用了该 2 亿元。殷广华、朱亚文、淘熙良共同商定新轩缘公司使用该款的利率为 16%。

2013 年 6 月 30 日，华天集团向建行某支行出具《询证函》，要求核对截至 2013 年 6 月 30 日华天集团在建行某支行理财账户余额。该《询证函》未到期理财产品明细表中载明有一笔理财：投入时间为 2013 年 4 月 9 日（该时间为华天集团涉案 2 亿元存入涉案理财账户的时间），到期时间为 2014 年 4 月 17 日，理财天数 373 天，本金金额 2 亿元，合同约定收益率为 5%，合同约定收益额为 10219178.08 元。建行某支行负责华天集团业务的客户经理樊亚莉确认并经时任副行长陈耀批准，建行某支行于 2013 年 7 月 3 日对上述理财业务予以盖章确认。

2014 年 2 月 26 日，经现任行长邹伟洪批准，建行某支行向某会计师事务所上海分所出具《中国建设银行资金存款证明》，确认截至 2013 年 12 月 31 日，华天集团在建行某支行未到期保本理财余额为 7.45 亿元整。

2014 年 4 月份以后，建行某支行上级行建行无锡分行副行长胡可为催促淘熙良还款。2014 年 4 月 17 日，新轩缘公司出具《还款承诺》一份，载明新轩缘公司于 2013 年 4 月 15 日向建行某支行借款人民币 2 亿元，该借款以华天集团在建行的理财资金出具 2 亿元银行本票背书给新轩缘公司的方式支付。淘熙良为该笔借款提供个人担保，现借款已到期，新轩缘公司和淘熙良同意以以下方式为借款提供担保：1. 淘熙良名下的所有财产；2. 淘熙良所控股的公司在某集团化工物流有限公司的所有股权；3. 某集团化工物流有限公司担保。淘熙良同意配合办理资产抵押手续及股票质押手续。担保人项下有淘熙良的签字和某集团化工物流有限公司公章。

2014 年 4 月 30 日，华天集团与陈建良签订《协议书》，将涉案 2 亿元理财业务相关权利转让给陈建良。2014 年 6 月 16 日，华天集团向建行某支行快递发出《债权转让通知书》，将上述债权转让事宜通知建行某支行。

2014 年 5—6 月份，淘熙良陆续开具本票、承兑汇票共计 2425 万元交到建行无锡分行纪检监察部门，纪检监察部门通知华天集团领取了该本票、汇票并入账，华天集团出具了收条，该收条由建行某支行保管。

2014 年 6 月，陈建良向江苏省高级人民法院起诉要求建行某支行：1. 返还人民币 2 亿元的理财产品本金并支付 10219178.08 元的理财收益；2. 支付自 2014 年 4 月 18 日起至实际支付之日止的逾期返还本金及收益的银行同期贷款利息；3. 承担本案所有诉讼费用。

建行某支行辩称：1. 陈建良在本案中所主张的理财产品并不存在，涉案理财产品名称下真实发生的理财产品成立于 5 月 31 日，为期 45 天，与陈建良在本案中所主张的理财产品完全不同。建行某支行从未收到华天集团支付的用于购买涉案理财产品的款项；2. 华天集团的涉案款项实际是用于民间借贷，涉案理财合同上建行某支行的印章是建行某支行的工作人员基于华天集团的要求而提供的协助，双方都明知该合同并非真实意思表示，因此无须履行；3. 华天集团向陈建良转让余额为 1.8 亿元理财产品资产，即使本案中诉争的债权债务存在，陈建良也只有权向建行某支行主张 1.8 亿元的债权，请求驳回陈建良的起诉。

2014 年 8 月，华天集团向无锡市公安局刑事报案称建行某支行涉嫌背信运用受托财产罪；建行某支行向无锡市公安局报案称淘熙良涉嫌诈骗罪。建行某支行负责华天集团业务的客户经理樊亚莉在公安机关询问笔录中认可上述《询证函》和《资金存款证明》包括本案 2 亿元理财资金；江苏省新轩缘国际商贸有限公司实际控制人淘熙良在公安机关询问笔录中认可涉案 2 亿元系其向建行某支行所借。直至 2013 年 4 月份之前，淘熙良与孙乾互不认识；建行某支行副行长殷广华在公安机关询问笔录中称："涉案理财业务属于非正常的理财，在此之前，其代华天集团做过多笔此类业务。具体做法是：华天集团有资金需要理财，其资金部经理孙乾就会想起提出做理财的要求，殷广华和朱亚文也想通过理财息差形式来弥补亏损和完成建行无锡分行的考核指标。殷广华和朱亚文将华天集团的资金通过本票形式以高于华天集团理财协议利率的利率出借给第三方借款单位，到期后要求第三方开具本票，由客户经理收取本金、利息的本票，拿回来的本票由殷广华统一调配，支付华天集团的到期理财本金和利息，多余的利息放在其他能控制的账户上，用以弥补亏损和作为中间业务费上交建行无锡分行。华天集团对息差并不知情，华天集团如果知道有息差存在，不会同意如此操作。"

□ 争议焦点

1. 华天集团与建行某支行是否存在涉案金融委托理财关系？

2. 建行某支行是否应当向陈建良偿还其主张资金的本金及收益？

□ 裁判观点

一、涉案《理财协议》是华天集团和建行某支行的真实意思表示，对建行某支行和华天集团具有约束力

（一）涉案《理财协议》落款处有华天集团的公章和建行某支行的业务用章，各方当事人对该两个印章的真实性没有异议。在殷广华调离之后，建行某支行在涉案《询证函》和《存款证明》中继续对涉案2亿元理财产品的真实性予以确认。涉案理财产品到期后，殷广华、朱亚文再次对涉案理财产品真实存在予以确认。

（二）尽管涉案《理财协议》中的理财产品并非合规的理财产品，涉案2亿元款项亦未通过直接扣划的方式进入建行某支行的理财专户，而是被建行某支行以高利贷的方式给新轩缘公司使用，但这一做法正是建行某支行签订涉案《理财协议》初衷的体现，不影响涉案《理财协议》的效力，涉案《理财协议》对建行某支行具有约束力，其仍应依照该协议的约定履行其对华天集团承担的相应合同义务。

1. 建行某支行作为涉案理财产品的发售者，其应对理财产品的真实性负责。建行某支行在明知涉案理财产品虚假，仍然套用真实发行的理财产品名称向华天集团发售，其行为构成欺诈。鉴于没有证据证明涉案《理财协议》损害国家利益，而华天集团亦未以欺诈为由撤销该合同，故该合同依法对建行某支行具有约束力。华天集团对其账户上用于购买涉案理财产品的款项不是由建行某支行直接扣划，而是通过本票形式转出，未给予合理的注意，固然存在一定的过错，但由于建行某支行是专业的金融机构，华天集团有理由相信其是依法为客户提供理财服务，故该过错不足以导致涉案《理财协议》无效。

2. 在签订涉案《理财协议》时，华天集团的孙乾与淘熙良并不认识，华天集团与新轩缘公司之间不存在民间借贷的合意，亦无其他证据证明华天集团系通过建行某支行向新轩缘公司出借款项。相反，现有证据表明系建行某支行主动将涉案2亿元借给了新轩缘公司。涉案2亿元本票系空白背书本票，由殷广华通过朱亚文交付给新轩缘公司。新轩缘实际控制人淘熙良在公安询问笔录和《还款承诺书》中亦认可，该款项系其向建行某支行所借。殷广华、朱亚文的该做法与其签订涉案《理财协议》利用收益差额弥补前期理财亏损的初衷一致。因此，将涉案2亿元以高利贷给新轩缘公司使用，就是建行某支行在涉案《理财协议》中所承诺的实际理财行为。法院据此认定，涉案款项系建行某支行而非华天集团借给新轩缘公司使用，建行某支行关于华天集团的真实意思并非购买理财产品而是向淘熙良发放民间借贷的主张缺乏事实依据，本院不予支持。

3. 涉案《理财协议》签订时，殷广华系建行某支行主持工作的副行长、朱亚文系该行的前任行长，其二人共同商定与华天集团签订《理财协议》的目的系解决朱亚文担任行长期间，建行某支行为华天集团理财的亏损问题，故其二人的行为应视为建行某支行的行为。法院据此认定，涉案《理财协议》系建行某支行为弥补前期理财亏损，请求华天集团协助解决该问题而签订。建行某支行辩称，涉案《理财协议》系华天集团请求其帮助处理虚假账目而签订，但其并未提供证据证明华天集团曾请求其帮助处理虚假账目，故对建行某支行的上述抗辩理由，本院不予采纳。

二、建行某支行应对涉案理财产品承担还本付息及赔偿相应损失的全部民事责任

（一）尽管涉案 2 亿元理财款项并非如《理财协议》约定由建行某支行直接从华天集团在该行开立的理财账户上直接扣划，而是以本票形式转出，基于以下因素考虑，本院认为建行某支行仍应对涉案理财产品承担还本付息及赔偿相应损失的全部民事责任：

1. 本案的基本事实是，涉案《理财协议》签订之后，建行某支行仍然多次认可华天集团向其支付了 2 亿元理财款项本金，而建行某支行没有按约履行其还本付息的义务。

2. 建行某支行作为专业的金融机构，其本应为客户提供合法合规的理财服务，特别是在保本理财业务中尤其应注意到将款项借给第三方不能收回的风险，而在本案中其并未恪尽职责。

3. 在本案中，建行某支行承诺给予华天集团的理财收益仅为 5%，与常规的银行存款差异不大，相反其将该款出借给新轩缘公司的利率却高达 16%，而对此华天集团并不知情。

4. 建行某支行向华天集团承担责任之后，其可就与新轩缘公司之间的法律关系另行主张权利，而华天集团与新轩缘公司之间并不存在直接的借款合同法律关系。

（二）涉案理财产品本金为 2 亿元，建行某支行在《询证函》中确认理财收益为 10219178.08 元，因此理财产品到期后，建行某支行应向华天集团偿还的本

金及收益合计为 210219178.08 元。华天集团认可建行某支行已于 2014 年 5—6 月份偿还 2425 万元，该部分款项应从建行某支行的还款责任中予以扣除。由于华天集团明确表示放弃要求建行某支行赔偿迟延支付该部分款项的利息，故本院据此认定，截至涉案理财产品到期日 2014 年 4 月 17 日，建行某支行应当向华天集团支付的理财本金及收益为 185969178.08 元。建行某支行未按期支付该款项构成违约，华天集团请求建行某支行赔偿上述款项自 2014 年 4 月 18 日至实际支付之日按照中国人民银行同期贷款基准利率计算利息，并不违反法律规定。

华天集团将其在涉案《理财协议》项下的债权转让给了陈建良，并将该转让事宜通知建行某支行。该债权转让协议是陈建良和华天集团的真实意思表示，且不违反法律的强制性规定，应为合法有效。陈建良据此取得了向建行某支行追偿上述债权的权利，建行某支行应向陈建良履行上述付款义务。

□ 裁判结果

1. 建行某支行于判决生效之日起 10 日内向陈建良支付理财本金及收益 185969178.08 元，并向陈建良支付自 2014 年 4 月 18 日至实际支付之日按照中国人民银行同期贷款基准利率计算的利息；

2. 驳回陈建良的其他诉讼请求。

如果未按本判决指定的期间履行给付金钱的义务，应按照《民事诉讼法》第二百五十三条之规定，加倍支付迟延履行期间的债务利息。

案件受理费 1096896 元，由建行某支行承担。

□ 律师解读

一、关于本案争议焦点华天集团与建行某支行是否存在涉案金融委托理财关系

该焦点争议核心点：建行某支行和华天集团之间签订的涉案 089 期《理财协议》及附件所涉理财产品与建行江苏分行发行的 089 期《理财协议》及附件所涉理财产品，除了名称相同外，理财产品的编号、规模、募集期、成立日、期限、到期日等要素均不相同。涉案《理财协议》是否真实存在？对建行某支行及华天集团是否具有约束力？

建行某支行认为：涉案理财协议是虚假的理财协议，华天集团对此是明知的，华天集团购买正规理财产品的付款方式均为建行某支行从其理财账户中直接扣划，而涉案 2 亿元款项是通过本票转出。华天集团知假买假，真实意图并非购买真实的理财产品，而是借购买理财产品之名行发放民间借贷，谋取高额收益。涉案《理财协议》对建行某支行没有约束力。

大成经办律师认为：涉案《理财协议》系华天集团的真实意思表示，对双方具有约束力。

从涉案《理财协议》签订来看：（1）《理财协议》及附件为建行某支行提供并长期使用的格式合同且具备常规理财合同基本要件，华天集团没有能力和义务判断涉案理财协议是否违规。建行某支行无权私自发行理财产品不影响涉案《理财协议》效力，建行内部的规章管理制度不具有对外效力，即便涉案《理财协议》在建行内部违规，但依然是建行某支行对外的真实意思表示；（2）华天集团与建行某支行均在涉案《理财协议》上加盖了印章，且建行某支行加盖的是柜台办理的业务专用章，华天集团无法得知涉案《理财协议》违规；（3）华天集团购买保本理财产品的意思表示真实，现有证据表明涉案理财合同为华天集团负责人多次向建行无锡分行、建行某支行负责人强调只购买保本理财产品后签订；（4）华天公司对建行方面负责人谋划违规操作涉案理财资金的过程不知情；（5）涉案理财收益率仅为 5%，符合银行常规理财业务收益水平，甚至低于建行贷款利率；华天集团的工作人员，包括建行某支行主张的孙乾在内都与淘熙良不认识，华天集团与新轩缘公司之间不存在民间借贷的任何合意，也无其他证据证明华天集团系通过建行某支行向新轩缘公司出借款项。

从涉案《理财协议》履行来看：（1）涉案《理财协议》约定 2 亿元理财资金支付方式为华天集团存入约定账户 2 亿元理财资金，建行某支行单方扣划理财款项。在约定的交易日，华天集团约定账户上已留足 2 亿元理财资金供建行扣划，当天约定交易账户也确实少了 2 亿元资金。截至诉前，华天集团对这 2 亿元资金不是由建行某支行扣划的而是以本票方式支出的全然不知情。涉案 2 亿元最终系开具本票支付的事实不影响华天集团实际支付了理财款项的认定，华天集团在理财产品募集期内将资金在建行某支行指定的账户内准备完毕，就已经完成了理财产品的出资义务，之后这笔资金在建行某支行手中如何操作流动不影响华天集团实际支付了理财款项的认定。（2）现有证据表明系建行某支行主动将涉案 2 亿元借给了新轩缘公司。涉案 2 亿元本票系空白背书本票，由殷广华通过朱亚文交付

给新轩缘公司。新轩缘公司实际控制人淘熙良在公安询问笔录和《还款承诺书》中亦认可，该款项系其向建行某支行所借。建行某支行将该 2 亿元资金出借给新轩缘公司的利率高达 16%，对此华天集团并不知情。殷广华、朱亚文的该做法与其签订涉案《理财协议》利用收益差额弥补前期理财亏损的初衷一致。（3）在涉案《理财协议》履行过程中，华天集团及聘请的会计师事务所先后 2 次对建行某支行进行询证，均得到建行某支行的书面确认。殷广华调离后，建行某支行后任负责人继续盖章确认包含涉案 2 亿元理财产品的真实性，出具书面《资金证明》继续确认包含涉案 2 亿元理财产品的真实性。（4）涉案《理财协议》到期时，华天集团蒋昌林立即向建行某支行催促回款并质问理财产品不能如期到账原因。（5）建行某支行不能如期偿还涉案理财资金后，建行某支行及其上级建行无锡分行负责人向淘熙良催回借款 2425 万元。（6）无锡金融办主持调解，建行无锡分行及建行某支行负责人仍认可涉案金融理财金额 2 亿元。

二、关于本案争议焦点建行某支行是否应当向陈建良偿还其主张资金的本金及收益的问题

大成经办律师认为：（1）建行某支行作为专业的金融机构，本应为客户尽职尽责提供合法合规理财服务，然而在涉案理财业务中其非但未尽职尽责，反而存在多次违规违约行为，不仅擅自以华天集团名义申请本票、擅自使用了由建行工作人员临时保管或持有的华天集团印鉴印章，甚至还伪造了华天集团孙乾的签字以达到擅自将理财资金高利放贷于第三方赚取高额利差的目的，建行某支行在涉案理财业务中存在明显的过错。前已所述，华天集团在涉案《理财协议》的签订及履行过程中均不知建行某支行将 2 亿元理财资金借给第三方淘熙良使用，不存在任何过错，故建行某支行应承担涉案全部风险责任；（2）建行某支行与华天集团签订的委托理财合同是保本理财合同，且时任建行某支行行长朱亚文、副行长殷广华、客户经理樊亚莉、后任行长邹伟洪、后任副行长陈耀案发前均认可系保本理财，建行某支行应当履行合同义务，向华天集团返还理财本金；（3）建行某支行对涉案理财收益率 5%、收益 10219178.08 元作了明确确认。建行某支行应当向陈建良支付理财收益；（4）建行某支行应当根据《最高人民法院关于逾期付款违约金应当按照何种标准计算问题的批复》规定，向陈建良支付涉案理财合同期满后未偿付本金及收益的逾期付款利息；（5）关于建行某支行已归还的 2425 万元，根据《合同法解释（二）》第二十一条之规定应当优先从收益及贷款利息中扣减。

代理心得

一、代理律师面对大标的疑难复杂案件，一定要冷静分析代理思路，从错综复杂、千头万绪中找出案件关键点，突出重点，把握方向

本案因系涉外案件未规定审限，加上被告建行某支行提起管辖异议，一审自2014年6月立案至2018年2月出具一审判决书，时间长达3年零8个月。期间一审法院4次调取公安机关卷宗，18天民事庭审，主审法官将华天集团与建行某支行90余笔理财业务均进行了逐一核对，过程艰辛繁复。本所律师从华天集团签订、履行涉案《理财协议》均为真实意思，均不知建行某支行将涉案理财资金高息出借给第三人角度出发论证华天集团无过错；相反，建行某支行签订、履行涉案《理财协议》均是为了赚取高额利差，应当独自承担全部民事责任。抓住案件的重点、要点，即使法庭调查的点特别多，案情特别繁杂，也能把握大方向。

二、借用刑事手段获取民事有利证据，刑民交叉办理重大疑难复杂案件

本案因2亿元本票申请书加盖华天集团印章、本票背书加盖华天集团印章，华天集团应对其关于本票开具以及背书的不知情负举证义务，此证据通过单纯的民事代理显然无法取得。刑事报案一是占据主动，将本方处于受害人地位；二是证人对公安机关侦查人员说假话的概率要小于法官取证，刑事侦查证据更能还原案件基本事实。本案能取得好的判决结果，很大程度上取决于建行某支行时任副行长殷广华、办公室内勤方嘉苑、华天集团理财客户经理樊亚莉、原行长朱亚文等的公安机关询（讯）问笔录及华天集团蒋昌林、孙乾询问笔录。

三、代理律师要善于学习、勤于思考，要从办案法官、从本方共同出庭律师、从对方代理律师身上学习可取的方方面面

一审主审法官理论功底非常深厚，加上多年办案经验，对法理、对案件事实把握的非常到位，是我学习的一个目标。每次庭审结束后，我总要回想思考一下主审法官询问每句话的用意及关键点，并做好下一步庭审准备。鉴于主审法官将案件研究的特别细致，本所律师针对其深钻业务的工作习惯，在大的宏观框架下去研究案件最微小的细节，在卷帙浩繁的材料中去搜寻最有利的证据，写了102页代理词。本方另一个代理人系华天集团法务总监，具有多年律师从业经验。其对庞杂的案件事实特别熟悉、庭辩思路又特别清晰。对方两名代理律师虽然年纪

比较轻，但思维清晰、反应敏捷、辩驳能力强，亦值得本所律师学习。

高级合伙人介绍

李燕青律师：北京大成律师事务所高级合伙人，女，中共党员，中国政法大学、北京大学双硕士，拥有 17 年专职律师服务经验。李燕青律师代理各种诉讼案件 1000 余起，主要业务范围包括：小股东维权案件；重大疑难民商案件；最高人民法院申诉案件。李燕青律师曾担任中国人民武装警察部队警卫局（公安部特勤局）、中央军委后勤保障部采购管理局、北大方正集团有限公司、东方集团投资控股有限公司、北京京能油气资源开发有限公司、北京盛丰小额贷款股份有限公司、中国网通股份有限公司、江苏峰业环保集团股份有限公司等常年法律顾问。李燕青律师专注于各类疑难复杂民商事诉讼、仲裁，擅长用刑民交叉的方式解决民事问题，也擅长在破产、诉讼、执行程序交叉的复杂案件中为客户定制"一揽子"解决方案。

联系电话：15801649291；**电子邮箱：**yanqing. li@dentons. cn

民事案件

第三部分

知识产权与竞争纠纷

柒一集团有限公司和普思（北京）软件系统有限公司合同争议仲裁案

● 案件基本信息 ●

案件类型：仲裁

裁决时间：2014 年 6 月 5 日

仲裁庭名称：中国国际经济贸易仲裁委员会

案件负责人：马江涛，北京大成律师事务所律师

代理律师：李涛、徐宕、毕建伟、梁笑准、王鑫，北京大成律师事务所律师

关键词：许可合同；技术服务；查证；实质违约；终止；解除权

● 案例正文 ●

□ 当事人信息

申请人：柒一集团有限公司（以下简称柒一集团公司）

被申请人：普思（北京）软件系统有限公司（以下简称普思公司）

□ 裁决要旨

本案合同合法有效，申请人和被申请人应依约履行合同义务；

被申请人的查证要求已经实际送达申请人，申请人和被申请人的长期反复讨论和谈判未能得以履行，但现有证据并不能证明申请人实质性违反本案合同之查证规定；

被申请人不能依据《许可合同》第5.1条的规定终止软件许可合同，相应地，被申请人亦不能终止与软件许可相关的《服务协议》。

综上所述，仲裁庭认为，本案合同继续有效，申请人和被申请人应当继续履行本案合同项下各自的义务。

□ 案情摘要

2010年12月16日，柒一集团公司与普思公司签订《某软件最终用户许可合同》（以下简称《许可合同》），据此，柒一集团公司获得某软件使用权。《许可合同》约定：（1）普思公司非独家授予柒一集团公司在区域内特定地点使用该软件的使用许可（第2.1（a）条）；（2）任何使用软件的个人……都必须经许可成为指定用户（第2.1（b）条）；（3）普思公司应被允许（至少一年一次并依据该软件的标准程序）对软件的使用进行审查，若经审查发现柒一集团公司少付普思公司使用许可费及/或服务费，柒一集团公司应按照审查当时有效的该软件的定价及条件向普思公司支付少付之款项（第3条）；（4）柒一集团公司实质性违反本合同的任何规定（第6条或第10条之违约除外，该违约发生时将导致本合同立即终止）……经普思公司以书面方式通知柒一集团公司后30日，但柒一集团公司在该30日期间内已补正该等违约的除外（第5.1条），本合同立即终止等。

同日，柒一集团公司与普思上海分公司签订《企业级支持服务协议》（以下简称《服务协议》），据此，普思上海分公司向柒一集团公司提供某软件的售后技术支持服务，相应地，柒一集团公司支付服务费用。《服务协议》约定：当柒一集团公司报告出现故障时，普思上海分公司向柒一集团公司提供支持，告知如何修复、避免或绕开这些错误。柒一集团公司可以在任何时间发送错误问题报告（第2.1条）。

《许可合同》《服务协议》签订后，双方依据合同约定，履行合同义务。随着柒一集团公司使用需求的增长，2011年1月1日，柒一集团公司与普思公司签订《许可合同之附件1.1》，约定：……使用限制：如（i）柒一集团公司或其关联公司未能遵守《许可合同附件1.1》指定用户、软件引擎、企业支持解决方案及/或许可内容之数量限制……普思公司保留对本合同进行修改的权利，以反映该指定用户、软件引擎、行业解决方案及/或许可内容被超额使用的情形……依照某软件当时有效的价格向柒一集团公司开具发票并且相应增加企业级支持服务费用（第3条）。

截至2012年1月，柒一集团公司累计购买7次某软件及技术服务，采购金额总计人民币约2000万元。

2012年4月始，普思公司通过电子邮件，多次联系柒一集团公司的下属公司，即柒一重工股份有限公司（以下简称柒一重工）。在邮件中，普思公司提出，依据《许可合同》第3条之约定，"某软件使用测定"是柒一重工的基本义务，但柒一重工并未履行该项义务。此外，普思公司称将派员到柒一重工，对某软件进行测定，要求柒一重工进行协助。2012年5月3日，柒一重工沈某某答复，关于具体开展测定的时间、方式，会在收到普思公司操作说明之后再详细沟通。2012年5月7日，普思公司向沈某某答复，将向柒一重工发送该软件测定报告的说明以及工作流程。柒一重工沈某某在5月15日的回复邮件中，提出如下顾虑：（1）如何能够在测定程序运行时确保公司核心信息资产的安全？（2）需要普思公司提供国内该软件用户单位接受测试的名单与相关联系人，以证明该软件用户享有平等的权利和义务。普思公司对此进行了答复。

2012年5月30日，普思公司派出工作人员，对柒一重工该软件进行现场测定，因柒一重工工作人员拒绝，未能对该软件进行现场测定。2012年6月14日，柒一集团公司向普思公司发送《关于软件运维服务工作函》，指出在使用该软件过程中，发现许多问题和障碍，多次联系均未获得有效解决，要求普思公司履行《服务协议》，并提出：（1）普思公司在收到本函后7日内指派专员来现场与柒一集团公司进行沟通，有效地解决柒一集团公司在使用系统过程中遇到的系列问题；（2）普思公司严格按照合同约定为柒一集团公司提供产品和服务；（3）在普思公司及时履行上述两条要求后，柒一集团公司将通过友好协商途径解决因普思公司违约给柒一集团公司造成的损失问题；（4）就前述事项未达成一致解决方案之前，柒一集团公司将暂停采购普思公司软件许可。

2012年8月15日，普思公司向中国证监会、中国证监会湖南局、上交所以及香港证券及期货事务监察委员会发送有关陈述，即柒一重工2011年年报及2011年内部控制自我评价报告存在虚假记载、误导性陈述或重大遗漏。

2012年8月27日，普思公司向柒一集团公司肖某某发送《关于终止某软件

使用许可的确认函》：因柒一集团公司长期拒绝履行协助核查义务，本函发出之日起 30 日期限届满之日终止柒一集团公司已采购全部软件许可。

2012 年 9 月至 11 月，柒一集团公司与普思公司进行了大量的沟通协商。柒一集团公司认为：（1）普思公司单方终止协议的行为是无效的；（2）该软件存在严重影响核心业务的系统漏洞，如物料账异常影响自动月结、标准成本不能正常更新、无故宕机等，且普思公司未能按合同规定义务及时解决，已经给柒一集团公司带来经济损失；（3）普思公司向证监会和中信投资等相关公司散布不实信息，已对柒一重工造成实质伤害；（4）愿意配合普思公司行使查证的权利，但顾虑到信息资产的安全，要求普思公司签署保密协议、邀请独立公正的第三方监督查证程序。普思公司主张，依据《许可合同》，普思公司有权按照标准程序对该软件的使用进行查证，而柒一集团公司未能履行合同项下协助查证的义务构成了合作的实质障碍。在沟通过程中，普思公司向柒一集团公司发送了软件测定的链接、使用方法及说明文件，但因柒一集团公司在试验机上发现，查证结果获取的信息包含公司的库存、客户分布等信息资产。

最终，双方未能达成一致意见。2012 年 10 月 11 日，普思公司向柒一集团公司发送《关于终止软件使用许可的确认函》：软件许可合同（及附件）在本函发出之日（终止日）即为终止，《服务协议》以及所有附件、订购单和修改协议同样在终止日终止。

2012 年 11 月 28 日，柒一集团公司向中国国际经济贸易仲裁委员会提出仲裁请求：

第一，确认被申请人单方终止 2010 年 12 月 16 日《许可合同》及《服务协议》的行为无效；

第二，被申请人承担申请人因提起本案仲裁而支出的合理费用，包括但不限于为办理本案支出的律师费及差旅费；

第三，被申请人承担本案全部仲裁费。

□ 争议焦点

1. 申请人是否实质性违反了本案合同项下的查证的规定？

2. 被申请人是否可依约终止本案合同？

□ 裁决观点

经过审阅本案证据材料和对本案的开庭审理，仲裁庭认为：

一、关于本案合同的效力

本案合同不存在违反中华人民共和国法律、行政法规的强制性规定的情形，也未发现存在法律、行政法规规定的无效情形。因此，本案合同合法有效，申请人和被申请人应依约履行合同义务。

二、关于本案合同的履行

仲裁庭认为，就本案合同的履行，双方存在以下争议焦点：

（一）申请人是否实质性违反了本案合同项下查证的规定

被申请人主张申请人收到了被申请人的查证要求，申请人无权对审查义务的履行设置任何条件，而是应当根据被申请人的标准程序履行查证义务。但申请人一直以各种理由不履行查证义务，不协同被申请人进行查证，明显是不履行该义务的违约行为，实质性违反了本案合同之查证规定。申请人主张合同查证条款约定不明确，其就查证程序及保密和信息安全与被申请人展开善意磋商是合理的，其从未拒绝履行《许可合同》第3条的查证规定。

首先，须明确被申请人的查证合同权利和申请人的查证合同义务。依据《许可合同》第3条查证的规定为"普思公司应被允许（至少一年一次并依据普思公司的标准程序）对软件专有信息的使用进行审查，如经审查表明被许可人少付普思公司使用许可费及/或服务费，被许可人应按照审查当时有效的软件的定价及条件向其支付少付之金额"，据此，被申请人享有查证和依查证结果收取许可费的权利，相应地，申请人有义务允许被申请人查证并支付少付的许可费。仲裁庭认为，申请人和被申请人就查证进行了长时间的多次讨论和谈判，没有直接证据证明在这一过程中申请人拒绝履行查证义务。双方就查证的反复沟通和谈判的内容，除了商务和技术安排外，在本案争议中，主要集中在保密及信息安全和查证程序等方面。

本案合同关于专有信息保密的约定，可以理解为包含查证过程中被申请人可能接触到的可合理认定的申请人的机密和专有信息。但同时，仲裁庭也同意申请人的主张，即该条款并没有对于查证中可能接触的申请人保密信息的保密和信息安全作出有针对性、全面性的规定。申请人要求针对查证签订保密协议，被申请人曾表示同意，并就申请人提出的保密协议的内容和签署与申请人进行了磋商，

故，仲裁庭认为申请人的要求有一定的合理性。

其次，《许可合同》对于查证程序和方法并未约定。虽然，应申请人的要求，被申请人向申请人发送了查证程序软件使用指南以及具体方式、方法的指导文件，并声明软件测定运行程序只针对客户的用户及引擎使用情况进行单纯数据统计。但是，申请人在实验机上试运行程序时发现，查证结果包含了申请人的库存、销售等数据，被申请人对此也未进行否定。在后续的沟通中，被申请人同意派出技术人员逐项说明输出结果的含义，另，被申请人向申请人提供了64页的现行查证程序文件。据此，仲裁庭认为，软件使用测定确实具有相当的复杂性，申请人要求被申请人派员解释说明、作出保密承诺以及邀请独立公正的第三方进行现场监督的要求也是合理的。只是由于双方在保密协议的条款未达成一致而未能签署，测定也因为第三方未到现场而未能进行。由此可见，申请人提出的上述要求不能被认定为无故拖延和拒绝查证的理由，申请人并非拒绝履行查证的配合义务。

综上所述，仲裁庭认为，虽然本案合同约定了查证程序，在经过双方长期沟通后未能履行，但现有证据不能证明申请人实质性违反了本案合同之查证规定。

（二）被申请人是否可依约终止本案合同

《许可合同》第2.1条规定，许可人授予被许可人于区域内特定地点使用软件、文件和其他专有信息的非独家且永久性的许可（除非依本合同第5条的规定予以终止）。第5.1条规定，本合同及依本合同给予之许可应自首页注明日期起生效，其效力并应持续至下列所述事件最早发生以致合同终止时为止：（1）被许可人基于任何理由给予许可人终止本合同的书面通知后30日，但无论如何应于被许可人付清所有已到期而未支付之许可费及企业级支持服务费之后；（2）被许可人实质性违反本合同的任何规定（第6条或第10条之违约除外，该违约发生时将导致本合同立即终止），包括被许可人积欠任何到期款项超过30日等，经许可人以书面通知申请人后30日，但被许可人在该30日期间已补正该等违约的除外。

根据本案合同的上述规定，申请人获得的是永久性的使用许可。该许可在出现何种事件导致本案合同终止而终止，申请人和被申请人围绕查证提出了不同的主张。

申请人主张，查证本身并非《许可合同》的主要合同目的及实质义务，查证程序未执行不构成对合同义务的实质违反。申请人与被申请人双方签订本案合同的目的为申请人向被申请人支付软件许可使用费及技术支持服务费用，被申请人许可申请人使用软件并提供技术支持服务。在这一商业模式及合同架构下，申请人获得软件的使用权以及技术支持服务，被申请人获得相应的许可费和技术支持服务费是本案合同缔结的主要目的。围绕这两个合同目的设置的合同义务当然是合同的实质义务。固然，查证条款的设置是为了保护被申请人能够通过技术手段对申请人实际使用的软件数量进行统计，特别是用于软件许可购买后新增软件使用数量的统计，但查证本身是个程序性权利，未进行查证并非意味着申请人存在超许可数量使用软件的情况。没有任何证据证明申请人违反了本案合同的实质义务。从2006年开始在长达6年的时间里，没有任何证据证明申请人存在拖欠许可费、技术支持服务费等足以影响被申请人实体权利、影响本案合同目的实现的情况。被申请人单方解约缺乏合同依据。申请人进一步主张，被申请人单方解约亦不符合法律规定。被申请人也无权单方解除《服务协议》。在申请人有权继续使用软件的基础上，被申请人没有任何理由不履行相关技术支持服务义务。无论依据《许可合同》第5.1条的约定或法律规定，被申请人均无权单方终止本案合同。

被申请人认为申请人的上述主张与本案合同规定不符。根据《许可合同》第5.1条关于本合同及依本合同给予之许可应自首页注明日期起生效，其效力并应持续至下列所述时间最早发生以致合同终止为止：（2）申请人实质性违反本合同的任何规定，被申请人主张申请人违反了《许可合同》中的查证义务，属于实质性违反了该合同义务，被申请人有权依据前述合同第5.1条的约定单方终止《许可合同》；相应地，软件许可被终止后，相关技术支持服务协议没有继续履行的基础也应予以终止。被申请人亦有权终止与软件许可相关的《服务协议》。

仲裁庭认可被申请人对本案合同关于"实质性违反本合同的任何规定"将导致本案合同的终止这一条款的涵义的解释。故，仲裁庭在此对申请人的上述主张不作进一步的讨论。

基于前述关于申请人是否实质性违反查证义务的分析，仲裁庭认为申请人并未拒绝履行查证配合义务，不属于实质性违反该条款。因此，被申请人不能依据《许可合同》第5.1（2）的规定终止软件许可合同；相应地，被申请人亦不能终止与软件许可相关的《服务协议》。

仲裁庭注意到申请人关于"根据本案合同的实际情况，如判令解除本案合同会导致显失公平的后果"的主张。申请人认为有鉴于《许可合同》是一次性购买

软件永久许可的合同，在申请人已经为取得软件使用权累计支付高达人民币近2000万元的许可费和技术支持费的对价的基础上，在没有任何证据证明申请人拖欠被申请人费用或存在其他实质性违约行为的情况下，如判令《许可合同》解除，其法律后果是此后申请人无权继续使用该软件。姑且不论这一结果给申请人经营管理造成的巨大困难，仅就申请人多年累计支付的费用换取的合理数量的软件使用权被顷刻剥夺这一现实，就显失公平。仲裁庭认为申请人支付软件使用许可费和技术服务费，并允许被申请人对软件的使用数量进行查证是申请人应尽的合同义务，申请人在履行本案合同义务的情况下享有本案合同项下的权利；同时，申请人不履行或不依约履行合同义务必然对其合同权利的实现造成不利影响。在本案，如果申请人依约履行了合同义务而被剥夺许可软件的使用权，对申请人是不公平的；同样，如果申请人拒绝允许被申请人查证，并因拒绝查证软件使用数量而少付软件使用许可费，这对被申请人也是不公平的。申请人应允许被申请人查证软件的使用户数，以计算合理的使用费；被申请人应在申请人履行合同义务依约付费的情况下确保申请人的软件使用权。

综上所述，本案合同继续有效，申请人和被申请人应当继续履行本案合同项下各自的义务。

□ 裁决结果

2014年6月5日，仲裁庭作出裁决书，裁决如下：

1. 被申请人单方终止2010年12月16日《许可合同》及《服务协议》的行为无效；

2. 驳回申请人关于被申请人支付申请人为本案支出的律师费用共计人民币200万元的仲裁请求；

3. 本案仲裁费为人民币248050元，由申请人承担40%，即人民币99220元；被申请人承担60%，即人民币148830元。该笔费用与申请人已经全额预缴的仲裁预付金相冲抵后，被申请人还应向申请人支付人民币148830元以补偿申请人为其垫付的仲裁费。

以上被申请人应向申请人支付的费用，应于本裁决作出之日起30日内支付完毕。

本裁决为终局裁决，自作出之日起生效。

□ 律师解读

本所律师接受申请人，即柒一集团公司的委托，进行仲裁程序。

在充分审查案件材料的基础上，本所律师确定了本案的仲裁策略，即集中火力否定普思公司终止函的效力。

一、申请人认可被申请人的查证权利，双方的分歧在于如何行使查证权利

本案中，申请人认可被申请人主张的查证权利，双方分歧的根源在于合同约定不明，即案涉合同对用户的定义、查证的程序和方法约定不明，因协商不一致，而产生该仲裁案件。根据《合同法》第六十一条规定，合同约定不明时，当事人有权利进行协商，达成补充协议。申请人通过在试验机上查证，发现查证结果包含库存、销售等核心信息资产，作为一家拥有多家成员单位、年销售收入达数百亿元的大型企业，信息系统中存在大量核心商业信息资产，申请人有理由怀疑查证程序将导致其核心信息的泄露，给申请人造成无法挽回的损失。因此，在沟通过程中，申请人一直围绕查证程序中如何保护信息资产进行沟通，如要求被申请人签订保密协议（或承诺）、要求独立第三方现场监督查证程序等，此等要求均是合理的。民事主体是己方利益最好的知悉者和捍卫者，商业信息资产作为法律认可的商业利益，基于信息资产安全性的考虑，申请人提出的上述要求完全符合《合同法》公平原则和合法性原则的要求。据此，被申请人认定申请人违反《许可合同》第3条规定的义务，实属欠妥。

二、主给付义务的违反才构成实质违约

本案为计算机软件许可合同纠纷，在软件许可合同法律关系中，许可方交付符合要求的软件，被许可方支付价款，构成了双方的对价关系。许可方交付符合要求的软件构成了许可方的主给付义务，被许可方支付价款构成被许可方的主给付义务。申请人依约支付了价款，履行了主给付义务，因此，本案不存在实质违约情形。申请人配合被申请人查证程序，确系申请人的义务，该义务属于附随义务，因为该权利义务安排的直接目的是维护被申请人对软件的著作权，是许可合同给付利益之外的利益，未履行查证程序并不意味着申请人超额使用软件，也不意味着被申请人著作权受损害。该附随义务随着合同履行阶段的不同而发生变化，附随义务对于合同目的只能起到辅助作用，而非决定作用，主给付义务决定了合同目的的实现。被申请人认为申请人违反《许可合同》第3条所约定协助义

务，构成实质违约，显然是不能成立的。

三、契约严守规则

《合同法》第八条、第六十条规定，依法成立的合同对双方当事人具有法律拘束力，任何一方不得无故变更或解除，双方当事人应当本着诚实信用的原则履行合同义务。结合到本案，《许可合同》及附件、《服务协议》及附件依法成立并生效，不存在法定无效情形。被申请人应当按照合同约定的时间、方式、数量、条件向申请人提供软件，并提供技术支持服务；申请人应依约向被申请人支付对价款。在合同履行过程中，未出现《合同法》第九十四条法定解除权的情形，因此，被申请人不具有法定解除权。根据《许可合同》第 5.1 条约定，被申请人行使约定解除权需满足以下：要件一，申请人履约过程中出现实质性违约。要件二，对于申请人实质违约情事，被申请人应当进行书面通知。要件三，申请人在接到被申请人书面通知后 30 日内未完成对违约情事之补救。因此，只有上述三要件同时满足时，被申请人始得行使约定解除权，且上述三要件存在时间逻辑的先后性。如前文所述，申请人的行为并不构成实质违约，约定解除权的条件并未完备，于此情形下，被申请人无权行使约定解除权。案涉合同继续有效，对双方具有法律约束力。

综上所述，本案争议产生的根源在于合同约定不明，且该项合同权利涉及申请人的重大利益，申请人必然对此予以相当谨慎。合同严守是意思自治的保障，合同是当事人之间的法律，解除权的行使将导致当事人权利义务的重大变化，因此，民事主体必须依法或依约行使解除权，否则，秩序的稳定性将难以保障。申请人在案涉合同项下义务属于附随义务，而非主给付义务，主给付义务的违反才构成实质违约。申请人依约履行了主给付义务，不存在实质违约情形，案涉合同解除权的要件尚未齐备。因此，被申请人无权行使约定解除权，作为合同解除权的意思行为，被申请人发送的终止函当然不能产生终止合同的法律效力。

代理心得

一、采用多种争议解决方式，实现客户利益最大化

从惯例维度来看，自 2010 年 12 月至 2012 年 4 月，被申请人从未行使其查证

权。从协商时间维度来看，2012年4月至10月，协商耗费将近7个月时间。从协商内容维度来看，应申请人的要求，被申请人于2012年9月28日向申请人发送长达64页的查证程序文件，此外，还就继续合作事宜进行详细沟通。被申请人的上述行为，表明被申请人还是希望和申请人继续开展业务合作。因此，宜采取诉讼、仲裁等多种方式向被申请人施压，以打促谈。本案在仲裁之外，针对被申请人，本所律师还在湖南长沙提起侵犯名誉权的诉讼，不仅在仲裁中狙击了终止函的法律效力，而且在诉讼中实现了向被申请人施压的目的，最终于庭外实现了客户商业利益的最大化。

二、合理引导客户预期，有的放矢地确定仲裁策略

本案中，申请人提到被申请人合同义务履行不完全，软件使用过程中，出现种种问题，如物料账异常影响自动月结、标准成本不能正常更新、无故宕机等，且被申请人未能按合同规定义务及时解决，已经给申请人带来经济损失。该主张具有一定合理性，但是，证据环节十分薄弱，因此，本所律师向客户阐明利害关系，合理引导客户预期，有的放矢地确定"否定终止函效力"的仲裁策略，于仲裁中成功实现仲裁目标。

三、深挖案件细节，与客户保持密切沟通

本所律师在代理该案过程中，一直保持与客户各层级工作人员的沟通，正是在与客户技术人员沟通中，发现查证程序可能泄露关键商业信息，继而发现了有效的抗辩依据，最终得到仲裁庭的认可。

高级合伙人介绍

马江涛律师：北京大成律师事务所高级合伙人，毕业于中国政法大学证据法学博士，担任中国国际经济贸易仲裁委员会仲裁员、全国青联委员、北京市海淀区政协委员、北京市朝阳区律师协会副会长等。马江涛律师拥有20多年的执业经历，主要业务领域涉及争议解决、民商事诉讼及国际仲裁、不良资产处置、公司、房地产、投资并购、行政诉讼等。多年来为多家中央直属企业、大型国企、涉外企业、跨国公司提供优质的法律服务。在诉讼和争议解决领域，马江涛律师多次荣获钱伯斯、Legal 500，Asia law等多家国际知名评级机构推荐并成为上榜律师。

联系电话：13901096175；电子邮箱：jiangtao. ma@dentons. cn

北京泰复力传动机器有限责任公司诉
胡士国、北京天福隆工程技术有限
公司侵犯商业秘密纠纷案

● 案件基本信息 ●

案例类型： 民事诉讼

判决时间： 2013 年 6 月 20 日（一审）

2017 年 2 月 21 日（二审）

审理法院： 北京市第一中级人民法院

北京市高级人民法院

代理律师： 陶雨生、刘晓雨，北京大成律师事务所律师

关键词： 商业秘密；反不正当竞争；刑民交叉

● 案例正文 ●

□ 当事人信息

上诉人（原审原告）： 北京泰复力传动机器有限责任公司（以下简称泰复力传动公司）

上诉人（原审被告）： 胡士国

被上诉人（原审被告）： 北京天福隆工程技术有限公司（以下简称天福隆公司）

□ 裁判要旨

公司高管人员基于职务、职责、职权而当然了解的公司商业经营信息不属于《中华人民共和国反不正当竞争法》（以下简称《反不正当竞争法》）（1993 年）第十条所说的采取不正当手段获取的信息。

只有具备法定条件的信息才能作为商业秘密获得法律保护，具体包括秘密性、商业价值性并采取保密措施。原告应当说明商业秘密的具体内容，同时举证证明其所述之商业秘密来源正当、并为其合法持有。

原告主张被告侵犯其商业秘密，理应就其主张的商业秘密的法定事实构成、被告实施了侵权行为以及相关行为造成原告的实际损失承担举证责任。

□ 案情摘要

1997 年 6 月 11 日，泰复力传动公司成立，其经营范围为"生产机械电器设备、电子计算机软硬件及外部设备；货物进出口；代理进出口；技术进出口"等。胡士国在 2005 年 6 月 26 日至 2008 年 6 月 26 日期间担任泰复力传动公司总经理；2006 年 9 月 14 日，北京泰复力工程技术有限公司成立，其经营范围为"货物进出口；代理进出口；技术进出口"等，2008 年改名为天福隆公司，胡士国未在该公司担任过任何正式职务，但在其担任泰复力传动公司总经理期间，曾接受天福隆公司的委托，全权代表天福隆公司处理与"Commerce Venture Manufacturing Sdn Bhd"关于新建年产 15000 公吨镁冶炼厂项目的一切事宜并签署文件。

原告泰复力传动公司起诉称：自 2006 年 9 月起，胡士国利用自己在泰复力传动公司担任法定代表人及总经理的重要职务，将自己熟悉的原告的商业秘密泄露给自己控制的天福隆公司，给原告造成重大的财产损失。胡士国对泰复力传动公司造成 2000 多万元的经济损失。天福隆公司是胡士国事实上控制的企业，其明知有关客户资料、技术信息是泰复力传动公司的商业秘密，仍予以利用，应当与胡士国承担共同侵权的责任。请求法院判决被告停止对原告商业秘密的侵害行为并且赔偿原告经济损失 1829.96 万元。

两被告答辩称，泰复力传动公司所谓商业秘密均不构成商业秘密，其未实施侵犯商业秘密的行为，故请求法院驳回泰复力传动公司的全部诉讼请求。

原告在庭审过程中明确，其指控胡士国侵害商业秘密的法律依据为《反不正当竞争法》（1993 年）第十条第一款第（二）项；指控天福隆公司侵犯商业秘密的法律依据为《反不正当竞争法》（1993 年）第十条第一款第（一）（二）项。亦明确其所称之商业秘密的具体内容是指 4 个商业项目中所覆盖的商业秘密。

□ 争议焦点

1. 被告胡士国是否违反了《反不正当竞争法》（1993 年版）第十条第一款第（二）项的规定？

2. 泰复力公司所述之"商业秘密"是否满足商业秘密的法定条件？

3. 天福隆公司在客观上是否利用了原告所述之"商业秘密"？

□ 裁判观点

首先，法院认为，被告胡士国长期担任泰复力传动公司的总经理，直接负责该公司的商业经营活动，理应知晓该公司商业经营的全部信息，因此其基于职务所了解的商业秘密并不属于以盗窃、利诱、胁迫或者其他不正当手段所获取的信息。

其次，法院认为，原告所述之"商业秘密"不满足商业秘密的法定条件。对于原告所称之经营信息，包括客户名单等，不属于不为公众所知的信息，不具有商业秘密所要求的保密性；该信息仅为单一客户的信息，且该客户并非与原告存在长期稳定的交易关系，也未发生过实际交易，因此该信息不具有商业秘密所要求的利益性。故上述信息不属于商业秘密。

最后，原告既然主张两被告侵犯其商业秘密，理应就其主张的商业秘密的法定事实构成、两被告实施了侵权行为，以及相关行为造成了原告的实际损失承担举证责任。通观全案证据可知，原告并未提交被告胡士国将商业秘密泄露给天福隆公司的直接证据，也未提交两被告彼此串通谋划、意欲侵犯原告所述之商业秘密的直接证据，在案证据也无法证明被告在客观上利用了原告所述之"商业秘密"。在这种情况下，客观上无法得出被告胡士国已将原告之商业秘密提供给天福隆公司、天福隆公司侵犯了原告所述之"商业秘密"的必然结论。

□ 裁判结果

综合考察在案全部证据，均无法得出"胡士国利用自己在泰复力传动公司担任重要职务，将自己知悉的原告的商业秘密泄露给自己控制的天福隆公司，给原告造成重大的财产损失"的结论。判决驳回原告泰复力传动公司的全部诉讼请求。

□ 律师解读

一、商业秘密保护的尴尬处境

随着我国市场经济的发展，企业之间的竞争日益激烈，作为竞争手段之一的知识产权的作用日益凸显，《中华人民共和国民法总则》第一百二十三条规定，"民事主体依法享有知识产权。知识产权是权利人依法就下列客体享有的专有的权利：……（五）商业秘密……"。然而，在我国的法律体系中，著作权、商标权、专利权均有专门的部门法予以保护，而商业秘密仅在《反不正当竞争法》中的部分条款予以保护，法律保护力度明显低于其他三种典型的知识产权。因此，企业自身加大商业秘密的保护尤其重要。

二、公司高管侵犯商业秘密的认定

实践中，公司高管侵犯公司商业秘密的情形屡见不鲜。2019年4月23日，我国对《反不正当竞争法》进行了修正，根据《反不正当竞争法》（2019年修正）第九条第一款："经营者不得实施下列侵犯商业秘密的行为：（一）以盗窃、贿赂、欺诈、胁迫、电子侵入或者其他不正当手段获取权利人的商业秘密；（二）披露、使用或者允许他人使用以前项手段获取的权利人的商业秘密；（三）违反保密义务或者违反权利人有关保守商业秘密的要求，披露、使用或者允许他人使用其所掌握的商业秘密；（四）教唆、引诱、帮助他人违反保密义务或者违反权利人有关保守商业秘密的要求，获取、披露、使用或者允许他人使用权利人的商业秘密。"之规定，侵犯商业秘密的手段一般分为上述4种。作为公司高管，其基于职权掌握部分公司商业秘密具有普遍性，其获取该部分商业秘密的手段具有正当性，不属于以盗窃、贿赂、欺诈、胁迫、电子侵入或者其他不正当手段获取，因此不符合第九条第一款第（一）（二）项的构成要件。而在本案中原告在庭审过程中明确，其指控胡士国侵害商业秘密的法律依据为《反不正当竞

争法》（1993 年）第十条第一款第（二）项，显然难以得到法律支持。

三、商业秘密的具体内容即侵权客体的选择

侵犯商业秘密案件审查过程中原告首先需要明确其所主张的商业秘密的具体内容即具体的商业秘密点。商业秘密点确定后，原告需要就商业秘密点符合商业秘密的法定条件和被告的行为符合侵权行为的构成要件承担举证责任。

商业秘密点的选择：商业秘密点的选择应当明确具体，只有原告提出具体的商业秘密点，被告才能有针对性的抗辩，法院才能有针对性的审理。

商业秘密的构成要件：根据《反不正当竞争法》（1993 年）第十条第三款："本条所称的商业秘密，是指不为公众所知悉、能为权利人带来经济利益、具有实用性并经权利人采取保密措施的技术信息和经营信息。"商业秘密主要包括技术信息和经营信息两大类。商业秘密需具有以下 4 个特征：（1）不为公众所知悉；（2）能为权利人带来经济利益；（3）具有实用性；（4）经权利人采取保密措施。《反不正当竞争法》（1993 年）中并未确定关于商业秘密案件举证责任倒置的原则，因此，原告需要对其所主张的商业秘密符合以上构成要件承担全部举证责任。作为被告代理人，仅须证明原告主张的商业秘密不符合商业秘密的任何一个构成要件即可。在本案中，原告主张的"传真"所载之客户名称、传真号码、联系人等信息，一般人通过正常渠道也可以获取上述资料，不具有"保密性"；该客户并非长期稳定交易关系的特定客户，因此该信息也不会给原告带来经济利益或者竞争优势，不具有"利益性"，因此，不属于商业秘密。原告主张的涉及《技术说明书》的技术秘密，因原告的《技术说明书》和被告的《技术附件》在内容上均参考了最早的《可行性研究报告》，并且个别参数存在不同，因此无法证明《技术附件》中记载的信息侵犯了原告的商业秘密。商业秘密与著作权不同，商业秘密应当为某物质载体所承载的信息，而非该物质载体的外在形式，篇章布局、表述方式和文档结构相似属于著作权的保护内容，不属于商业秘密。

四、侵犯商业秘密应当符合一般侵权的构成要件

在确定了符合商业秘密的构成要件后，侵犯商业秘密案件还须证明被告的行为符合侵权行为的构成要件。一般侵权行为的构成要件包括：加害行为、损害事实的存在、加害行为与损害事实之间有因果关系、行为人主观上有过错四个方面。就商业秘密侵权案件而言，原告要想证明侵权行为成立，需要证明被告在客观上利用了原告的商业秘密，原告因此遭受了损失，损失与被告利用原告的商业秘密有因果关系，被告是采用不正当的手段获取了原告的商业秘密。

代理心得

一、侵犯商业秘密案件中作为被告代理人案件处理技巧与心得

现代商业竞争中，"商业秘密"成为能给经营者带来巨大竞争优势的"秘密武器"，越来越受到人们的重视。商业秘密的范围可能极广，保护时间亦无限制，其专有程度可能比专利等权利保护方式要高得多，因此，商业秘密权也极容易被滥用，达到企业排除限制竞争的效果。针对强势企业提出的商业秘密侵权案件如何有效地辩护，更好地维护客户的利益，本所律师以上述泰复力传动公司诉胡士国、天福隆公司案件为例，从实体和程序两个方面进行说明。

（一）实体方面

1. 商业秘密具有行业性

现代生活中，除了生产技术之外，经营者内部的经营与管理模式等方面的信息也开始成为商业秘密的重要组成部分。行业性虽然不是商业秘密的典型特征，但是从日常生产生活经验来看，商业秘密与企业的日常发展是不可区分的，其诞生于企业发展过程。商业秘密与企业本身所处的行业息息相关，所以企业所主张的商业秘密一般来说也要和企业的日常经营范围相契合。在本案中，我们全面分析了原被告两家公司的资质，经在商务部网站"对外承包工程企业名录"查询，发现原告泰复力传动公司并未取得对外承包工程资格证书，而被告已经取得对外承包工程资格证书。原告主张的"CVM镁项目"的商业秘密是海外工程承包项目，很明显原告不具备对外承包工程的资质，既然原告没有相应的资质，其就不可能从事相关方面的经营，所以就无法拥有这方面的商业秘密。

2. 商业秘密必须符合4个构成要件

商业秘密是指不为公众所知悉、能为权利人带来经济利益、具有实用性并经权利人采取保密措施的技术信息和经营信息。也就是说，受法律保护的商业秘密应当符合4个构成要件：（1）不为公众所知悉；（2）能为权利人带来经济利益；（3）具有实用性；（4）经权利人采取保密措施。从实践中来看，根据《最高人民法院关于审理不正当竞争民事案件应用法律若干问题的解释》第十四条："当事人指称他人侵犯其商业秘密的，应当对其拥有的商业秘密符合法定条件、对方当事人的信息与其商业秘密相同或者实质相同以及对方当事人采取不正当手段的事

实负举证责任。其中，商业秘密符合法定条件的证据，包括商业秘密的载体、具体内容、商业价值和对该项商业秘密所采取的具体保密措施等。"

原告要想证明被告侵犯了其商业秘密，首先就要证明他所拥有的信息属于商业秘密，同时具备商业秘密的载体、具体内容、商业价值、保密措施四个方面的内容。而作为被告我们只需要打掉其中一个构成要件就可以否定商业秘密的存在。当然在诉讼中，肯定要从四个方面都进行论述，全面否定原告的商业秘密的构成，但也要有所侧重。在本案中，我们主要从载体、秘密性、保密措施三个方面重点进行了阐释。例如，在载体方面，就"CVM镁项目"来说，我们否认原告提供的客户名单属于符合法定条件的载体，根据《最高人民法院关于审理不正当竞争民事案件应用法律若干问题的解释》第十三条第一款，"商业秘密中的客户名单，一般是指客户的名称、地址、联系方式以及交易的习惯、意向、内容等构成的区别于相关公知信息的特殊客户信息，包括汇集众多客户的客户名册，以及保持长期稳定交易关系的特定客户"。我们指出原告所谓的CVM公司信息既不是"汇集众多客户的客户名册"，也不是"保持长期稳定交易关系的特定客户"，更没有体现CVM公司的交易习惯、意向、内容等信息。并不符合商业秘密载体的构成。从秘密性来说，通过正常渠道，一般人可以与马来西亚CVM公司实现联系或获取资料，并不属于不为公众所知的信息，不具有秘密性。从保密措施而言，原告泰复力传动公司对"商业秘密"未采取保密措施（或保密措施不当）将有关资料置于公开场合；没有具体确定保密范围及保密内容；没有将有关保密规章制度告知相对人，以明确相对人的保密义务。

3. 侵犯商业秘密也属于一种侵权行为，需要满足一般侵权行为的构成要件

侵犯商业秘密纠纷案件，原告不仅要证明自己所主张的信息属于商业秘密，而且须证明被告有侵犯商业秘密的行为，即要证明被告的行为符合一般侵权行为的构成要件。

一般侵权行为的构成要件包括：加害行为、损害事实的存在、加害行为与损害事实之间有因果关系、行为人主观上有过错4个方面。

就商业秘密侵权案件而言，原告要想证明侵权行为成立，需要证明被告在客观上利用了原告的商业秘密，原告因此遭受了损失，损失与被告利用原告的商业秘密有因果关系，被告是采用不正当的手段获取了原告的商业秘密。

在本案中，被告胡士国知晓原告所谓的"商业秘密"是其担任原告的总经理期间基于其职务、职责、职权而当然了解的，并没有采用不正当的手段获取。原

告亦无法证明胡士国因知晓而泄露秘密、天福隆公司因获取而使用秘密从而构成侵权的结论，也无法提出有力的证据证明原告受有损失。原告无法证明被告构成侵权，承担了举证不利的法律后果。

（二）程序方面

1. 要把握法院的审判思路

法院在审理商业秘密纠纷案件时，会先确定商业秘密点，这就要求原告在起诉时要明确自己的主张，即明确自己被侵犯的商业秘密有哪些。然后，法院会要求双方当事人围绕这些商业秘密点提供证据，证据被限定在与这些商业秘密有关的范围之中。在审理过程中，这些商业秘密点不能随意更换，这些和民事诉讼中法官的审理思路可能会有所不同。在本案中，原告在原先的起诉书中，商业秘密点含糊不清，在法院审理过程中，法官和我们首先要求原告要明确自己的商业秘密点，但商业秘密点其实是很难归纳的，最终原告将自己的商业秘密点控制在了4个项目中的经营信息和技术信息。在原告归纳之后，作为被告律师，我们就可以有的放欠，有针对性地来举证了。

2. 巧用、善用管辖权异议

在实践中，由于法律法规对于诉讼案件的各种期限如答辩期限、举证期限等都有较为严格的限制，加上案件较为复杂时，律师需要熟悉材料，所以准备时间对律师很重要。管辖权异议在一定程度上解决了律师时间的安排的问题，为案件准备争取了时间。所以，管辖权异议被很多律师称为"以空间换时间的诉讼技巧"。管辖权异议是法律赋予被告的一项法定权利，管辖权异议运用得当可以起到意想不到的效果。当然，将管辖权异议完全作为拖延诉讼的技巧并不可取，管辖权异议一定要有相关的法律依据，不能无理取闹，否则会浪费司法资源，给法官造成不好的印象。在本案中，我们首先确定的应诉思路就是慢节奏应诉，所以在原告起诉之后我们就提起了管辖权异议。结合被告胡士国的住址为北京市朝阳区，依据《最高人民法院关于适用〈中华人民共和国民事诉讼法〉若干问题的意见》第四条之规定，公民的住所地是指公民的户籍所在地。根据胡士国所属的行政区划及本案的级别管辖，我们向北京市第一中级人民法院提出本案应当由北京市第二中级人民法院管辖。虽然最终没有得到支持，但是成功地拖延了诉讼时间，打乱了对方的节奏，为被告和律师赢得了较为充裕的时间。

3. 善用司法鉴定

司法鉴定是针对案件审理过程中的专业性问题，由司法机关或者当事人委托

法定鉴定单位，运用专门知识和技术，依照法定程序作出鉴别和判断的一种活动。商业秘密由于其具有专业性，所以司法鉴定可以作为我们利用的一个点，在审理过程中，司法鉴定的结论对于法官自由心证会产生一定的影响。在本案中，我们在做了大量的司法鉴定准备工作包括司法鉴定的流程、机构、费用等，甚至还形成了专门的《关于了解"商业秘密司法鉴定"若干问题的情况汇报》后，我们作为被告在法院没有依职权主动进行司法鉴定时，自费进行了司法鉴定，得到了原告的商业秘密不构成商业秘密的结论，对我们这边有利，将鉴定结论作为证据向法院提交，增加了己方的筹码。

4. 刑民交织案件要善于利用两个案件的关联性，将刑事和民事案件中的己方优势结合

2014年7月28日，胡士国被北京市海淀区人民检察院以侵犯商业秘密罪提起公诉，本案在二审过程中转变为刑民交织的案件。虽然在两个不同的法院审理，但民事案件的结果跟刑事案件的结果是有很强的关联性的。如何利用这种关联性，实现刑民两个案件的双赢显得至关重要。首先要做到的一点就是刑事和民事案件要互通有无，随时掌握两个案件的最新情况。对于刑事案件公诉机关的证据要防止原告在民事案件中使用，对于己方在刑事案件中提出的被法院采纳的证据，在民事案件中也要积极提出。同样在程序上，本案因刑事案件而使得民事案件中止审理，在刑事案件的审理过程中，我们也贯彻了民事案件的慢节奏应诉思路，运用技巧营造了有利于自己的民事案件审理的环境。

综上所述，诉讼应该建立在客观事实和证据的基础之上，无论是什么类型的案件，都需要我们对案件事实进行清晰的把握，对证据材料进行充足的准备。对于侵犯商业秘密纠纷案件，其案件资料可能较一般的民事案件要多得多，更需要我们打好基础。同时，也要注重诉讼技巧的应用，更好地应对商业纠纷案件。本案最终以被告胜诉告终，其中的经验与教训不仅对于商业秘密的应诉有重要的借鉴意义，而且对于作为商业秘密纠纷案件的原告也具有参考价值。

二、关于商业秘密保护的心得

作为被告的代理律师，法院判决驳回原告的诉讼请求当然值得高兴。但在办理本案中，我们也深感商业秘密保护的重要性和侵犯商业秘密举证的困难性。那么如何才能有效地进行商业秘密的保护呢？我们觉得可从以下几个方面进行考虑：

（一）签署保密协议或者拟定员工保密规定，防止员工侵犯商业秘密

用人单位可以禁止员工在离职时拿走在工作期间的工作文件，但是无法限制员工带走装在员工大脑中的商业秘密。因此，在员工入职时可以要求其签署保密协议，约定其对在用人单位工作期间获取的用人单位的商业秘密负有保密义务，该保密义务不仅在劳动合同履行期间负有，且作为后合同义务在劳动合同解除后仍应继续存在，即劳动合同的解除不等于保密义务的解除。

（二）梳理商业秘密，对企业自身掌握的商业秘密有一个整体的把握

商业秘密一般包括技术信息和经营信息等，在实践中，很多企业甚至不知道自己的商业秘密有哪些，对于企业的商业秘密点无法清晰的把握。在本案审理过程中，法院首先要求原告确定其主张的商业秘密点是什么，即商业秘密的具体内容。这时，就需要企业对自身的商业秘密有一个清晰的把握，哪些信息是商业秘密，哪些不构成商业秘密均需要提前进行梳理。对商业秘密进行梳理之后，不仅在商业秘密被侵犯后可以做到有的放矢，而且在日常的商业秘密保护中也可以更加有针对性。至于如何梳理商业秘密，当然离不开公司的技术人员、法务、律师、高管的共同配合。梳理商业秘密，做到心中有数和有针对性的保护，对企业商业秘密的保护至关重要。

（三）加强人才的培养和保护

商业秘密的核心在于人，如何留住掌握商业秘密的人才是企业商业秘密保护的关键一环。签署保密协议当然是一种较为有效的方式，但是堵不如疏，企业仍应当从自身做起，加强企业人才管理与文化建设等，使得掌握商业秘密的人才不是不敢走，而是不想走，从根本上掌握人才力量和核心商业技术。

高级合伙人介绍

陶雨生律师：北京大成律师事务所高级合伙人，是我国证券民事赔偿业务领域的领军人物之一。陶雨生律师深厚的法学理论功底及近30年从业经验赢得了客户信任，特别擅长证券诉讼、公司诉讼、金融诉讼及合同诉讼等，并担任多家大型公司企业法律顾问。陶雨生律师先后主办了中国证券民事赔偿史上最具影响力的"银广夏""科龙电器""杭萧钢构""航天通信""＊ST九发""五粮液""绿大地"等大案要案。陶雨生律师现担任中国证券投资者保护基金有限责任公

司、中国证券投资者保护网专家顾问、北京市律师协会资本市场与证券法律制度专业委员会委员、搜狐中国资本市场维专网专家顾问团成员、证券民事赔偿全国律师维权团召集人。陶雨生律师参与编写的学术著作有《物权法100问》《改制分流100问》《企业破产法讲话》《新企业破产法100问》等，发表学术论文30余篇。

联系电话：13501234656；电子邮箱：yusheng. tao@dentons. cn

民事案件

第四部分

与公司、证券、保险、票据等有关的民事纠纷

钟某等五人与世华控股集团公司
股权转让合同纠纷案

● 案件基本信息 ●

案例类型： 仲裁

裁决时间： 2019 年 4 月 22 日

审理机构： 北京仲裁委员会

案件负责人： 张峥，北京大成律师事务所律师

代理律师： 刘鹏，北京大成律师事务所律师

关键词： 股权转让合同；煤矿重组；解除合同；赔偿损失

● 案例正文 ●

□ 当事人信息

申请人（反请求被申请人）： 钟某等五人（以下简称申请人）

被申请人（反请求申请人）： 世华控股集团公司（以下简称被申请人）

□ 案情摘要

2010 年 3 月 2 日，申请人与被申请人签订了山川煤业有限公司股权转让协议

（以下简称本案合同）。

本案合同的鉴于条款约定：申请人持股的河水煤业有限公司（以下简称河水公司）享有河水煤矿的采矿权以及煤矿资产的所有权。根据政府要求，河水公司将与西能集团有限公司（以下简称西能集团）进行煤矿资源兼并重组，具体方式是由河水公司与西能集团作为股东共同新设一家新公司，名为"河能煤业有限公司"，即本案合同中简称的"标的公司"，河水公司持有标的公司49%的股权，西能集团持有该公司51%的股权。在此基础上，本案合同第一条第一款明确约定被申请人以2.38亿元出资购买"标的股权"，即河水公司持有的"河能煤业有限公司"49%的股权。被申请人同意分四期支付股权转让价款：签约后3个工作日内支付第一期1000万元；签约后被申请人经尽职调查后发现申请人的陈述属实且标的公司股东会已作出同意本协议项下的股权转让决议后，最迟不超过签约后30天内支付第二期1亿元；签约后60天内支付第三期1亿元；标的公司取得营业执照并办理股东变更登记后5日内（或签约后90天内）支付余款2800万元。

2010年3月4日至7月30日期间，被申请人向申请人先后支付价款2.06亿元，其中包括第一期1000万元，第二期1亿元（迟延履行4个月），第三期9600万元（迟延履行32个月）。

本案合同签署后，西能集团退出了上述兼并重组工作，2011年5月31日，相关行政主管机关发文通知，同意参与兼并重组的主体变更为天龙集团。天龙集团与河水公司于2011年8月2日签署了《天河公司出资协议书》（以下简称出资协议），约定天龙集团与河水公司共同设立"天河公司"，天龙集团持有该公司65%的股权，河水公司持有该公司35%的股权。此外，天龙集团还同时与河水公司签署了一份《资产转让协议书》（以下简称资产转让协议），河水公司将其持有的全部公司资产（包括煤矿采矿权、实物资产）的65%以7223.47万元的价格转让给天龙集团。与之相对应，双方在出资协议第四条中约定天龙集团与河水公司按照65%：35%的比例认缴货币出资1亿元，待天河公司成立后再按照相同的比例以各自持有的河水煤矿资产向天河公司增资。在申请人提出仲裁申请之前，资产转让协议已经履行完毕。

申请人主张本案合同约定的标的公司应当是指河水公司，申请人持有该公司97.7%的股权。本案合同签订后，申请人已经按约定履行了交接河水公司、代理经营管理等义务，被申请人也事实上成为了河水公司的实际控制人。申请人认为被申请人对于兼并重组主体变更事项不但没有在有效期内提出解除合同，而且对变更及重大事项积极参与、决策、认可、履行。经申请人多次催要，被申请人仍拒绝支付拖欠申请人的股权转让款及补偿申请人受托管理河水公司所产生的费用。因此申请人提出仲裁请求，要求被申请人支付剩余股权转让款3200万元、迟延付款违约金1820万元以及过渡期内申请人经营管理标的公司的费用1754.7万元。

被申请人答辩称：首先，本案合同应当解除，主要理由是合同约定的2.38亿元股权转让价款的对价是新设立的"河能煤业有限公司"49%的股权，而该标的公司并未实际设立，因此申请人未能履行合同约定义务，其违约行为导致本案合同目的无法实现，应当依法解除。其次，被申请人认为不存在迟延履行付款义务的行为，因为根据合同约定以及履行的事实情况，本案合同项下第二笔、第四笔股权转让价款的付款条件尚未成就，且由于申请人的违约行为，被申请人对履行第三笔股权转让价款的付款义务享有先履行抗辩权。最后，被申请人认为申请人主张过渡期内的经营管理标的公司的费用没有依据，因为本案合同约定的标的公司根本未成立，至于河水公司的运营管理成本，应当由河水公司及其股东自行负担，与被申请人以及本案合同无关。而且，被申请人并未实际参与、控制河水公司的经营管理以及与天龙集团的整合重组工作，天龙集团作为大型国企，根本不可能允许第三方介入政府主导的煤炭资源整合重组工作以及与河水公司的谈判中。

被申请人同时提出了仲裁反请求，称本案合同所约定的标的公司根本未能设立，而申请人在被申请人未同意、双方未签署任何书面变更文件的前提下与天龙集团签署了出资协议和资产转让协议，将河水公司65%的资产转让给了天龙集团，又以剩余35%的资产作为出资与天龙集团共同设立了天河公司，持有天河公司35%的股权。很显然，河水公司实施此次兼并重组的结果导致天河公司的名称、股东组成、持股比例较之本案合同所约定的标的公司、标的股权截然不同，换言之，申请人并未遵守本案合同的约定及时设立标的公司、持有标的股权，而是设立了一个完全不同的公司、持有了完全不同的股权。因此申请人的违约行为已经导致本案合同事实上不可能履行，而且申请人持有的股权价值已经缩水至河水公司资产价值的35%，与本案合同约定的2.38亿元股权转让价款的对价根本不能匹配，合同目的无法实现。因此被申请人提出仲裁反请求，要求解除本案合同、返还股权转让价款2.06亿元以及按照银行同期同类贷款利率计算的资金占用损失、律师费、仲裁费、保全费用等。

针对被申请人的仲裁反请求，申请人作出答辩称：

首先，本案合同约定的标的股权仍然存在，形式变化，且能实际履行，合同变更合理合法。河水公司因政府行为而导致整合主体发生变更，被申请人仍旧积极主动参与、协商、决策天龙集团整合河水公司的工作，行使过渡期内管理河水公司的实际控制人权利，申请人履行受托管理的配合义务，表明本案合同的标的公司、标的股权发生变更体现了合同双方当事人的真实意思表示，本案合同能够继续履行。

其次，本案合同不具备法定解除的条件，应当继续履行。从本案合同的整体和各处使用"标的公司"一词的文义看，33 处中有 26 处很明显指向河水公司，因此双方合同约定收购的股权应当是河水公司的股权，合同目的是要通过转让申请人在河水公司的现有全部股权，达到被申请人持有河水公司进而拥有"标的公司"的"标的股权"。申请人已经做好变更股权的一切准备工作，因此本案合同的目的能够实现。此外，被申请人在明知标的公司发生变更的情况下，不但没有在合理的一年期限内行使合同解除权，还主动参与和决策天龙集团整合重组河水公司的一系列工作，时至今日已过去 8 年之久，被申请人的合同解除权早已消灭。8 年期间双方均在不断履行本案合同，且被申请人书面要求申请人继续履行变更后的合同，因此不应解除本案合同。

最后，申请人主张本案合同约定了过渡期，过渡期内被申请人委托申请人代为管理标的公司即河水公司，因此按照约定应当由被申请人承担管理费用。

□ 争议焦点

1. 本案合同所约定的"标的公司""标的股权"到底是指什么，本案合同的交易对价是什么？

2. 被申请人支付价款的具体情况是否构成迟延履行之违约？

3. 本案合同是否应当解除？

4. 被申请人是否应当向申请人支付过渡期内的经营管理费用？

5. 关于双方各自要求相对方赔偿损失的请求应如何处理？

□ 裁决观点

一、关于本案合同中的"标的公司""标的股权"的判断

申请人认为，本案合同中约定的"标的公司"在经过政府整合重组后，已经由"河能煤业有限公司"变更为天河公司，"标的股权"由49%变更为35%，被申请人对此知情且认可。

被申请人认为，本案合同"鉴于"条款中的"标的公司"系指"河能煤业有限公司"，该公司是由河水公司与西能集团进行兼并重组后新设立的公司。"标的股权"系指河水公司持有的"河能煤业有限公司"49%的股权。

仲裁庭认为，对本案合同的内容通过体系化方法进行分析，尤其是本案合同的名称和双方在本案合同中对标的公司与标的股权的特别申明，可以看出双方在本案合同中对标的公司与标的股权有着清晰的约定：标的公司，系指由河水公司和西能集团通过兼并而重组成立的"河能煤业有限公司"。标的股权，系指申请人将要持有的"河能煤业有限公司"的49%股权。该标的股权源自申请人所持有的河水公司的股权并在将要成立的"河能煤业有限公司"股权中占有49%的股权比例。根据双方在本案合同中的意思表示，双方约定的标的股权是"河能煤业有限公司"49%股权，与形成该股权来源的其他公司的股权并非同一股权。双方约定的股权对价2.38亿元亦十分清晰地指向标的公司即"河能煤业有限公司"的49%股权。

二、关于被申请人已支付的股权转让款之金额

仲裁庭注意到，在庭审中，虽然双方确认被申请人依约定已向申请人支付了2.06亿元，但是被申请人提出，其还向申请人支付了两笔股权转让款共计536万元，其中，336万元是2010年11月24日以货款和往来款名目支付的，另外的200万元则是以投资款名目于2011年6月26日支付的。

但是，申请人不认可被申请人的上述主张。申请人认为该款项支付的对象不是申请人，且该转账凭证所载"投资款"只是被申请人自己所填写。仲裁庭认为，被申请人主张的上述款项均是向第三方支付的，无论是收款人或者付款名目均无法看出该款项是本案合同约定的股权转让款。因此对于被申请人提出的其在2.06亿元价款之外还支付了536万元的主张，无法获得支持。被申请人可以就其支付给第三人的上述款项另案主张。

三、关于本案协议是否应当解除及股权转让款的后续处理

申请人认为，本案合同依法成立，合法有效。被申请人知道申请人、河水公司与天龙集团之间成立了天河公司，且没有表示异议，这意味着被申请人同意将"河能煤业有限公司"的49%股权变更为天河公司的35%股权。本案合同不具备法定解除条件，应当继续履行。由于被申请人未依约定支付全部的股权转让款，应当承担迟延支付的违约责任。

被申请人认为，本案合同约定明确，合法有效。申请人应当依约完成与西能集团的兼并重组且设立"河能煤业有限公司"，并获得"河能煤业有限公司"49%的股权，使得被申请人出资2.38亿元购买标的股权的目的实现。但是，河水公司与西能集团的兼并重组并未实现，最终河水公司与天龙集团完成了兼并重组且设立了天河公司。同时，河水公司将其全部公司资产的65%转让给了天龙集团。上述变化未经被申请人同意，申请人与被申请人之间亦不存在共同签署的书面变更文件。申请人未依约及时设立标的公司，而设立了一个完全不同的公司，持有了完全不同的股权，构成违约。而且河水公司的资产交易价值已经严重缩水，与约定的2.38亿元对价根本不匹配，申请人的行为导致本案合同的合同目的落空。

仲裁庭注意到，根据双方当事人在庭审中共同确认的事实，本案合同双方合意要转让股权和受让股权的"河能煤业有限公司"因相关政府机构决定的改变，迄今并未正式成立。相反，在本案合同履行中的2011年8月2日，河水公司与西能集团签署了出资协议书和资产转让协议，伴随着2012年12月6日通过兼并重组整合方式而设立的天河公司问世，申请人作为主要股东的河水公司所享有的煤矿采矿权、实物资产的65%转让给了天龙集团。申请人亦成为天河公司的董事或监事。双方当事人在庭审中都强调，被申请人面对该外部变化依然希望通过一些积极参与的行为介入申请人与天龙集团的兼并重组中，但是未果。仲裁庭认为，如前所述，双方在本案合同中就股权转让的标的公司和标的股权的约定是十分明确的。由于该标的公司并未出现，双方旨在转让和受让该标的公司的合同意愿即面临着"皮之不存毛将焉附"的状态。

在本案合同履行期间，申请人按照相关机关的行政决定与天龙集团完成兼并重组，并依照与天龙集团的合意将其作为主要资产构成的河水公司的65%财产转让给了天龙集团。此为已经发生的客观事实。虽然被申请人对该变化知情，但知情并非意味着同意；虽然被申请人曾经斡旋于申请人、河水公司与天龙集团之间，试图参与其中，但根据庭审期间申请人向仲裁庭提交的证据，在申请人、河水公司与天龙集团之间达成的协议中，没有任何被申请人的意思表示存在其中。换言之，在设立天河公司的合同中，被申请人不是该合同的缔约主体；虽然被申请人在告知函中向申请人提出"办理标的公司交接手续以及股东工商登记变更登记义务"的要求，但这仅是被申请人催促申请人履行本案合同约定义务的意思表示，亦难以从中读出其同意将标的公司和标的股权加以变更的意思表示。虽然申请人在庭审中强调本案合同已经发生变更，但双方均向仲裁庭确认，双方之间不存在任何变更本案合同内容的书面约定，而根据本案合同的约定，任何变更本案合同的内容均应当以书面形式进行。

因此，申请人在庭审中反复向仲裁庭强调的本案双方当事人在履行变更后的本案合同之描述，并无事实依据。由于申请人与天龙集团通过兼并重组成立了非本案合同约定的新公司，直接导致了本案合同的合同目的落空。究其原因，其主因不是本案双方主观意志自由发挥所致，而是政府决定的公权力强制性之必然结果。包括申请人将其作为主要股东的河水公司65%的资产转让给天龙集团，也是该结果的延伸。仲裁庭对申请人在代理意见中将此情形描述为不可抗力的观点给予认同。故而，根据《合同法》第九十四条之规定，本案合同符合法定解除的条件，根据被申请人的请求，本案合同应当解除。

仲裁庭认为，鉴于本案合同约定的标的公司和标的股权并未出现的事实，亦鉴于本案合同依法应当解除的判断，申请人基于约定获得其已收到的股权转让款2.06亿元的基础丧失。故而，申请人应当将其已收到的股权转让款返还给被申请人。由于该款项数额较大，仲裁庭认为申请人在本裁决书生效之日起的6个月内向被申请人返还完毕是适宜的。

四、关于被申请人是否应当向申请人支付过渡期内经营管理标的公司的费用

仲裁庭注意到，本案合同第五条对于过渡期的解释是，自本合同签署之日起至股权变更登记日前为过渡期，过渡期内，在乙方（即被申请人，仲裁庭注）指派人员参与管理的前提下，乙方委托甲方（即申请人）经营管理标的公司。仲裁庭认为，如前所述，本案合同约定的标的公司并未存在，申请人主张其依被申请人的委托对标的公司进行了经营管理活动，并无事实依据。申请人主张经营管理的是河水公司，但该公司并非本案合同约定的标的公司，因此申请人的主张不能获得仲裁庭的支持。

五、关于双方各自要求相对方赔偿损失的请求

仲裁庭认为，根据庭审查明的事实，根据本案合同的约定被申请人的确有义务按期支付转让款。但是在本案合同履行过程中，政府相关机构对兼并主体的主导使得本案合同的继续履行出现了明显的外部条件变化，即本案合同的标的公司的正式设立出现无法克服的障碍。而伴随着河水公司与天龙集团共同设立天河公司行为的完成，本案合同约定标的公司完全丧失了正式设立的可能性，申请人再无可能向被申请人转让本案合同约定的标的股权。即使是被申请人在此后又向申请人支付了 600 万元，亦未能改变本案合同继续履行之事实不能的局面，同时该支付行为并不意味着被申请人认可了申请人与第三人之间的约定，并在申请人与被申请人之间构成对本案合同的变更。

如前所述，在本案合同继续履行已经事实不能，申请人向被申请人转让本案合同约定的标的公司的标的股权之义务亦事实不能履行的情况下，申请人要求被申请人向其支付迟延履行股权转让款的损失难以获得支持。至于被申请人要求申请人在退还已付股权转让款的同时按照中国人民银行有关贷款利率支付资金占用损失，对申请人而言过于苛刻。仲裁庭认为，应依照中国人民银行 3 年存款利率 2.75% 的标准计算资金占用损失。

关于资金占用损失的起算点，仲裁庭认为应当以 2010 年 6 月 1 日起计算资金占用损失，理由在于 2010 年 5 月 31 日当地政府机关印发了相关批复文件，正式同意兼并重组的主体由西能集团变更为天龙集团，致使本案合同进入继续履行事实不能的状态。计算至本裁决书作出之日为止，申请人应向被申请人支付的资金占用损失共计 4947 万元。

□ 裁决结果

根据上述事实和理由，经合议，仲裁庭裁决如下：

1. 解除申请人与被申请人于 2010 年 3 月 2 日签署的本案合同；

2. 申请人连带向被申请人返还股权转让款 2.06 亿元；

3. 申请人连带向被申请人支付经济损失 4947 万元；

4. 申请人连带向被申请人支付 2500 元保全费和 114000 元的担保险保费；

5. 申请人连带向被申请人支付律师费 50 万元；

6. 驳回申请人的全部仲裁请求；

7. 驳回被申请人的其他仲裁反请求；

8. 本案本请求仲裁费 358538 元，由申请人自行承担；本案反请求仲裁费 1366799 元，由申请人承担 6833400 元，被申请人承担 683399 元。

上述裁决项中所涉申请人应当向被申请人支付的款项，申请人应当自本裁决书送达之日起 6 个月内履行完毕。逾期履行的，按照《民事诉讼法》第二百五十三条的规定处理。

本裁决为终局裁决，自作出之日起生效。

□ 律师解读

本案中我们担任的是被申请人的代理人。这一案件中，申请人与被申请人双方对于签署合同、购买股权以及支付价款的基本事实并无异议，但最核心的争议在于本案合同项下约定的 2.38 亿元的股权转让价款所购买的是什么股权？只有查明了这一问题，才能够确定申请人是否能够继续履行交付标的股权的义务，从而才能够判断申请人要求被申请人继续支付股权转让价款的仲裁请求以及被申请人要求解除合同、返还价款并赔偿损失的仲裁反请求分别应当如何处理。

通过研究本案合同的内容以及表述方式，我们发现当事人各方在签约时对于合同的签约主体、股权转让的操作方式的真实理解与其拟定的合同文本之间存在比较明显的差异。双方的真实交易意图应该就是如我们作为被申请人的代理人所阐述的：申请人根据政府整合煤炭资源的政策要求，准备将其持有的河水公司与政府指定的国有企业进行兼并重组，河水公司持有重组后新设立公司的 49% 股权；在此基础上，被申请人再购买河水公司持有的 49% 股权，从而实现投资该煤矿的交易目标。但被申请人在签署本案合同时所实施的缔约行为以及后续的履约行为则存在多处重大失误，阐述如下：

其一，收购新设立公司的 49% 的股权就应当以持有该股权的主体——河水公司作为签约相对方，而被申请人却以河水公司的 5 个自然人股东作为签约主体，从法律意义上说申请人是不具备直接出售河水公司股权的权利能力的。这样的签约方式极易让人误以为被申请人想购买的是申请人持有的河水公司的股权。

其二，本案合同的条款显然是套用了其他交易中对于已经设立的公司进行股权收购时常用的"合同模板"，其中很多的条款相互矛盾，对于"标的公司""标的股权"的指向前后文不一致。申请人当庭就针对这一问题提出了意见，他们罗

列了本案合同中关于"公司"的全部词汇，认为其中大部分都是针对已成立的河水公司的，不可能是指新设立的公司，所以应当运用"体系解释""目的解释"等合同解释方法来解释"标的公司""标的股权"。特别是申请人作为河水公司的股东，本案合同中要求申请人承担的很多关于标的公司的义务约定只能指向已经成立的旧公司，不适用于尚未成立的新公司，因此认定标的公司应指河水公司。

其三，本案合同签约之后半年左右的时间，已经有证据显示被申请人已知悉原合同履行的状态发生了重大改变，西能集团退出、天龙集团进入并且改变了与申请人的合作方式。在这种情况下，被申请人并没有立即提出关于违约的异议，而是选择继续与申请人合作，申请人对于河水公司的经营管理以及与天龙集团的谈判过程中被申请人都有参与的痕迹，而且还委派了相关的工作人员作为代表派至申请人处协调相关事宜。与此同时，被申请人还根据申请人的要求继续支付了相关合同价款，累计达 2.11 亿元（其中，有一部分应申请人的要求付至第三方账户，但目前没有相关证据证明这是申请人指令的）。上述合同履行过程中的行为，极易让人误以为被申请人的真实交易目的并不是合同条款中所约定的收购新设立的"河能煤业有限公司"49% 的股权。

针对这些难点，我们作为被申请人的代理律师设计了比较全面的应对策略，牢牢抓住对被申请人有利的关键点，最终获得了仲裁庭的认可。主要的思路包括以下几个方面：

其一，合同条款虽然相互之间存在歧义，但是从合同的名称、鉴于条款、定义条款来看，"标的公司""标的股权"这两个词语有非常确定的指向，是不存在歧义的，那么就不应当再适用"体系解释""目的解释"等合同解释方法。至于合同其他条款中存在的歧义以及有可能从字面上被解释为指向申请人持有的河水公司股权的问题，我们指出这只能被理解为合同条款拟定时的不严谨。同时需要强调的是，本案合同的签约主体是申请人，根据合同相对性和独立性的基本原理，申请人不是在为尚未成立的标的公司设定义务，而是在为自己设定义务。这种合同义务是基于约定而产生的，与标的公司是否设立、申请人是否已经持有标的股权无关。我们坚持主张，申请人在明知合同条款内容的含义以及合同可能面临无法履行之风险的前提下仍然同意签署本案合同，足以表明申请人自愿承受本案合同项下的各项义务以及无法履行合同义务所对应的违约责任。

其二，我们找到了其他证据来佐证本案合同缔约时双方之间的真实意思表示究竟是什么。我们向仲裁庭提交了申请人在签约时向被申请人出示的、作为本案合同附件的 2010 年 3 月 1 日签署的河水公司股东会决议、"河能煤业有限公司"股东会决议以及授权委托书，这些文件具有重要作用，能够非常清晰地反映出申请人在签约时的主观状态，充分证明申请人在签约时同意向被申请人转让的股权就是新设立的"河能煤业有限公司"的 49% 的股权，绝不可能是申请人目前持有的河水公司的 100% 的股权。

其三，充分利用本案合同中关于合同变更的条款约定，只有各方之间签署了书面的补充协议，才能够形成法律意义上有效的合同变更，否则即使被申请人存在继续付款以及参与相关经营管理和谈判的履约行为，也不能直接推定被申请人同意变更本案合同对于"标的公司""标的股权"的定义。这一观点已被仲裁庭采纳，详见前文的裁判观点。

代理心得

笔者曾经发表过一篇题为《支撑商事仲裁裁决的六要素》的文章，其中归纳出来的最核心的裁决要素之一即为"合同的效力"，这是处理商事仲裁案件的重要的思维起点。本案中被申请人是收到了仲裁申请书之后才聘请我们的律师团队介入并提供法律服务的。在此之前被申请人自己的法务团队以及其原来合作的多家律师事务所都参与了此案件的分析，他们认为合同已经履行了 8 年之久，被申请人一直参与着河水公司的经营管理，而且还通过发函催告、刑事报案的方式试图要求申请人将河水公司的股权过户给被申请人。这种情况下形成的倾向性意见是不敢提合同解除，认为风险很大。而我们研究了全部案件材料之后给出的建议则是一定要提起仲裁反请求，要求仲裁庭裁决解除本案合同。

正是因为合同履行的时间较长、此前被申请人没有作出过明确的意思表示，所以有必要通过反请求的方式把合同解除问题提出来，否则仲裁庭对于合同的效力问题是无法简单地自行处理的，因为仲裁的原则就是"尊重意思自治""不告不理"。如果当事人自己都不提出要求解除或者确认合同已解除的请求，那么仲裁庭无法自行裁断合同效力，否则容易造成"超裁"的程序风险。而且本案中申请人与被申请人之间的宏观态势是被申请人支付了超过 2 亿元的对价，目前河水公司早已经被关停，被申请人无法获取任何资产或者权益。只有合同解除，被申请人才能够获得取回已付款项、要求赔偿资金占用损失的合理依据。

另外，律师需要精研与案件有关的法律规定、司法解释以及相关法律理论，从而尽可能地为自己提出的观点和主张寻求充分的规则依据。当事人向律师阐述的可能仅仅是客观事实或者是朴素的、维护自己利益的说法或观点，而律师向法庭阐述的必须是经过加工整理的，与现行规则以及法律理论印证、契合的"说理"，不能做堆砌证据材料的"匠人"。本案庭审过程中，我们针对"标的公司""标的股权"的定义不清这一问题，有效地运用了合同解释的法律理论，并辅之以代理过程中新发现的重要的证据材料，驳斥了申请人的观点，说服了仲裁庭，坚持了本案合同定义条款中的理解，从而奠定了申请人根本违约、合同目的无法实现的法律基础。与此同时，我们还通过制作流程图、事实要点列表等方式，突出了本案中2.38亿元的股权转让对价不匹配的交易背景，使得庭审过程中仲裁庭对于申请人能够提供怎样的资产价值以对应合同约定的2.38亿元的对价这一问题形成了重点关注。而事实上河水公司最有价值的资源即河水煤矿的采矿权以及相关设备设施都已经交由天龙集团实际控制，申请人也不得不承认河水公司已经变成了"空壳"，这一结果无疑促成仲裁庭形成了合同目的无法实现、被申请人有权追回全款并要求资金占用损失的内心确信。总之，律师对于争议焦点的精研与梳理，有助于把控庭审的方向和进程，对于展现律师的专业功底还是颇为重要的。

高级合伙人介绍

张峥律师： 北京大成律师事务所高级合伙人，管委会副主任。张峥律师现任中共北京市委法律专家库成员，北京市律师行业党委委员、第十一届北京市律师协会副会长，北京市法律援助基金会副理事长，北京市影视娱乐法学会副会长。张峥律师在商事仲裁专业领域有着广泛、良好的声誉。他长期担任中国国际经济贸易仲裁委员会、中国海事仲裁委员会以及北京、天津、上海、重庆、深圳、广州等近30家仲裁委员会仲裁员，已经审理过近700件商事仲裁案件，积累了丰富的仲裁实践经验。同时，张峥律师还担任中国仲裁法学研究会常务理事、中华全国律师协会仲裁与律师调解专业委员会副主任、中国政法大学仲裁研究院研究员等学术职务，并以兼职教授身份在中国人民大学、中国传媒大学、北京理工大学、首都经济贸易大学讲授商事仲裁及影视合同纠纷争议解决等相关课程。

联系方式： 13501106886；**电子邮箱：** zhengzhang@dentons.cn

民事案件

第五部分

侵权责任纠纷

北京某环境科技有限责任公司与内蒙古自治区某生物技术有限责任公司产品责任纠纷再审案件

● 案件基本信息 ●

案例类型：民事诉讼

判决时间：2019 年 3 月 25 日（再审）

审理法院：内蒙古自治区高级人民法院

代理律师：青松、张振泉，北京大成律师事务所律师

关键词：产品责任纠纷；再审；调解

● 案例正文 ●

□ 当事人信息

再审申请人（一审被告、反诉原告、二审上诉人）：北京某环境科技有限责任公司

再审被申请人（一审原告、反诉被告、二审被上诉人）：内蒙古自治区某生物技术有限责任公司

□ 案情摘要

内蒙古自治区某生物技术有限责任公司一审诉称：北京某环境科技有限责任公司与内蒙古自治区某生物技术有限责任公司及河南某建设公司三方于 2013 年签订《污水处理厂污泥处理工程合作协议》，确定采用北京某环境科技有限责任公司的 "CTB" 智能控制污泥好氧发酵处理系统。约定由河南某建设公司投标，中标后交付给北京某环境科技有限责任公司执行。2013 年 7 月 5 日，北京某环境科技有限责任公司与内蒙古自治区某生物技术有限责任公司签订《污水处理厂污泥处理工程协议书》及《关于通辽市污泥处理工程成套工艺设备及安装调试合同的备忘录》，约定北京某环境科技有限责任公司向内蒙古某生物技术有限责任公司提供成套设备及安装服务，总价款人民币 860 万元。内蒙古自治区某生物技术有限责任公司依约汇款人民币 531 万元后，北京某环境科技有限责任公司于 2015 年 11 月安装设备，2015 年 12 月至 2016 年 3 月进行调试，设备不能正常运行，且相关设备无产品合格证书。为此，内蒙古自治区某生物技术有限责任公司诉请返还设备款人民币 530 万元，赔偿损失人民币 290 万元。

北京某环境科技有限责任公司一审答辩及反诉：北京某环境科技有限责任公司辩称：1. 已经履行完毕合同约定义务。北京某环境科技有限责任公司于 2013 年 7 月 5 日签订涉案合同，积极履行合同义务，于 2014 年 7 月完成主体设备供货，于 2015 年 6 月完成设备调试，2015 年 9 月涉案工程竣工。在此期间，内蒙古自治区某生物技术有限责任公司未提任何异议；2. 内蒙古自治区某生物技术有限责任公司在收到货物时，依据双方约定，如对产品质量有异议应在收到货物后 3 日内提出，否则默认验收合格。北京某环境科技有限责任公司在交付货物时已经同时交付产品合格证书等证明文件。涉案机器设备已经通过竣工环境保护验收；3. 内蒙古自治区某生物技术有限责任公司没有依约支付合同款项。北京某环境科技有限责任公司反诉要求内蒙古自治区某生物技术有限责任公司支付合同价款人民币 948 万元。

□ 争议焦点

本案本诉争议焦点为涉案的产品是否存在质量问题，是否符合法律规定的退货条件以及应否由北京某环境科技有限责任公司返还内蒙古某生物技术有限责任公司货款人民币 530 万元，并赔偿损失人民币 290 万元；反诉争议焦点为北京某环境科技有限责任公司交付的产品是否符合产品质量要求及合同目的，产品安装后是否进行了调试并达到了使用标准，且符合合同目的及合同能否继续履行，并由内蒙古自治区某生物技术有限责任公司支付剩余价款人民币 948 万元。

□ 裁判观点

二审法院裁判观点：1. 本案中，北京某环境科技有限责任公司未能提供证据证实向内蒙古自治区某生物技术有限责任公司交付的所有产品设备上均有来源合法且符合相关标准的合格证明、产品规格、等级等。北京某环境科技有限责任公司应对所有产品都交付予内蒙古自治区某生物技术有限责任公司并调试完成的问题承担举证证明责任。2. 根据内蒙古自治区某生物技术有限责任公司的申请，本院组织鉴定，上海某司法鉴定所出具的《司法鉴定意见书》载明，北京某环境科技有限责任公司提供的设备不符合双方约定且不符合行业标准。3. 北京某环境科技有限责任公司提供设备的质量问题并非在交付时能够直接辨别确认，同时相关质量问题非运行调试能够发现，系隐蔽瑕疵，故北京某环境科技有限责任公司辩称内蒙古自治区某生物技术有限责任公司收到设备后 3 日内未提异议即默认合格的理由不能成立。4.《中华人民共和国产品质量法》第二十六条规定，"生产者应当对其生产的产品质量负责。产品质量应当符合下列要求：……（三）符合在产品或者其包装上注明采用的产品标准，符合以产品说明、实物样品等方式表明的质量状况"。《中华人民共和国产品质量法》第二十七条第一款规定，"产品或者包装上的标识必须真实，并符合下列要求：……（三）根据产品的特点和使用要求，需要标明产品规格、等级、所含主要成份的名称和含量的，用中文相应予以标明；需要事先让消费者知晓的，应当在外包装上标明，或者预先向消费者提供有关资料……"。第三十三条规定，"销售者应当建立并执行进货检查验收制度，验明产品合格证明和其他标识"。本案中，北京某环境科技有限责任公司未能向内蒙古自治区某生物技术有限责任公司交付来源合法且符合相关标准的合格证明、产品规格、等级说明等文件，没有履行合同义务。5. 因涉案产品存在质量问题，根据《合同法》第一百一十一条规定，"质量不符合约定的，应当按照当事人的约定承担违约责任。对违约责任没有约定或者约定不明确，依照本法第六

十一条的规定仍不能确定的，受损害方根据标的的性质以及损失的大小，可以合理选择请求对方承担修理、更换、重作、退货、减少价款或者报酬等违约责任"。第一百六十五条规定，"标的物为数物，其中一物不符合约定的，买受人可以就该物解除，但该物与他物分离使标的物的价值显受损害的，当事人可以就数物解除合同"。本案中，各物之间相互连接、共同作用形成统一设备系统，无法对其中一物单独解除。内蒙古自治区某生物技术有限责任公司要求解除与北京某环境科技有限责任公司的涉案合同并返还货款，结合本案双方的合同履行情况、所交付部分产品主要设备存在不同的质量问题，对于内蒙古自治区某生物技术有限责任公司要求退货并返还货款的主张予以支持。

□ 裁判结果

一审：

1. 北京某环境科技有限责任公司返还内蒙古自治区某生物技术有限责任公司设备款人民币530万元；2. 北京某环境科技有限责任公司自行拆除并承担运输费取回涉案设备；3. 驳回内蒙古自治区某生物技术有限责任公司其他诉讼请求；4. 驳回北京某环境科技有限责任公司反诉请求。

二审：

驳回上诉，维持原判。

再审：

双方达成调解协议，确认北京某环境科技有限责任公司向内蒙古自治区某生物技术有限责任公司一次性支付人民币85万元并留归一台匀翻机给内蒙古自治区某生物技术有限责任公司，双方再无其他争议。

□ 律师解读

原一审、二审判决存在事实和法律、程序和实体方面的问题，具体解读如下：

1. 原判决遗漏河南某建设集团有限公司作为本案诉讼当事人，没有查清基本事实。（1）一、二审法院未通知河南某建设集团有限公司参加诉讼，诉讼主体缺失，程序严重违法。（2）涉案工程由河南某建设集团有限公司进行整体的管理控制，系涉案工程实际管理控制人。（3）需河南某建设集团有限公司参加诉讼以查明设备接收、安装、运行、资金往来、发票开具、税款缴纳等情况。根据《最高人民法院关于民事审判监督程序严格依法适用指令再审和发回重审若干问题的规定》第五条规定，发现第一审人民法院有下列严重违反法定程序情形之一的，可以依照民事诉讼法第一百七十条第一款第（四）项的规定，裁定撤销原判决，发回第一审人民法院重审：原判决遗漏必须参加诉讼的当事人的……。因此，原判决遗漏诉讼当事人，诉讼主体缺失，程序严重违法，依法应当进行再审审理。

2. 原判决认定案件性质及适用法律严重错误。（1）原判决将"侵权责任纠纷"与合同纠纷混淆，案件性质认定错误。（2）即使是按照"合同纠纷"进行裁判，原判决在法律适用上存在严重错误。在双方约定检验期间的情况下，买受人依法应在检验期间提出异议。但内蒙古自治区某生物技术有限责任公司在接收设备并正常运行使用 3 年后提出退货，没有依据。

3. 内蒙古自治区某生物技术有限责任公司 3 日内未对设备提出异议并接收，在试生产 3 个月内申请环保验收并获得通过，相关设备已经正常生产运行 3 年，上述事实证明相关设备符合使用要求。（1）北京某环境科技有限责任公司已经根据合同约定交付了合格设备，内蒙古自治区某生物技术有限责任公司已对设备接收、调试、运行使用。（2）通辽市环保局出具的验收意见证明相关设备已经验收合格并正常运行使用。（3）《司法鉴定意见书》亦证明涉案设备已经交付并可以正常运行。

4. 原判决认为内蒙古自治区某生物技术有限责任公司的合同目的无法达到并判令退货，该基本事实缺乏证据证明。（1）原判决认定合同目的不能实现没有事实依据，基本事实认定缺乏证据证明。（2）《司法鉴定意见书》未能证明涉案设备达不到合同目的要求。《司法鉴定意见书》的鉴定事项是对"设备是否符合合同及相关标准规定进行鉴定"，并未对设备的运行情况是否符合合同要求、能否达到合同目的进行鉴定。但原判决却依据《司法鉴定意见书》认定合同目的不能实现，明显回避设备运行能否达成合同目的与部分设备参数与合同不符的区别，原判认定缺乏合法合理的依据。

5. 一、二审判决并未判令北京某环境科技有限责任公司与内蒙古自治区某生物技术有限责任公司之间的合同解除，故合同应继续履行，但一、二审判决判令退款、退货，导致双方事实上的合同解除，判决理由与判项不符，原判决裁判错误。（1）本案应当采取继续履行、采取补救措施等救济方式，而不应直接判令退款、退货。（2）根据本案合同履行实际情况，内蒙古自治区某生物技术有限责任公司无权请求解除合同。

6. 一、二审判决超出当事人诉讼请求范围进行裁判，违反了"不告不理"的基本民事诉讼原则。另外，由于原判决没有判令解除合同，也没有对双方的合同关系、合同效力作出评判，故合同依然合法有效存续，北京某环境科技有限责任公司依然可以依据合同要求内蒙古自治区某生物技术有限责任公司支付合同价款，内蒙古自治区某生物技术有限责任公司可以依据合同要求北京某环境科技有限责任公司提供、安装、调试机器设备，判决结果导致双方合同法律关系处于不确定的状态，裁判内容严重错误。

综上所述，一审、二审判决遗漏了必须参加诉讼的当事人，认定的基本事实缺乏证据证明，错误适用了法律，违背了最高人民法院公报案例内容及《合同法》立法本意。原判决结果支持了恶意虚假诉讼，打击了诚实守信方，破坏了公序良俗和社会风尚，一定程度地干扰和破坏了政府对环境治理的规划与布局。据此，根据《民事诉讼法》（2017年修正）第一百九十八条和第二百条以及《最高人民法院关于民事审判监督程序严格依法适用指令再审和发回重审若干问题的规定》等相关法律规定，北京某环境科技有限责任公司向内蒙古自治区高级人民法院申请再审。

代理心得

一、仔细研读案件资料，做足充分准备，启动再审程序

本案中，北京某环境科技有限责任公司在一审、二审中均败诉（其他律师事务所代理），因此，在接受委托后，本所律师及其工作团队搜集全部案件资料，包括但不限于一审、二审判决书、全部档案资料、北京某环境科技有限责任公司资料、内蒙古某生物技术有限责任公司资料，相关法律、法规、司法解释、判例等。在充分搜集、整理案件资料基础上，制作再审申请书。再审申请书不仅关系到案件能否启动再审审理程序，而且是再审法院的法官首先接触到甚至可能是唯一接触到的北京某环境科技有限责任公司的正式法律文件。

最终，《再审申请书》被内蒙古自治区高级人民法院顺利接收，案件顺利进入再审程序。另外，该《再审申请书》不仅是本案再审程序的启动文件，而且在整个案件代理过程中起到纲领性文件和信息资料库的作用，代理过程中涉及的法律问题、法律依据、事实描述、控辩观点及论证过程等均可在其中找到依据。

二、巧妙利用程序规定及案件特性，与执行法官积极沟通，争取再审审理及

谈判时间

　　鉴于一、二审判决已经发生法律效力，内蒙古自治区某生物技术有限责任公司已经向法院申请执行，执行措施包括查封冻结北京某环境科技有限责任公司银行账号，对北京某环境科技有限责任公司采取限制高消费措施，要求北京某环境科技有限责任公司限期拆除设备。根据本案的实际情况，如果一旦设备拆除完毕，案件执行结案，则会使本案申请再审的成功可能性大大降低。因此，必须要为再审审理争取足够的时间，本所律师带领团队采取了如下两个方面措施。

　　第一，利用执行法院程序上的瑕疵，提起执行异议。在执行过程中，执行法院在向北京某环境科技有限责任公司送达《执行通知书》之前对其法定代表人采取了限制高消费措施，违反了相关规定。为此，我们向执行法院提起执行异议。具体理由为：根据《最高人民法院关于限制被执行人高消费及有关消费的若干规定》（2015年修正）第一条第一款规定，"被执行人未按执行通知书指定的期间履行生效法律文书确定的给付义务的，人民法院可以采取限制消费措施，限制其高消费及非生活或者经营必需的有关消费"。因此，执行法院采取限制消费措施的前提是"被执行人未按执行通知书指定的期间履行生效法律文书确定的给付义务"。执行法院在未通知北京某环境科技有限责任公司本案已经执行立案，且在未送达《执行通知书》等司法文书的情况下，在立案第二天即作出《限制消费令》并执行，违反了上述法律规定，执行行为违法。为此，依据《民事诉讼法》第二百二十五条的规定，北京某环境科技有限责任公司请求执行法院停止违法执行行为并撤销《限制消费令》。

　　第二，与执行法官充分沟通，告知其拆除设备可能造成的严重后果，并提交暂缓执行申请书。具体内容为：如判决付诸执行，不仅造成成套专用设备报废，还将造成国家立项的污泥处理工程整体报废，社会资源浪费巨大，并将导致工业区的有毒污泥处理停顿，环境污染无法回避。另外，对涉案设备进行拆除，执行标的牵涉整体污泥处理工程中各流程中的存储、积留的大量未最终处理的有毒有害物质，在当事人双方争议付诸再审的情况下，会导致内蒙古自治区某生物技术有限责任公司放任实际控制管理、北京某环境科技有限责任公司无法介入控制的无人管理状态，有毒有害物质污染扩散，造成环境污染的情形无法避免。因上述情况紧急，为此，特申请对案件暂缓执行，避免造成严重的后果，最终，使执行法官认识到事情的严重性，并同意等待再审审理情况以确定执行走向。

　　三、经过艰难漫长的谈判，准确把握时机，促成双方调解，最大限度地维护

委托人的合法权益

北京某环境科技有限责任公司在一、二审中全面败诉，不仅要退还已经收取的全部设备款人民币530万元，而且还要负责拆除涉案机器设备并承担拆除及运输费用。本案的一个特殊性在于，涉案机器设备为污水污泥处理设备，且已经过运行和使用，设备中有大量有毒有害污染物残留，必须通过专业的拆除公司进行拆除，拆除费用及污染残留物处理费用巨大，初步估算约人民币300万元。因此，如果一、二审判决付诸执行，北京某环境科技有限责任公司的直接经济损失接近千万元，间接经济损失无法估量。

为此，我们一方面积极推进本案的再审受理、审理；另一方面积极推动北京某环境科技有限责任公司与内蒙古某生物技术有限责任公司进行谈判，并在谈判中体现了高超的谈判技巧。

纵观整个谈判过程，历时2个多月，最后一轮谈判长达8个小时，在最后时刻，各方分歧依旧，谈判方准备离场的情况下，我们抓住最后10分钟的机会，坚决、快速、果断地促使双方签订和解协议，真正从实质上把握了整个谈判的过程、节奏，抓住了最后的谈判时机，最大限度地维护了委托人的合法权益。

四、本案对于当事各方的影响

对于北京某环境科技有限责任公司而言，本案的影响有四：其一，由原来的返还人民币530万元，变为一次性支付人民币85万元了结本案；其二，由原来的拆除涉案机器设备需要花费人民币300万元，变为留一台匀翻机（该设备对于北京某环境科技有限责任公司并无经济价值），节省巨额拆除、运输费用；其三，避免了长期诉累；其四，消除了北京某环境科技有限责任公司在公司成长中的负面信息影响，防止在后续新工程的招投标中的不良信用影响。

对于内蒙古自治区某生物技术有限责任公司而言，本案的影响有二：其一，避免了长期诉累；其二，避免因设备拆除、设备更新造成的生产经营损失。

对于当地自然环境及社会环境而言，本案影响有二：其一，避免了因设备拆除导致的环境污染和资源浪费；其二，消除了外地企业在当地投资、经营的后顾之忧，使得外地企业、个人重新树立了对当地投资环境、司法环境的信心。

因此，在代理本案过程中，我们一方面最大限度地维护了委托人的合法权益；另一方面也兼顾和平衡了各方利益和当地的环境效益和社会效益，实现了各方的共赢。

高级合伙人介绍

青松律师：北京大成律师事务所高级合伙人，本科毕业于内蒙古大学法学院，硕士毕业于日本京都大学法学院。曾在中级、高级法院、大学法学院工作多年，后就职于日本大型律所 OEBASHI、CAST 法律事务所、北京广盛律师事务所，于 2016 年作为高级合伙人加盟北京大成律师事务所。青松律师从业 27 年，执业领域涉及涉外法务、投融资、并购、资产处置等非诉业务和仲裁诉讼等传统法律业务，客户涵盖中国和日本的多家知名企业，能够使用专业水准的日本语、蒙古语为客户提供服务，在涉及蒙古国和日本的能源矿业投资并购领域形成了一定的业务优势。在非诉、知识产权保护以及诉讼等业务领域，办理过一些较有影响的案件。青松律师受聘为中央民族大学、北京理工大学法学院兼职教授、硕士生导师。担任多届北京市律师协会代表、理事、监事、纪律处分委员会委员等职务，并担任律师协会培训讲师、执业申请面试官等职务，以及多地仲裁机构的仲裁员。

联系电话：13911366880；**电子邮箱：**song. qing@dentons. cn

第六部分

适用特殊程序案件案由

诚信银行股份有限公司呼和浩特分行与中国金租有限公司、内蒙古自治区现代物流有限公司、上海天山有限公司执行异议纠纷案

● 案件基本信息 ●

案例类型：民事诉讼

判决时间：2017 年 7 月 16 日

审理法院：北京市第一中级人民法院

异议人代理律师：道日纳、项晓月，北京大成律师事务所律师

关键词：执行行为异议

● 案例正文 ●

□ 当事人信息

异议人（利害关系人）：诚信银行股份有限公司呼和浩特分行（以下简称诚信呼市分行）

申请执行人：中国金租有限公司

被执行人：内蒙古自治区现代物流有限公司

被执行人：上海天山有限公司

□ 裁判要旨

在银行协助法院冻结被执行人存款之前，被执行人已将该存款转移。本案司法冻结时存款已经转移，不属于金融机构擅自解冻致使冻结款项被转移的情形。

□ 案情摘要

北京市第一中级人民法院在审理中国金租有限公司与内蒙古自治区现代物流有限公司、上海天山有限公司融资租赁合同纠纷一案中，于 2016 年 3 月 30 日作出民事裁定书，裁定冻结内蒙古自治区现代物流有限公司、上海天山有限公司在银行的存款或者查封、扣押上述被告名下相应价值的财产，限额为人民币 176723329.89 元。2016 年 4 月 12 日，法院前往诚信呼市分行，向其送达前述民事裁定书和协助冻结存款通知书，要求诚信呼市分行协助冻结内蒙古自治区现代物流有限公司银行账户存款 1.73 亿余元。诚信呼市分行柜员办理冻结发起业务时间为 2016 年 4 月 12 日 16 时 48 分 49 秒，申请用印时间为 2016 年 4 月 12 日 16 时 58 分 11 秒，授权用印时间为 2016 年 4 月 12 日 16 时 59 分 33 秒，办理完毕司法冻结业务的时间为 2016 年 4 月 12 日 17 时 06 分 15 秒。诚信呼市分行向法院出具的协助冻结存款通知书（回执）载明，应冻结金额为 173448818.11 元，已冻结金额为 1404980.26 元。诚信呼市分行档案留存的司法冻结《业务凭证/客户回单》载明应冻结金额 173448818.11 元，实际冻结金额为 0 元。

2016 年 8 月 29 日，该融资租赁合同纠纷案作出一审判决。判决生效后，因内蒙古现代物流有限公司、上海天山有限公司未履行判决书确定的义务，中国金租有限公司向法院申请强制执行。2017 年 3 月 9 日，法院对上述冻结款项予以续行冻结时，账户内所余款项为 19.5 万余元。北京市一中院作出案涉《责令追回被转移款项通知书》，认为诚信呼市分行在协助冻结存款通知书（回执）填写已冻结款项 1404980.26 元，但在续行冻结时仅余款项 195382.83 元，且该款项系法院保全冻结后进入账户。故案涉《责令追回被转移款项通知书》依照《最高人民法院关于人民法院执行工作若干问题的规定（试行）》第三十三条的规定，责令诚信呼市分行自通知书送达之日起 10 个工作日内追回已被转移的款项人民币 1404980.26 元。逾期未能追回，法院将裁定诚信呼市分行在转移的款项范围内以自己的财产向申请执行人承担责任。

诚信呼市分行就此向北京市一中院提出书面异议，申请裁定撤销案涉《责令追回被转移款项通知书》。主要理由：银行柜员在接到协执通知后，办理冻结发起业务时间为2016年4月12日16时48分49秒。但由于该柜员在办理查询过程中疏忽大意，误将被执行人账户的上日（2016年4月11日）余额（1404980.26元）反馈给执行法官，并将该错误金额数填写在协执通知（回执）的"已冻结"一栏，后柜员申请用印，最后办理完毕司法冻结业务时间为当日17时06分15秒。而实际上，内蒙古自治区现代物流有限公司于2016年4月12日16时20分55秒已经将账户中全部款项通过电子网上银行转走，故执行当日实际冻结金额为0元，该笔业务的业务凭证/客户回单上也显示实际冻结金额为0元。

由于错误填写已冻结金额的协执通知（回执）原件在银行盖章后交还于执行法官，诚信呼市分行业务复查仅凭《业务凭证/客户回单》是无法查证发现协执通知（回执）与凭证/回单上已冻结金额不一致的。直至2017年3月8日，法院要求对冻结存款进行划扣时，才发现协执通知（回执）上的冻结金额填写错误。而事实上，冻结当日，在法院开始办理司法冻结业务（16时48分49秒）之前的近28分钟，被执行人已经将账户内所有款项转走，可供冻结存款金额为0元。之所以出现续行冻结时所余款项减少，纯是因为柜员填写协执通知（回执）笔误，但诚信呼市分行本身并没有擅自解冻被人民法院冻结的款项，致冻结款项被转移的行为。

鉴于以上事实，诚信呼市分行依据《民事诉讼法》第二百二十五条和《最高人民法院关于人民法院办理执行异议和复议案件若干问题的规定》第五条之规定，申请裁定撤销案涉《责令追回被转移款项通知书》。

□ 争议焦点

诚信呼市分行是否存在擅自解冻被法院冻结的账户，致使冻结款项被转移的情形。

□ 裁判观点

《最高人民法院关于人民法院办理执行异议和复议案件若干问题的规定》第五条规定："有下列情形之一的，当事人以外的公民、法人和其他组织，可以作

为利害关系人提出执行行为异议：……（五）认为其他合法权益受到人民法院违法执行行为侵害的。"本案中，诚信银行呼市分行系司法冻结的协助执行人，法院在执行过程中作出《责令追回被转移款项通知书》，诚信呼市分行认为其合法权益受到侵害，有权以利害关系人的身份提出异议。

《最高人民法院关于人民法院执行工作若干问题的规定（试行）》第三十三条规定："金融机构擅自解冻被人民法院冻结的款项，致冻结款项被转移的，人民法院有权责令其限期追回已转移的款项。在限期内未能追回的，应当裁定该金融机构在转移的款项范围内以自己的财产向申请执行人承担责任。"该规定系针对金融机构在已经协助法院冻结被执行人的存款后，擅自解除冻结致使款项转移的情形。本案中，诚信呼市分行在协助法院冻结被执行人存款之前，被执行人已将该存款转移，实际冻结时存款金额为0元，不符合上述法律规定中擅自解冻导致款项被转移的情形。故本院作出的《责令追回被转移款项通知书》，适用法律有误，应予撤销。

□ 裁判结果

裁定异议申请成立，撤销案涉《责令追回被转移款项通知书》。

□ 律师解读

本案的争议焦点在于银行的行为是否属于《最高人民法院关于人民法院执行工作若干问题的规定（试行）》第三十三条规定的擅自解冻导致被人民法院冻结的款项被转移的情形。该条款的关键词为"被人民法院冻结的款项"和"擅自解冻"。律师代理本案主要从这两个关键词提出异议申请理由：1. 被执行人转移存款行为在前，银行协助法院冻结被执行人存款操作在后，事件客观事实是操作司法冻结时账户内余额已经为0元，即实际"被人民法院冻结的款项"为0元，即使银行存在"擅自解冻"之行为，能够被转移的冻结款项也为0元。2. 金融机构作为协助执行人，在协助执行过程中由于疏忽大意，誊抄了错误的已冻结金额数字，确实存在一定的工作失误，但这种工作失误或过错行为不属于《最高人民法院关于人民法院执行工作若干问题的规定（试行）》第三十三条所规定的"擅自解冻"的行为，也没有导致"被人民法院冻结的款项"被转移的情形。

申请执行人中国金租有限公司在庭审中辩称，因诚信呼市分行出具的回执载明冻结金额，导致其申请后续保全被执行人持有的其他公司股权时已将该银行存款冻结金额扣除，亦因诚信呼市分行的过错而导致其无法继续向内蒙古自治区现代物流有限公司主张相应金额债权。对此损失应当由诚信呼市分行承担责任，故不同意我方提出的异议申请，请求法院驳回异议请求。对此，代理律师认为，根据法律和相关司法解释的规定，对被执行人在有限责任公司、其他法人企业中的投资权益或股权，在法院采取冻结措施后，被执行人不得自行转让，有关企业不得办理转移手续，也不得向被执行人支付股息或红利。对被执行人在其他股份有限公司中持有的股份凭证（股票），人民法院可以扣押。上述被冻结的投资权益或股权、股票，在执行阶段可以依据《公司法》的有关规定，征得全体股东过半数同意后，采取拍卖、变卖的方式予以处分，或直接将股票抵偿给债权人。但无论是以哪种方式执行处分，在财产保全阶段，保全公司股权的效果是法院向股权登记的工商管理机构发协助函，被冻结的股权不能转让或者出质，即限制其处分。而且公司股权因评估、拍卖、变卖存在价值的不确定性，股票价值也存在市场波动性，最终执行时用于清偿债务的确定价值在财产保全阶段是无法准确预估的。故被保全的公司股权或股票价值不足以清偿债务的结果，与其他被保全财产价值的减少（本案即冻结银行存款金额的减少）无直接因果关系。

综上所述，被人民法院实际冻结的银行存款金额为 0 元，且诚信呼市分行并没有擅自解冻被人民法院冻结款项的行为，也没有导致被冻结款项转移的情形发生，申请执行人债权不能全部实现的后果与银行协助执行时的工作失误之间不存在因果关系，故银行不应以自己的财产向申请执行人承担责任。

代理心得

财产保全制度是民事诉讼法中的重要内容，制度设定的初衷在于防止当事人转移财产等行为而导致生效判决难以执行。故在民商事诉讼中，为了保证将来作出的判决得以执行，原告方可以在起诉前或起诉同时申请财产保全。但被保全财产可能会因为轮侯保全、灭失、损毁等原因，导致最终执行效果不尽如人意。协助执行人在协助人民法院办理相关财产处分时，应当依据《民事诉讼法》及相关司法解释的规定，履行协助义务。

法院受理诚信呼市分行提出的执行异议申请后，经过两次听证谈话，最终完全采纳了代理律师的意见，认定《责令追回被转移款项通知书》适用法律错误，应予撤销。在案件办理过程中，代理律师通过大量的经公证电子证据举证证明银行在协助法院执行保全措施前后，被执行人银行账户内余额及银行柜员协助法院执行工作时的操作轨迹。虽然本案的代理结果为客户挽回了经济损失，但银行工作人员操作确有疏忽，给法院及时有效地执行生效法律文书工作造成障碍。律师在代理时，既不能否认、回避委托人客观存在的工作失误，又要通过对法律的精准解读与应用，最大限度地争取维护委托人的合法权益。

本案虽然法院支持了银行的异议主张，使得银行避免了相关责任的承担，但人民法院也作出了《司法建议书》，建议银行完善制度，切实履行协执职责。在全国法院解决执行难问题进入攻坚时期，要破解执行难，不光要靠法院的司法强制执行，还需要协助执行机关的配合，为法院的强制执行提供良好的制度基础和外部环境。

高级合伙人介绍

道日纳律师：北京大成律师事务所高级合伙人，曾在中级法院工作 10 余年，具有深厚的法律理论水平和丰富的法律实务操作经验，尤其擅长处理重大疑难复杂的诉讼仲裁争议解决案件，公司综合法律服务以及项目融资、资产转让及股权转让等非诉类业务。曾荣获 Corporate INTL 杂志"中国区 2017—2018 年度合同争议解决律师大奖"，Global Law Experts"中国区 2017—2018 年度合同争议解决律师大奖"。道日纳律师目前或曾经担任过中信证券股份有限公司、中国银河证券股份有限公司、中国人民银行清算总中心、中科专利商标代理有限责任公司、北京华电光大环境股份有限公司、北京电影学院、大唐能源化工有限责任公司、拓速乐汽车销售（北京）有限公司等数十家政府机关、国企央企的常年法律顾问。

联系方式：13911610016；电子邮箱：daorina@dentons.cn

——★ ★ ★ **行政案件** ★ ★ ★——

中昆云安有限公司与蓝海市人民政府
撤销无偿收回国有土地使用权纠纷案

● 案件基本信息 ●

案件类型：行政诉讼

判决时间：2019 年 4 月 8 日（二审）

法院名称：海南省高级人民法院

代理律师：钱红骥，北京大成律师事务所律师

关键词：房地产；国有土地使用权；土地闲置；无偿征收决定；撤销

● 案例正文 ●

□ 当事人信息

上诉人（原审被告）：蓝海市人民政府

被上诉人（原审原告）：中昆云安有限公司（以下简称中昆云安）

□ 裁判要旨

一审：

案涉 4 个地块属于整体出让合同及蓝海半岛项目用地的一部分，不能分割进

行闲置土地认定，被告作出的《收地决定》认定案涉 A3、B2、C2、C3 地块构成闲置土地，认定事实不清，证据不足，适用法律错误，依法应予撤销。原告的诉辩主张和诉求有理，应予支持。

二审：

9 个地块已经分割发证为客观事实，因此不再属于同一地块。但 A1、A2、A3 地块，双方约定 2012 年 5 月 25 日前开工（根据 43 号合同）；B1、B2、B3、C1 地块，双方约定 2012 年 7 月 15 日前开工；C2、C3 地块双方约定开工时间为 2014 年 3 月 1 日。应以此作为分期开发的认定标准。其中，A3 所属的 A1、A2、A3 地块，及 B2 所属的 B1、B2、B3、C1 地块已动工开发面积均超过法律的开工建设要求，所以 A3、B2 地块不应被认定为闲置土地。而 C2、C3 地块的开发时限应至 2016 年 3 月 1 日，但 2016 年 2 月 23 日出台了《海南省人民政府关于加强房地产市场调控的通知》规定"暂停新建商品住宅项目规划报建审批"。因此，C2、C3 地块未能报建属于政府原因导致，不应将其认定为闲置土地。一审认定事实清楚，适用法律正确，裁判理由略有不当，但判决结果正确，最终予以维持。

□ 案情摘要

中昆云安与蓝海市国土环境资源局（以下简称蓝海市国土局）于 2011 年 5 月 25 日签署了《国有建设用地使用权出让合同》（合同编号海国让合（2011）第 43 号），约定中昆云安通过出让一次性取得 1051910.79 平方米海国土储（2010）-41-1 号地的国有建设用地的使用权，总计土地出让金 710039700.00 元人民币，整体用于开发蓝海半岛项目。

根据 2011 年 5 月 24 日《蓝海市人民政府关于确定海国土储（2010）-41 号土地出让规划指标的批复》（以下简称 283 号批复，对同一天的 282 号批复中的规划进行了调整），将海国土储（2010）-41 号土地在出让前已经分为 11 个地块，其中 A1、A2、A3 地块为旅游度假用地；B1、B2、B3 地块由 282 号批复中的商服用地调整为二类居住用地；C1、C2、C3 地块由 282 号批复中的商服用地调整为商住用地；D1、D2 地块由 282 号批复中的商服用地调整为市政道路用地。

在 2011 年 5 月 25 日 43 号合同签订时，约定海国土储（2010）-41-1 号宗地的用途为旅游度假、商服。后双方又于 2011 年 8 月 25 日签署了《国有土地使用权出让合同补充协议》（以下简称补充协议），约定由于地块较大，双方同意按照

"分期开发、分批办证"的原则办理（2010）-41-1号地块土地使用权证。现上述土地使用权出让金已按时交纳完毕，且除 D1、D2 地块外的 9 宗土地已分别取得了土地使用权证。

2011 年 12 月 15 日，中昆云安又与蓝海市国土局重新签订了 4 份"国有建设用地使用权出让合同"，就 B1、B2、B3、C1 地块的"出让金"及开工时间重新进行约定，出让金为 152.4 元/m²，开工时间为 2012 年 7 月 15 日。2013 年 8 月 30 日再就 C2、C3 地块的"出让金"及开工时间进行重新约定，出让金为 152.4 元/m²，开工时间为 2014 年 3 月 1 日。

2012 年 12 月 7 日，中昆云安向蓝海市发展与改革委员会对蓝海半岛项目整体进行备案，根据备案信息，发展与改革委员会经审核后同意蓝海半岛项目分期建设，首期建筑面积 61 万 m²，投资 45 亿元，计划于 2013 年 7 月开工，整体项目于 2020 年 7 月竣工。

后 A1、A2、B1、B3、C1 地块均已正常开工，并初步完成建设。但 A3、B2、C2、C3 土地至今未动工，也未报建。2018 年 1 月 15 日，蓝海市人民政府就上述未动工的 4 个地块分别作出 44 号、22 号、29 号、28 号《蓝海市人民政府无偿收回国有建设用地使用权决定书》（以下简称《收地决定》），将 A3、B2、C2、C3 地块认定为闲置土地，决定无偿收回土地使用权。于是 2018 年 2 月 7 日，中昆云安将蓝海市人民政府诉至海南省第一中级人民法院，判决撤销《收地决定》后蓝海市人民政府提起上诉，本案经海南省高级人民法院二审后，维持原判。

□ 争议焦点

一审：

1. 原告中昆云安整体受让的蓝海半岛项目土地使用权，尚未动工开发的部分，即案涉的这 4 宗土地是否构成闲置土地，是否超过 2 年；

2. 如果认定构成闲置，是原告企业自身原因还是政府或者是政府相关部门的原因造成闲置。

二审：

1. 分割发证的情况下，案涉地块是否还属于同一宗土地；

2. 是否应对案涉土地分割后进行闲置土地的认定；

3. 如果构成闲置，是否存在政府原因。

事件梳理

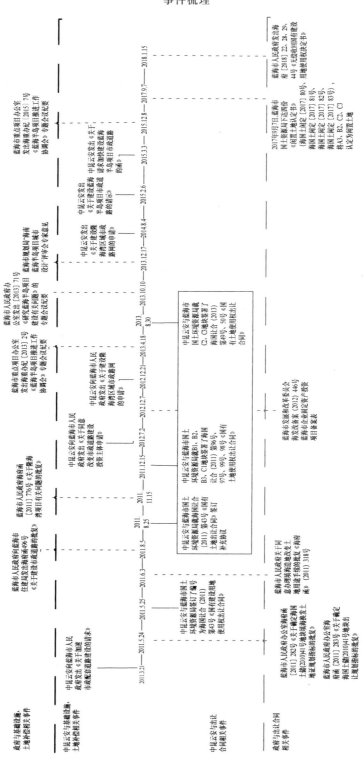

□ 裁判观点

一审：

本案中，蓝海市国土局与原告签订的土地出让合同，是一个整体出让合同一次性将蓝海半岛项目使用权出让给原告，案涉的 4 个地块只是该出让合同中的其中一部分，且原告一次性受让项目用地后，是作为一个建设项目即蓝海半岛项目进行规划报批通过，也是作为一个建设项目进行立项备案登记，据此，可以将蓝海半岛项目用地认定为一宗土地，且蓝海半岛土地已经动工开发的面积超过 1/3，因此不能将案涉 4 个土地分割认定构成闲置土地。第二，原告受让蓝海半岛项目用地后，被告同意原告"分期办证、分批开发"。之后原告陆续取得被告根据项目规划设计方案分割颁发的 9 个地块的《国有土地使用证》，其中 5 个地块已经动工开发，开发建设的土地面积已经超过 1/3，因此被告将尚未动工开发的案涉地块从整体项目用地中分离出来认定构成闲置，违反了分期开发的约定。

二审：

本案主要审查的是蓝海市人民政府作出 4 份《收地决定》的合法性问题。涉案的 9 个地块均已分割发证，因此应以分割发证后土地使用权证载明的宗地面积进行闲置土地认定。蓝海市发展与改革委员会核发的企业项目备案表载明蓝海半岛子项目总投资额为 80 亿元，分期建设，竣工时间为 2020 年 7 月，在蓝海半岛项目的实际开发中，规划许可证、施工许可证批准的日期均晚于约定的动工日期甚至竣工日期，如 2016 年、2017 年蓝海市人民政府仍为中昆云安核发了规划许可证和施工许可证，因此本案应按照蓝海半岛分期建设的范围认定闲置土地的面积。而关于 A1、A2、A3 地块，双方约定 2012 年 5 月 25 日之前开工；关于 B1、B2、B3、C1 地块，双方约定 2012 年 7 月 15 日之前开工；关于 C2、C3 地块，双方约定 2014 年 3 月 1 日之前开工，应按此认定蓝海半岛的分期开发范围。A3 及 B2 所属的分期开发范围内，已经符合开发要求，不应将其认定为闲置土地。C2、C3 地块受到双暂停政策影响，无法报建，所以是政府原因造成的 C2、C3 地块闲置，根据相关法律规定应扣除政府原因造成土地闲置的时间，因此蓝海市人民政府作出的 4 份《收地决定》认定事实不清，适用法律错误，应当予以撤销。

一审裁判分析

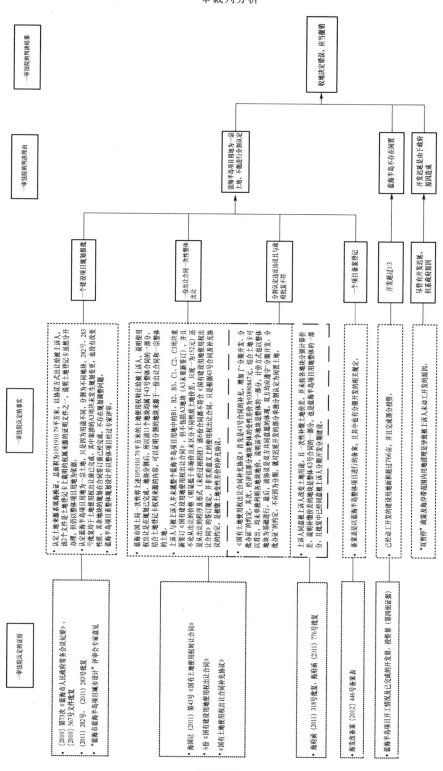

□ 裁判结果

一审：

撤销被告蓝海市人民政府对 A3、B2、C2、C3 地块作出的《蓝海市人民政府无偿收回国有建设用地使用权决定书》，案件受理费人民币 50 元由被告蓝海市人民政府负担。

二审：

原审判决认定事实清楚、适用法律正确，裁判理由略有不当，但判决结果正确，应予以维持。蓝海市人民政府的上诉请求和理由不能成立，应予以驳回。

□ 律师解读

本案审理的重点为蓝海市人民政府作出《收地决定》的合法性问题，因此想要认定该《收地决定》不合法，并予以撤销，应结合行政法的相关规定，及原告方诉求和被告答辩，查明如下案件事实情况及法律适用问题：

一、行政行为效力瑕疵的种类

具体行政行为被判定合法应当符合以下几个要件：1. 作出具体行政行为的主体合法；2. 行政行为内容合法；3. 行政行为作出的程序合法。其中任何一个要件存在瑕疵都可能导致行政行为无效或者被撤销。

根据《中华人民共和国行政诉讼法》第七十条规定："行政行为有下列情形之一的，人民法院判决撤销或者部分撤销，并可以判决被告重新作出行政行为：（一）主要证据不足的；（二）适用法律、法规错误的；（三）违反法定程序的；（四）超越职权的；（五）滥用职权的；（六）明显不当的。"

第八十九条第一款规定："人民法院审理上诉案件，按照下列情形，分别处理：

（一）原判决、裁定认定事实清楚，适用法律、法规正确的，判决或者裁定驳回上诉，维持原判决、裁定；

（二）原判决、裁定认定事实错误或者适用法律、法规错误的，依法改判、撤销或者变更；

（三）原判决认定基本事实不清、证据不足的，发回原审人民法院重审，或者查清事实后改判；

（四）原判决遗漏当事人或者违法缺席判决等严重违反法定程序的，裁定撤

销原判决，发回原审人民法院重审。"

因此本案想要达到撤销收地决定的目的，则须根据上述法律规定，结合案件材料，查找具体行政行为是否存在瑕疵，是否符合撤销的条件。

二、《收地决定》所依据的事实是否正确

我们认为该问题可拆分为如下几个问题：

（一）案涉 4 个地块的性质如何认定；宗地与地块的区分依据

根据《海南经济特区土地管理条例》第三十三条规定，国有土地使用权出让、划拨、租赁、承包，应当以宗地为单位。《海南省闲置土地认定和处置规定》第八条规定："闲置土地面积按照国有建设用地使用权有偿使用合同约定或者划拨决定书规定的宗地面积进行认定。因特殊原因需要分割发证的，应当按照分割后的土地面积重新签订国有建设用地使用权有偿使用合同或者重新核发划拨决定书。"由此可推知两点：第一，不论是否分割发证，认定闲置宗地时，都应当以土地使用权出让合同中约定的面积为依据，一个合同应当对应一宗备查土地，不能超越法律规定对合同中的宗地进行分割后认定。第二，因特殊原因需要分割发证的，应重新签订土地使用权出让合同，没有土地使用权出让合同的，根据该条前半段规定，无法认定闲置土地面积。本案中有效的蓝海半岛土地使用权出让合同只有 43 号合同一个，其他 6 份合同并非独立合同，只是为了收取 93890847 元土地变性价款而签订的补充协议。因此从法律适用的角度，应当将蓝海半岛项目用地视为一宗土地进行闲置土地认定，不应将案涉 4 个地块割裂后单独进行闲置土地认定。

（二）据以作出《收地决定》的相关文件认定的事实是否存在错误

首先，根据整理案件证据材料，我们发现据以作出《收地决定》的听证会笔录中多次提到案涉 4 个地块"因规划调整，重新签订合同"，但经本所律师查明，282 号及 283 号批复中确实存在规划调整，但该规划调整发生于海国让合（2011）第 43 号合同签订前一日，该合同签订后案涉地块的规划再未进行过调整，因此"因规划调整"这一事实认定存在错误。

其次，其中 A3 地块只签订了海国让合（2011）第 43 号一个合同，未再重新签订土地出让合同，因此"因规划调整，重新签订合同"这一说法在 A3 地块中并不适用，蓝海市人民政府认定的该事实错误。

最后，B2、C2、C3 地块虽然重新签订了土地出让合同，但该合同所约定的出让金额远低于市场价格，且未经过招拍挂程序，所以该土地出让合同违法，不能将其视为有效的土地出让合同。因此 B2、C2、C3 地块不存在有效的合同，更不存在"因规划调整，重新签订合同"这一情况，所以据以作出《收地决定》的相关文件认定的事实存在严重错误。

（三）案涉土地存在分期开发的期限如何界定；能否以备案表所载内容作为分期开发的认定标准

根据《海南省企业投资项目备案管理办法》琼府办〔2018〕6 号，依据省政府、市县政府规定具有项目备案权限的行政机关统称项目备案机关。

《国家发展改革委关于实行企业投资项目备案制指导意见的通知》，二、……环境保护、国土资源、城市规划、建设管理、银行等部门（机构）应按照职能分工，对投资主管部门予以备案的项目依法独立进行审查和办理相关手续，对投资主管部门不予以备案的项目以及应备案而未备案的项目，不应办理相关手续。

依据上述法律规定，进行项目备案是行政机关的权力。对建设单位而言，投资项目必须进行备案，否则无法顺利开展后续的报批。因此，项目备案行为是行政机关行使行政权力，对特定的公民、法人和其他组织作出的有关其权利义务的单方行为，属于具体行政行为，利害关系人可以依据《海南省企业投资项目备案管理办法》第十四条的规定对备案提起行政复议或诉讼。

再根据《海南省人民政府办公厅关于印发海南省企业投资项目核准改革实施方案（试行）的通知》第三条规定："三、……（五）明确备案效力。项目备案只是对项目的规划和产业政策合规性进行审查。备案后，项目单位依据《海南省企业固定资产投资项目备案表》，依法申请办理项目建设所需的城乡规划、土地使用、环境影响评价、节能、质量监管、安全生产、设备进口和减免税确认等法律法规明确规定需要办理的行政许可手续。……"

《海南省企业固定资产投资项目备案管理办法》第十一条规定："违反本规定，有下列情形之一的，投资主管部门应当责令改正，处 1 万元以上 3 万元以下的罚款：

（一）未申报企业固定资产投资项目备案的；

（二）未按企业固定资产投资项目备案情况进行建设的；……"

《中华人民共和国行政许可法》第二条规定："本法所称行政许可，是指行政机关根据公民、法人或者其他组织的申请，经依法审查，准予其从事特定活动的行为。"

根据上述法律法规规定，项目备案中对规划相关内容的认可并非仅仅是简单

地接受建设单位报送的相关资料，行政机关依法需要对建设单位提交的备案材料进行项目规划、产业政策是否合规等审查，审查通过后，才能进行项目备案，未经备案或者没有按照备案表载明的情况建设还会受到相应行政处罚。并且，根据项目备案表的记载"经审核，原则同意……"即备案表虽然由企业申请，但实际上并非不对备案内容审核。根据备案表内容，蓝海半岛项目分期开发建设经过了发展与改革委员会审核，并得到同意。因此备案表记载的内容应当有公信力，其中关于分期及投资额等项目规划的认定具有行政许可的效力。因此，政府有关部门对固定资产项目投资进行备案依法应当属于行政许可行为，具有公信力，根据《海南省企业投资项目备案管理办法》项目备案机关应当根据法律法规和发展规划、产业政策等，及时对备案信息进行监测，可视情况结合现场核查等方式对项目进行监管。备案表中的信息应当作为有关部门进行事后监管的依据。

根据备案表的记载，蓝海半岛项目工程分期开发建设中首期建筑面积61万平方米，投资45亿元，计划于2013年7月开工，建设周期3年，整体竣工时间为2020年。目前，中昆云安约已投入32亿元，超过首期建设任务的1/3，符合开发要求，且目前还未至整体竣工时间，因此不应将案涉4个地块认定为闲置土地。

（四）如果将案涉4个地块进行闲置土地认定，是否存在政府原因导致闲置的情况

根据整理案件证据及材料，发现蓝海半岛项目开发滞后的原因主要是政府市政配套不到位，中昆云安自行垫付了部分费用替政府完善基础设施，否则政府交付的土地根本达不到三通的开工条件，政府交付的土地不符合施工条件已严重违约，且2016年中昆云安曾进行报建，但由于海南省实施双暂停政策，影响了土地规划的审批，项目因此停滞。因此，根据《海南省闲置土地认定和处置规定》第十三条规定："有下列情形之一的，可以认定为政府或者政府有关部门原因（以下统称政府原因）造成土地闲置：……（三）因国家和地方出台相关政策，需要对约定或者规定的规划和建设条件进行修改或者政策内容影响土地开发，导致无法动工开发的；……"就算将案涉4个地块分别进行闲置土地认定，也因存在政府原因，应当扣除政府原因导致的闲置时间后，再对4个地块是否闲置进行认定。

三、《收地决定》适用法律方面是否存在瑕疵

（一）在行政行为作出后，蓝海市人民政府庭审过程中才适用《海南省人民政府关于进一步做好闲置土地处理工作的通知》，能否补正行政行为合法性

根据4份《收地决定》的内容、听证会笔录等政府资料，被答辩人从未将

《海南省人民政府关于进一步做好闲置土地处理工作的通知》作为4份《收地决定》的依据，被答辩人的代理人在《收地决定》作出后，一审庭审过程中将其补充为《收地决定》的依据，不仅不能证明该行政处罚适用法律正确，客观上反而证明了被答辩人作出的行政处罚适用法律确实存在瑕疵。

（二）《海南省人民政府关于进一步做好闲置土地处理工作的通知》的法律效力

根据《中华人民共和国行政处罚法》第十三条第一款："省、自治区、直辖市人民政府和省、自治区人民政府所在地的市人民政府以及经国务院批准的较大的市人民政府制定的规章可以在法律、法规规定的给予行政处罚的行为、种类和幅度的范围内作出具体规定。"第十四条："除本法第九条、第十条、第十一条、第十二条以及第十三条的规定外，其他规范性文件不得设定行政处罚。"不论是《海南省闲置土地处置规定》还是《闲置土地处置办法》，都已明确规定闲置土地面积按照国有建设用地使用权有偿使用合同约定的宗地面积进行认定。但是《海南省人民政府关于进一步做好闲置土地处理工作的通知》扩大了行政处罚适用范围，将未重新签订合同或核发划拨决定书的，以分割发证后土地使用权证载明的宗地面积进行闲置土地认定。该通知未进行备案，不是政府规章，属于其他规范性文件，无权设定行政处罚，更无权超越法律法规规定的行政处罚范围新设行政处罚的条件，扩大行政处罚的适用范围。

综上所述，进行前述法律适用分析后，我们认为虽然可以选择从《收地决定》作出的法律依据错误、事实不清等其本身的瑕疵为切入点，撤销《收地决定》，但是，为防止被告蓝海市人民政府撤销《收地决定》后重新作出收地决定，我们主要着力于寻找将案涉4个地块认定为蓝海半岛整体宗地的一部分，不能进行分割认定的法律依据及事实证据，明确4个地块属于蓝海半岛整体项目用地，不应认定为闲置土地，才终局性解决纠纷。为防止法院采用不利于将案涉地块作为整宗土地进行认定的《海南省人民政府关于进一步做好闲置土地处理工作的通知》作为裁判依据，我们也做好准备，必要时还准备启动法律审查，对该通知的合法性提出质疑。

最终，二审法院对我方主张的A3、B2、C2、C3地块并非闲置土地的事实予以认定，支持了我方的诉讼请求，维护了客户的合法权益。

代理心得

本案涉及的是土地长期不开发导致的闲置的认定及政府无偿征收决定的相关法律问题，在房地产企业中相关纠纷较为常见。但不同于往常的撤销收地决定的纠纷，本案所涉地块多、年代久、事出突然、紧急，案情重大、复杂。作为原告中昆云安的代理律师，在接受原告的委托后，团队成员立即召开了内部会议，商讨对策，制定诉讼策略，明确了区分宗地与地块的概念，将案涉地块视为蓝海半岛整体项目宗地的一部分，蓝海半岛整体开发进度已经符合法律要求，不应再将案涉的 4 个地块分割后进行闲置土地认定的初步诉讼思路。同时，展开证据收集整理工作，在整理证据的过程中，发现政府交付的土地不符合开工条件、政府收地决定的工作存在诸多不严谨和瑕疵、且存在双暂停政策对开发进度的影响等种种原因。此后我们完善诉讼思路，认为即便将案涉地块作为单独的宗地，进行分割认定仍然存在土地闲置，也存在政府过错及违约，应当将政府原因导致闲置的时间予以扣除。证据收集整理完毕后，我们在法律适用及事实认定方面，继续开展了大量细致全面的分析工作，发现蓝海市人民政府在认定闲置土地时存在多处事实认定混乱、法律适用存在缺漏和错误的现象，行政行为存在较大的瑕疵和"硬伤"，从这个角度看，《收地决定》也应当予以撤销。最终，团队成员通过共同努力，为撤销《收地决定》找到了坚实的事实证据及法律依据。

由于本案发生在海南，通过前期搜集和分析类似案件的判决后，发现该类行政诉讼在海南多发，并且可能存在一些地方审判习惯和地域保护，考虑案情较为重大、复杂，为更好地维护委托人的合法权益，本团队律师利用事务所全国连锁的平台优势，联系了海南分所当地律师携手共同代理本案，及时联系、沟通，跟进案件进展，最终庭审顺利进行，成功协助客户在原审一审、二审中胜诉。

本类行政诉讼案件的被告多为政府，涉及利益范围较广，难度较大，且过程中可能存在部分非人为因素干扰案件审判的现象，结合类似案件的办案经验，我们认为除进行答辩、整理代理词外，还可以在庭审结束后及时地向当地人大请求行使监督权、向商会反映相关情况，寻求帮助，通过协调各方监督力量促使案件公平审判的顺利进行，采取多样化方式解决纠纷。

在本类案件中，前期合作中原告企业与被告政府的交往商谈往往处于弱势地位，企业可能出于多种原因，配合政府签订各种文件、替政府垫资、对政府违约不予追究，以维护合作关系，但当最终决定采取诉讼方式解决纠纷时，企业前述的妥协和让步或将造成不利于己的证据材料，增加诉讼难度及败诉风险。因此，如果在企业与政府合作的过程中，由律师前期参与制定合作方案、中期对各项重大决策和协商内容进行把关、后期对企业开展业务、经营管理等方面的风险进行及时提示，规范企业的日常运作，将会在降低企业纠纷发生率和提升诉讼胜诉率方面取得较好的效果。

高级合伙人介绍

钱红骥律师：北京大成律师事务所高级合伙人、工会副主席、党委副书记。曾任大成 DENTONS 全球董事局董事、中国区顾问委员会委员、中国区董事局董事、中国区管理委员会委员、北京总部顾问委员会委员等职务，同时担任中国证券投资者保护工作专家委员会委员、第八届北京市律师协会侵权法专业委员会委员、北京市东城区第一届律师代表大会代表等。钱红骥律师集中在以下领域有 10 年以上丰富的执业经验：并购重组、企业危机处理、重大投资并购争议解决、破产清算与重整、外商直接投资、房地产与建筑工程、公司综合业务。

联系电话：13601359714；**电子邮箱**：hongji. qian@dentons. cn

谈判案件

某健康产业集团投资纠纷的争议解决谈判

● 案件基本信息 ●

案例类型： 非诉讼

业务类别： 争议解决谈判

案件代理时间： 2018 年 3 月 12 日

代理律师： 王月池，北京大成律师事务所律师

关键词： 投资；争议解决；争议解决谈判

● 案例正文 ●

☐ 当事人信息

委托人 A 公司是某健康产业集团公司，是国有控股企业。利益相对方 B 是一家云南的生物科技公司。

☐ 案情摘要

一、合作背景

某健康产业集团公司 A 是一家生产、销售保健品的公司，近年来保健品市场

需求量增大，特别是玛咖，由于保健作用显著，在市场上很火爆。B公司是云南某生物科技公司，总经理邵女士占有B公司100%的股份，她是云南某研究院的研究员，研究出新型玛咖的种植技术。A公司决定与B公司合作，A公司出资和管理团队，B公司出种植技术并组织种植，最后生产出玛咖保健品由A公司成熟的销售渠道进行销售，利润按A公司和邵女士7:3的比例进行分配。双方约定A公司增资3800万元到B公司，同时受让邵女士在B公司70%的股份。A公司派管理和财务人员，共同管理B公司。

开始合作之后，A公司投入了3800万元，但出于一些原因，双方签订的并不是股权转让协议，而是借款协议（下文会详细阐述）。B公司扩大了办公场地、新增了办公用车辆、租用了农民耕地、建了100个塑料大棚、储水池并在种植园四周制作了防止牛进入的围栏。玛咖也从种植到成果，加工成保健品，销售到全国各地。因为B公司生产能力有限，双方都没有想到玛咖保健品能销售得这么好，供不应求。于是A公司委托全资子公司C公司同时进行加工生产，但在最初的一小段时间里，由于C公司的QS食品生产资质在审批过程中，只能用B公司的资质去生产，由B公司提供玛咖原材料和外包装，后来C公司的QS食品资质很顺利地审批下来了，继续生产。

在合作的7个月中，A公司实现当年收回投资本金的目标，由A公司派驻的管理人员直接从B公司账上转回3800万元，算作还借款。邵女士作为股东，也按7:3口头约定的比例转走了相应的投资份额。此外，B公司账上有300万元的现金利润，还有价值700万元的玛咖种子、玛咖果切片存于第三方仓库中。

二、合作中发生纠纷的起因

因为B公司是A公司的供货商，A公司享有优势地位，因此在合作过程中保持了这个强势风格。而B公司的法定代表人、总经理邵女士此前一人掌管着公司。双方开始合作，A公司派驻管理、财务人员后，一切要听从A公司派驻人员的管理，邵女士报销张发票也要走审批流程，比如，餐费发票报销时必须在发票背后注明请谁吃的饭，这些与双方合作之前邵女士自己做主公司一切事务形成了鲜明的对比，心中不痛快累积很久。此外，A公司延续了它的强势地位，总是调整产品价格，如此地变更，再加上那段时期玛咖产品市场需求量大、利润可观，有几家公司都想跟邵女士合作，多种因素导致邵女士不再想与A公司合作了。

三、A公司处于被动局面

问题一：A公司有投资意向的时候在春节过后，对于云南来说3月是玛咖播种的季节。但 A 公司是国企，他们投资项目需要报上级集团公司审批，这需要走几个月的审批流程。如果等集团审批完这个投资项目，将错过春天种植季节，只能等到第二年春天。于是，A 公司就以借款形式与对方签了合同，借款并未约定利息。基于双方合作 10 年的友好关系，口头约定等到集团公司审批过后，借款合同再换成股权转让协议，并去工商部门做股权转让登记。几个月后集团公司审批通过，邵女士不肯换新合同，也不去工商部门做股权变更登记。A 公司一直催着邵女士签股权转让协议，但邵女士一直拖着不签，这期间双方仍继续合作，直到邵女士明确说不再与 A 公司合作。此时邵女士仍持有 B 公司 100% 的股权，A 公司已收回借款，想分得投资利润没有书面合同依据。

问题二：因合作过程中 C 公司用 B 公司的食品许可证生产玛咖保健品，大约有 2 亿元的销售额，因双方友好合作，邵女士电脑端一直可以看到生产、销售的数据。当邵女士明确表示不再与 A 公司合作时，A 公司切断了邵女士电脑终端的数据查询接口，并提出对该项目进行清算，按照此前口头约定的比例分配利润。邵女士提出要 A 公司分 7000 万元给她，她认为 C 公司使用 B 公司的 QS 食品生产许可证生产 2 亿多元产品，应该分给她 7000 万元利润。否则她就去食品药品监督局去举报 C 公司违法生产保健品。依照《中华人民共和国食品安全法》第一百二十二条规定，未取得食品生产经营许可从事食品生产经营活动，由食品药品监督管理部门没收违法所得和违法生产经营的食品、食品添加剂以及用于违法生产经营的工具、设备、原料等物品，货值金额 1 万元以上的并处货值金额 10 倍以上 20 倍以下罚款。对于 A 公司和 C 公司来说，这是巨额罚款。

问题三：A 公司每年都由上级集团公司派专门团队来审计项目进展。云南这个项目终止了，需要对项目进行结算。B 公司的法定代表人邵女士想要 7000 万元，A 公司不可能支付这个无理款项。但目前上级集团公司又催着 A 公司结算，A 公司从董事长到项目总监、财务总监、法务总监，压力都很大。每次 A 公司项目负责人想跟邵女士谈清算时，邵女士都提到 7000 万元和 QS 资质，A 公司的人不敢回应，因为怕对方录音抓住他们的把柄。双方进入 3 个月的僵持状态，案件无法推进。

四、委托人 A 公司的诉求

A 公司找到律师团队，希望尽快解决这个项目的结算问题，因为这个项目向集团公司申请时写的是投资，并在中期的时候给集团公司汇报过，已收回成本，并产生利润，所以现在想通过诉讼解决利润分配的问题。我听了法务总监对案情

的陈述，并翻看了案件书面材料后，给 A 公司的意见是：如果诉讼，A 公司无法达到分配利润的诉求。因为双方签订的合同是借款合同，并且 A 公司已经收回全部借款，要求分配 B 公司利润，证据不足，很容易败诉。

□ 争议焦点

如何在委托人 A 公司证据不足、又被 B 公司胁迫的情况下，按照双方口头约定公平地对公司进行清算，拿到应得的利润。

□ 律师代理思路

梳理本案的细节，发现目前形势还不算最坏：

一、因 A 公司派驻管理人员和财务人员到 B 公司，B 公司的财务 U 盾由 A 公司派驻人员掌管，B 公司账上的现金还没被转走。但邵女士仍然持有 B 公司 100% 的股份，且又是法定代表人。也就是说，如果邵女士拿着营业执照、公章去银行挂失 U 盾，取走公司现金，A 公司也没有办法。

二、值钱的玛咖种子和果子在第三方仓库中。但如果邵女士把仓库中的玛咖拿走卖掉，从此不再理睬 A 公司，则 A 公司会陷入绝境。所以趁 B 公司和邵女士还没有想到以上两点处理方法，A 公司需要马上想出对策并落实于行动中，否则会出现不利后果，且无力挽回。

因诉讼缺乏有力证据，本案只能通过谈判来解决争议，达到客户的目标。谈判地位需要对等，目前对方享有绝对优势地位，我方无法达到谈判目标。我方需要找到对方软肋，拿到手中的王牌，打掉 B 公司的要挟，这样才能与对方平等谈判。A 公司需要在整个案件中找到这张王牌。

我们让派驻人员注意对方都在做哪些事情，打听对方总经理及员工近期有何工作动向。A 公司驻场人员汇报，又快到了春季种植时节，发现对方在 30 个大棚里填埋鸡粪，看来是为春耕种植做准备了。

我们派项目经理去跟第三方仓库的管理人员接触，告知他们我们与 B 公司法定代表人有纠纷，不要让任何一方取走玛咖果，否则将来另一方会要求仓库赔偿。仓库管理人员认为多一事不如少一事，同意双方共同到场时，才会开启仓库。这样就减少了 B 公司人员拿走玛咖果的风险。

有了这两张王牌，A 公司就可以把邵女士的要挟抵消掉；同时了解对方的动向，对全局有了把控。让 A 公司约邵女士来谈清算之事，启动谈判。

□ 谈判过程

双方见面后：

B 公司律师第一句话就说："你们用我们 QS 资质生产的保健品，我们要 7000 万元。"他这个问题早在我们的意料之中，并且已做好了应对的准备。

我方律师："今天只有我有授权委托书，今天谈判以我说的为准。你们说的 QS 事情此前没正式答复过，今天我们好好谈谈这事情。我认为 QS 资质、原材料、外包装都是你们 B 公司提供的，如果要处罚，你也逃不了干系。法律规定你们承担连带责任，一并处罚。我们 A 公司是大企业，在北京大厦好几栋，二环内还有大厦。如果要罚款，不会从我们今天在座的任何人兜里出钱。但是你邵女士作为 100% 股份的股东和法定代表人，你对自己的公司是需要承担全部责任的，如果罚 B 公司，那可是您全部的家当。"

邵女士被她的律师劝着坐了下来，但很明显，此前的嚣张再也不见了，就这样，很快把对方拉回到平等的谈判桌上来。之后双方在细节的谈判上进行得很顺利。这就是从法律和心理的层面找出的击破点，遇到威胁，以牙还牙。

该项目 B 公司在香格里拉斥资 1500 万元新建造了 100 个大棚，但双方终止合作，这些资产如果卖二手货，定价 100 万元都没人买。清算中，固定资产正常情况下双方要按照比例 7∶3 进行分配。但 A 公司在这个项目结束后撤回北京，不会在云南继续做玛咖种植项目，因此根本不想要这些大棚。A 公司也不想要固定资产，如办公用桌椅、生产设备及车辆，这些东西都带不走，卖掉也不值钱。A 公司想要仓库里的玛咖果或现金，容易带回北京。但 B 公司是小公司，A 公司撤资后，B 公司没有实力种植 100 个大棚的玛咖，也面临着不想要 100 个大棚的局面。

如何达到客户的目标？知己知彼策略的好处显现了。

因为前期派人了解 B 公司动向，发现他们雇佣农民向 30 个大棚里翻土埋鸡粪，就推断出今年 B 公司一定会种植玛咖，他们是不会舍弃这 30 个大棚的。在谈判清算分资产时，我方律师做了几个资产包，将大棚和蓄水池做了整体打包处理，固定资产算一个资产包，玛咖果实和种子算一个资产包，现金算一个资产

包。因为是我方律师做的资产包，所以为了表示诚意，我方让 B 公司先选资产包，他们选一个，我们再选一个，他们选第二个，我们再选第二个。B 公司因为还要继续种植和经营，所以先选了大棚，但他们说因种植能力有限，只需要 30 个大棚，希望我们要 70 个大棚。我方律师说因为只有一个蓄水池，如果再建蓄水池，需要 200 多万元，双方都不可能再投入资金去建蓄水池了，所以大棚和蓄水池是一体的，只能归一方所有。如果 B 公司不要，那么大棚和蓄水池可以都分给 A 公司。听到这里 A 公司的项目经理慌神了，把我方律师偷偷地拉出会议室说："千万别把大棚要过来，没办法处置啊。"我方律师安慰他说："对方已经在大棚里填埋了鸡粪，他们肯定需要大棚，放心吧，我就是欲擒故纵，假装要一下。"果不其然，对方选了 100 个大棚，我们选了现金。第二轮，他们选择了固定资产，我们选了玛咖果和种子。

如何获得对方律师的帮助？

在谈判过程中，对方律师一直站在自己委托人利益的角度据理力争。原本双方都缺乏书面约定的证据支持，很多细节都靠双方协商，对方为了争取自己利益最大化，多数条款不愿让步，再加上对方的律师很认真负责任，双方心理预期差距比较大，使得谈判一度陷入僵局。

我方律师把对方律师叫出了会议室，跟他坦诚地交谈并交换代理意见。我方律师跟对方律师说："现在双方期望值差距较大，就目前情形很难达成一致意见。我们代理的最终目的是让双方达成和解协议。如果双方都太为自己利益着想，而不为对方利益考虑，那么永远都无法有交点，只能一直耗时间没有结果。你我应该本着促成双方的和解为目标，而不是仅仅为自己委托人多争取利益为目标。你去降低你客户的期望值，我去降低我客户的期值，这样双方都让一点儿步，就能达成一致了。"

听了这些话，对方律师觉得很有道理，于是去做他客户的工作，我方律师同时也做自己客户的工作，最终双方达成了和解。

在本案中，如果没有对方律师的帮助，相信和解不是那么容易达成。我方律师善于利用一切可以利用的条件，目标是让双方在都满意的情况下达成和解。

□ 谈判结果

结果完全超出了客户 A 公司的预期，虽然没有书面证据，但 30% 与 70% 的投资比例双方口头是认可的，按照这个事前约定清算了公司，拿到了客户想要的资产，更重要的是，解决了客户被要挟 7000 万元的危机。最后双方达成了和解协议，A 公司和 B 公司及邵女士都比较满意，顺利地完成了委托任务。

□ 律师解读

本案更多的是用谈判的技巧，解决公司间投资问题的争议，运用仔细了解案情、有洞察力、对有利线索保持敏感度、收集我方客户有利证据、挖掘对方不利证据，通过心理战等技巧，公平地实现双方利益最大化，完美地解决了诉讼无法解决的难题，为客户挽回了损失，得到了客户的信赖和赞誉。

本案中运用了以下谈判技巧：

一、谈判前要做充分准备

（一）一定要设定你的谈判目标是什么

本案的谈判目标是与对方达成和解协议，然后对投资项目进行清算。自始至终，这个目标都要清晰。解决问题是争取更多，而不是争论是非、对错和曲直。保持目标性，方向不要被对方的行为、情绪等带偏。

（二）做深度尽职调查，了解对方是谁、有哪些特征、对方喜欢什么、他想得到什么、怕什么、最看重什么、对方的底线、对方的软肋，做到知己知彼。

本案中，我们了解到：

1. 对方希望把我方的短处作为把柄，争取更大的利益。

2. 对方也希望能快速解除双方的合作协议，重新自己开始种植及生产。了解到这一点，我方律师在谈判中不急于与对方达成和解，表示双方能达成和解是最好的，但如果对方开出的条件不好，仍然可以不通过和解而选择诉讼，因为 A 公司律师费是分阶段付的，谈判阶段付一部分，谈判不成功如果进入诉讼程序时，另付诉讼部分律师费。因为我方律师知道，对方也不想诉讼，但一定要表示出达不成和解，进入诉讼还能赚律师费。

二、以对方愿意接受的方式去沟通，站在对方的角度看问题

先用对方的软肋，打掉对方的威胁，把谈判拉到平等的位置上来。按双方口

头约定的原则，约定不清楚的，本着双方互惠互利的原则，公平地谈判，让双方都满意。如果仅让自己的委托人满意，这个谈判是无法达成一致的，除非你有绝对优势地位，但本案我方处于劣势。

三、引导对方按照你的思路思考

本案我方律师设计了谈判方案，引导对方在不知不觉中一步一步按照我方的布局做选择。我方对资产打包分类，让对方选择，最终我们拿到了想要的资产。

四、坚定地拒绝对方的不合理要求，不犹豫

当对方提出不合理的要求想让A公司给7000万元时，我方断然拒绝，不给对方留有幻想的空间。

五、降低对方的期望值

对方开出的条件不合理、不合法、不可能达到。尽量让对方理解我方的地位，因为是国企，不可能有过多的让步，否则上级单位审计不会通过。

六、情绪控制，关注对方的情绪和控制自己的情绪，永远不要让对手激怒你。一方情绪不好时先停下来，不做无效沟通。

当对方情绪激动时，此时不利于谈任何内容，谈判先做中场休息，等对方情绪平静了，或让对方律师做委托人的工作，能做到平静地谈判时再回到谈判桌上来。

七、红脸白脸策略，让对方有路可退，不能逼到南墙

我方律师看似对谈判结果无所谓，如果对方条件开得过高，律师就准备中止谈判，扮演着白脸的角色；而我方的项目总监扮演着红脸老好人的角色，从中调和气氛。做到有张有弛，把握好谈判的节奏。

八、把握谈判时机

正值春天种植季来临，对方准备开始种植玛咖。此时的时机对我方来说很有利，因为对方比我方更着急解决问题。所以要趁此时机把谈判一举拿下。

九、尊重对方、知道对方的需求，只关心自己的需求永远达不成和解

我们都以为谈判是争取更多，没错，但争取更多的时候一定要考虑对方的利益，全部利益都让我得到，对方肯定不同意，因此达不到一致的目的，等同于零。因此考虑到对方的利益，公平地达成交易是谈判最好的结果，一方有绝对优势去强压对方，即使协议达成了，但对方会感觉到不舒服，在后期执行协议的过程中，很可能会发生变化或违约。

十、如果有幕后决策者，让幕后听众理解为获胜

本案由律师、A 公司的法务总监、财务总监、项目总监组成谈判小组与对方谈判，但真正的决策者是公司的董事会所有成员。因为 A 公司是企业，所有决策需要董事会决定，我们的方案需要报请董事会批准，因此我们需要让董事会觉得我们的方案是获胜的，并且不会让决策层承担任何责任的。

另外总结一些谈判小技巧：

1. 开出高价，再作让步，让对方有赢的感觉；

2. 给出几种方案，让对方选择；

3. 不管对方开出什么条件，你一定要大吃一惊，感到意外；

4. 你作出让步时，一定要学会让对方付出代价；

5. 考虑用不等价交换原则，用你觉得不值钱但对方觉得值钱的东西去换；

6. 找到真正的问题所在；

7. 必要时进行情感投资；

8. 始终重视沟通和表达，让双方尽可能地不要产生误会。

代理心得

有时候诉讼并非是公司间解决争议的最佳方案。众所周知，诉讼的时间成本和金钱成本比较高，如果我们作为原告，资金的占用、诉讼执行的高难度和诉讼结果的不可预测等都会给我们带来很多困惑。每个诉讼从起诉、立案、一审、二审、调解，到最后再加执行要一两年，我们作为专业律师都觉得难度很大，何况是客户？基于上述原因，笔者经常会帮公司做谈判，目前笔者 70％ 的诉讼案都可以在诉前达成和解，节省了双方的时间，也缩短了笔者的代理时间。笔者建议很多案件可以开拓思路，通过谈判来解决争议。法律上的争议往往是心理上的争议，找到心理上、利益上的平衡点，很多争议双方完全可以在诉前得到解决。在毫无希望的情况下如何通过谈判绝地逢生？每一个棘手的问题，都有潜在的解决方案。也就是说，你遇到的难题不一定是地球上的第一个，它在某个角落可能已经被解决了。我们只需要去发现这个解决方案，帮助客户去解决遇到的难题。

高级合伙人介绍

　　王月池律师：北京大成律师事务所高级合伙人，中国政法大学民商法学硕士，国家二级心理咨询师、美国注册高级心理咨询师。自 2001 年律师执业以来，为能源、房地产、食品、物流、媒体、服务、制造、医药、金融、科技等多个行业的 300 多家企业和个人客户提供了专业的法律意见和服务，涉案金额 100 亿元。主要任职包括：北京市律师协会会员事务委员会副主任、北京市律师协会公司法委员会委员、中国民主建国会北京市青年工作委员会委员、民建朝阳区委监督委委员《法制晚报》重大疑难案件中心主任、腾讯新闻首席法律专家团成员、中央人民广播电台—经济之声栏目直播嘉宾。近期获奖有：新浪微博 2019 十大新星法律大 V、百度 2019 年度付费专栏"一见倾心"奖、百度 2019 年"影响力作者"、民建北京市委 2015—2018 年度优秀会员、腾讯新闻 2018 年度"法律影响力答主"、百度 2018 年度"法律领域知名大咖"奖、百度 2018 年度"影响力红人"奖、法制晚报 2017 年度"公益普法"奖、法制晚报 2016 年度"魅力律师"奖、百度"关爱儿童公益大使"等。

　　联系电话：13811718199；**电子邮箱：**yuechi. wang@dentons. cn